Jochen Wegner
Warum immer ich?

Jochen Wegner
Warum immer ich?
Schicksal. Eine Betriebsanleitung

ARGON

www.warumimmerich.com

© 2004 by Jochen Wegner
Deutsche Originalausgabe 2004 Argon Verlag GmbH, Berlin
Gesetzt aus der Stempel Garamond
Satz: deutsch-türkischer fotosatz, Berlin
Druck und Bindung: Clausen & Bosse, Leck
Printed in Germany
ISBN 3-87024-604-9

Jeder Geist schafft sich sein eigenes Haus;
dann aber umgrenzt das Haus den Geist.
Ralph Waldo Emerson, *Schicksal*[1]

Am 11. September 2001 saßen wir in einem Flugzeug mit dem Ziel New York. Wir erreichten es nie, sondern verbrachten die nächsten Tage wie 30 000 andere Passagiere irgendwo in Neufundland. Dieses Buch ist den wunderbaren Bürgern von Appleton gewidmet. In tiefer Dankbarkeit für Barbecues, eine Telefonleitung und frische Unterhosen.

Inhalt

Vorwort
Die Welt als Schicksalsmaschine

Das heißt, es gibt Schicksal,
oder Gesetze der Welt.

Ralph Waldo Emerson, *Schicksal*

Die Welt ist entzaubert. Keine älteren Damen spinnen mehr die Fäden unseres Schicksals, wie seinerzeit die Moiren der Griechen, die Parzen der Römer oder die Nornen der Germanen. Alle Hexen sind verbrannt. Auch Gott persönlich wünscht uns keine Furunkel mehr an den Hals, wie einst dem leidgeplagten Hiob. Das Schicksal hat in unserem kleinen Universum keinen Platz mehr. Das »von einer höheren Macht über jemanden Verhängte, ohne sichtliches menschliches Zutun sich Ereignende« (Duden) gibt es nicht mehr: Höhere Mächte sind rar geworden, und kaum etwas ereignet sich noch, ohne dass der Mensch nicht seine Finger im Spiel hätte. Der Zustand unserer Psyche, erklärt man uns, sei heute wählbar wie die Innenausstattung eines Apartments, die kreative Gestaltung unserer Erbanlagen vornehmlich beschränkt durch die Bedenken von Ethikkommissionen. Wir formen Fauna und Flora, wie es uns gefällt. Erdbeben, Vulkanausbrüche oder Meteoriteneinschläge schnurren zu kalkulierbaren Restrisiken zusammen. Sogar das Klima entwickelt sich nicht frei von menschlichem Einfluss. Und meistens stimmt der Wetterbericht.

»Schicksal« ist zur leeren Vokabel ausgeblutet – und müsste doch dringend neu erfunden werden. Denn die Welt des 21. Jahrhunderts ist ein befremdlicher Ort. In den USA gibt es einen Menschen, der sieben Mal vom Blitz getroffen wurde. Hin und wieder fällt jemandem ein Meteorit auf den Kopf. Die einzige Ampel auf meinem Weg ins Büro ist fast immer Rot, obwohl sie genauso oft Grün sein müsste. Und aufgrund eines seltsamen statistischen Effekts trifft der Wetterbericht für mich meistens nicht zu.

Ich sehe überall die Zahl 27.

Horoskope sagen mein Schicksal nicht mehr voraus. Auch der Mond hat seine Macht über den Menschen verloren. Die Börsenkurse machen, was sie wollen. ABS steigert die Unfallrate. Introvertierte Feuerwehrleute sterben früher. Fettes Essen muss nicht dick machen. Atomkraftwerke, Stromnetze und das Microsoft-Betriebssystem kollabieren, ohne dass wir etwas dagegen tun können. Flugzeuge sind gefährlicher, als man uns weismachen will. Manche Vorsorgeuntersuchungen schaden mehr, als sie nützen. Risiko-Experten verrechnen sich und bringen sich um.

Irgendwo im Universum, so versichern Astrophysiker, die bei Trost sind, gibt es einen Ort, an dem diese bizarre Welt als exakte Kopie noch einmal existiert. Das aber ist noch nicht das Verstörendste.

Das Verstörendste ist: Unsere Mütter hatten Recht. Sich regelmäßig die Hände zu waschen, monogam zu leben und nicht allzu füllig zu werden, sich gesund zu ernähren und nur wenig Drogen zu konsumieren – das ist im Grunde alles, was wir tun können, um unser seltsames Dasein entscheidend zu verlängern. Den größten Teil unserer Lebensgeschichte schreiben nicht wir, sondern Zufall und Notwendigkeit. Es gibt allen Grund zu fragen, was im 21.

Jahrhundert Schicksal bedeutet und wie es funktioniert. Was ich brauche, ist eine Betriebsanleitung.

Warum geschieht etwas auf diese Weise? Und warum ausgerechnet mir? Die Suche nach Antworten auf solche Fragen ist der Ursprung aller Forschung. Im Streit darüber brachen einst Magie und Wissenschaft auseinander und gingen getrennte Wege. Wie genau es dazu kam, ist ein Rätsel der Geistesgeschichte. Die Überzeugung, dass alles seine Gründe hat und mit dem Verstand erfasst werden kann, reicht wie fast jede vernünftige Idee bis zu den alten Griechen zurück. Hippokrates weigerte sich zu glauben, dass Epilepsie übernatürliche Ursachen hat; Aristoteles entlarvte die prophetischen Träume mancher Zeitgenossen als schlichte Zufälle; Epikur und Lukrez stellten fest, der Lauf der ganzen Welt sei ohne göttliche Eingriffe zu erklären. Doch erst im 17. Jahrhundert begann die Erkenntnis, dass die Welt logisch und nachvollziehbar aufgebaut ist, sich langsam durchzusetzen. Die britische Royal Society bewies, dass Insekten nicht einfach aus dem Nichts entstehen, wie man bis dahin angenommen hatte. Magnetismus und Elektrizität waren nichts Okkultes mehr, sondern beruhten auf kleinen, unsichtbaren Teilchen. Die Beobachtungen am Himmel ließen sich besser erklären, wenn man annahm, dass die Sonne nicht um die Erde kreist.[1]

Schließlich bekam das Volk Wind von der Sache. In Handbüchern und Flugschriften konnte es sich darüber informieren, dass Zauberei »im Grunde kunstvolles Vergiften« sei, Astrologie »ein lächerliches Stück Irrsinn«, Alchemie »eine Kunst, an deren Anfang die Lüge steht«. An die Stelle von Gott, Glück und Schicksal traten die ersten Ideen von Statistik und Wahrscheinlichkeit. Forscher bemerkten, dass die Sterberaten der Menschen eher von den sozialen Umständen abhingen als von einem göttlichen Ratschluss. Im späten 17. Jahrhundert tauchte erstmals das Konzept der »Koinzidenz« auf, des rein zufälligen Zusammentreffens von Ereignissen. Und der Mathematiker Jakob Bernoulli stellte fest, »dass wir selbst unter den scheinbar zufälligsten Dingen eine gewisse Notwendigkeit oder, sozusagen, Schicksal anzunehmen gezwungen wären«. Dieses Schicksal aber war nicht mehr das Werk einer höheren Macht. Es entstand aus sich selbst.

Natürlich blieb die neue Rationalität nicht auf die Wissenschaft beschränkt, auch die Politik war im allgemeinen Überschwang zeitweise nur noch »eine Art Berechnung der Wahrscheinlichkeit gelegentlicher Ereignisse«. Neue Gesellschaftsideen waren die Folge, die eine Menge Leute den Kopf kosteten: Die Französische Revolution stellte den Menschen, seinen Verstand und sein Handeln in den Mittelpunkt. Die amerikanische Unabhängigkeitserklärung hatte mit dem Recht auf das Streben nach Glück erstmals den »Selfmademan« zum Ideal erhoben.[2] Die protestantische Ethik machte den Menschen zum Schmied seines Glücks und degradierte Gott zum »Partner individuellen Erfolgs- und Glücksstrebens«[3]. Machbarkeit war kein Mythos mehr: Wissenschaftlicher Fortschritt und wirtschaftlicher Aufschwung lagen in der Hand des Menschen. Das Recht, nach Glück zu streben, wurde bald zum Recht auf Glück, schließlich zur Pflicht zum Glück.

Auch wenn der Glaube an die Machbarkeit im 20. Jahrhundert schwere Rückschläge verkraften musste – die wenigsten zweifeln heute daran, ihr Schicksal selbst gestalten zu können. Immer weniger scheint vorherbestimmt, kaum etwas dem Zufall überlassen. Fast die Hälfte der Bevölkerung glaubt, sie habe ihr Leben in der Hand. Alles scheint möglich.

Doch je genauer Mediziner und Biochemiker, Physiker und Mathematiker die Musik des Zufalls studieren, desto deutlicher erkennen sie eine erstaunliche Partitur. Der bleierne Generalbass des Determinismus ist darin für alle Zeiten festgeschrieben. Zugleich aber sind die Geburt unserer Welt, die Entstehung des Lebens, die Historie, die Entwicklung jedes Wesens auch eine Symphonie von unglaublichen Wendungen und unvorhersehbaren Ereignissen. Jede Zelle, jeder Fadenwurm, jeder Mensch und das Universum selbst nehmen einen individuellen Weg, der in letzter Konsequenz nicht programmiert ist und nicht programmierbar, nicht einmal prognostizierbar. Fast alles geschieht ohne unser Zutun. Die Welt ist für immer verzaubert. Wir brauchen keine Nornen mehr, die unsere Schicksalsfäden weben, auch nicht das Gift der Zauberei, den Irrsinn der Astrologie oder die Lügen der Alchemie. Zufall und Notwendigkeit, so zeigt die moderne Forschung, sind das eigentliche Produkt des Weltgetriebes. Wir sind Teil einer Maschine, die nichts hervorbringt als ihr eigenes Schicksal. Wie viel wir an ihren Rädchen drehen können, das gilt es herauszufinden.

»Warum ich?«, schreibt der US-Philosoph Michael Gelven in seiner »philosophischen Untersuchung des Schicksals«, bleibt die wahrscheinlich tiefste Frage, die wir stellen können.[4] Vielleicht ist »Schicksal« am Ende nur ein leeres Wort, das, wie Immanuel Kant meint, keine Bedeutung besitzt.[5] Der einzige Weg, das herauszufinden, ist, die abgelegenen Stellen im Bauplan der Welt zu suchen, an die es sich zurückgezogen haben könnte.

Dieses Buch ist eine Betriebsanleitung für die Schicksalsmaschine.

1. Meistens ist die Ampel Rot
Der unglaubliche Alltag von sechs Milliarden Menschen

> *Krankheiten, Elemente, Unglück, Schwerkraft, Blitze nehmen keine Rücksicht auf Personen.*
>
> Ralph Waldo Emerson, *Schicksal*

Die Welt ist alles, was der Fall ist. Und das ist weit mehr, als unsere Gehirne verkraften können. Beginnen wir deshalb mit einem besonders harmlosen Beispiel: mit mir. Seit Jahren fahre ich mit dem Rad zur Arbeit. Bereits nach 30 Metern ereilt mich dabei allmorgendlich das Schicksal in Gestalt einer Ampel. Sie zeigt fast immer Rot. Warum das so zu sein hat, war mir lange ein kleines Rätsel. Bis ich versuchte, es für dieses Buch ein wenig auszuloten. Da nahm es erstaunliche Dimensionen an.

Meine Schicksalsampel steht an einer Kreuzung in München und zeigt morgens genauso lange Grün wie Rot. Und doch: Nach einer Strichliste, die ich angefertigt habe, geriet ich an 50 Tagen achtunddreißig Mal in die Rotphase. In meiner Not war ich somit achtunddreißig Mal gezwungen, die Kreuzung unter großzügiger Auslegung der Straßenverkehrsordnung zu durcheilen, zumal die querende Fahrbahn fast immer frei ist, man kennt das ja. Ist hier ein Dämon am Werk, der mich zu Ordnungswidrigkeiten anstachelt? Bin ich einem Plan des Schöpfers auf der Spur? Will mir der Kosmos etwas mitteilen?

Es gibt einige, die bereits in solchen Begebenheiten das Wirken höherer Mächte ausmachen, je nach religiöser Lehrmeinung, esoterischer Spielart oder psychotherapeutischer Schule. Menschen, die sich für aufgeklärt halten, kann mein Ampel-Problem nicht beeindrucken. Sie haben vernünftige Erklärungen zur Hand und halten mich für einen Selbstbetrüger, für einen Scharlatan oder, schlimmer noch, für einen Menschen mit sekundengenauem Tagesablauf. Es braucht stärkeren Tobak, damit sie von der Ratio abfallen. Den aber hält unsere Welt in Fülle bereit, um so manchem gefestigten Rationalisten ein Pfeifchen zu stopfen, an dem er lange zu paffen hat.

Kann das Zufall sein?

Nehmen wir die 70-jährigen Zwillingsbrüder, die im finnischen Städtchen Raahe lebten, 600 Kilometer nördlich von Helsinki. Sie seien, berichtet ein Neffe, ihr ganzes Leben auf geheimnisvolle Weise verbunden gewesen. Wurde einer der Brüder krank, erwischte es den anderen kurz darauf. Kratzte sich einer an der Nase, tat der andere es ihm nach. Vor einigen Jahren wurde einer von ihnen beim Fahrradfahren von einem Auto gestreift. Prompt entwickelte sein Bruder Schmerzen im gleichen Bein.

Am Morgen des 5. März 2001 bestieg einer der beiden Zwillinge wieder einmal sein Fahrrad, um Besorgungen zu erledigen. Im Schneesturm fuhr er die Küstenstraße 8 entlang. Um 9.29 Uhr erfasste ihn dort an einer Kreuzung ein Lastwagen. Er war sofort tot.

Knapp zwei Stunden später starb sein Bruder. Ein Laster hatte ihn angefahren, als er mit dem Fahrrad auf der

Küstenstraße 8 unterwegs war – eineinhalb Kilometer entfernt von jener Stelle, an welcher der andere Zwilling kurz
zuvor getötet worden war.

»Es war schwer vorstellbar, dass dies Zufall gewesen sein
sollte«, erzählte der Polizeiinspektor Marko Salo später
dem »New York Times Magazine«.[1] Salo hatte die Todesfälle untersucht. Fast ganz Raahe habe angenommen, der
zweite Zwilling sei in dem Wissen gestorben, dass sein Bruder bereits tot war, berichtete Salo. »Sie dachten, er habe es
absichtlich getan. Das hätte alles erklärt.« Die Untersuchung zeigte jedoch, dass er sich nur auf den Weg zu einem
Friseurtermin gemacht hatte, in bester Stimmung und ohne
vom Schicksal seines Bruders zu wissen. An schlichten
Zufall wollte die Familie dennoch nicht glauben. »Es war
ihre Bestimmung«, meinte der Neffe der Zwillinge. Die
Schwester der beiden vermutete eine terroristische Verschwörung. Die Wahrscheinlichkeit, dass so etwas zufällig
passiere, erklärte sie, existiere gar nicht.

Vielleicht hätte sie die alten Griechen lesen sollen. Wie
so oft sind sie es, die eine erste vernünftige Idee zu einem
grundlegenden Problem hatten. »Es ist wahrscheinlich«,
erklärte etwa Aristoteles, »dass das Unwahrscheinliche geschieht.« Aristoteles, der im vierten Jahrhundert vor
Christus lebte, konnte kaum ahnen, wie unglaublich das
Unwahrscheinliche in der komplexen Welt des 21. Jahrhunderts ausfallen kann. So wie am 12. November 2001 in
New York.

An diesem Tag wurde Hilda Mayol vorübergehend
weltbekannt. Kaum jemand hatte sich die 26 Jahre ihres
kurzen Daseins für die Serviererin interessiert, selbst dann
nicht, als sie den Einsturz des World Trade Centers überlebte. Die junge Frau hatte am 11. September 2001 im »Au

Bon Pain« bedient, einem Schnellrestaurant im Erdge-
schoss des Nordturms. Wie Tausende anderer Menschen
war sie dem Inferno knapp entkommen.

Kurze Zeit später stand »Hilda Mayor« dann doch noch
in vielen Zeitungen, falsch geschrieben zwar, dafür oft auf
der Titelseite. Am 12. November hatte sie den Flug 587 der
American Airlines genommen. Sie wollte zu ihrer Mutter
in die Dominikanische Republik fliegen, um sich dort vom
Schrecken der New Yorker Katastrophe zu erholen. Ihre
beiden Kinder hatte sie bereits vorausgeschickt.

Wenige Minuten nach dem Start ging das mit 260 Menschen besetzte Flugzeug in einem Feuerball über New
York nieder – acht Wochen, nachdem zwei Maschinen die
Türme des World Trade Centers und damit Hilda Mayols
Arbeitsplatz zerstört hatten. Diesmal trafen die Flugzeug-
trümmer den New Yorker Stadtteil Rockaway, wo traditionell viele Feuerwehrleute wohnen. 65 von ihnen waren
am 11. September umgekommen; am 12. November wurden weitere fünf Menschen aus der Gegend getötet.

An Bord von Flug 587 starb der Vater von Naomi Gul-
lickson, die am 11. September bereits ihren Mann Joseph
verloren hatte – einen Feuerwehrmann. Auch der Invest-
mentbanker Felix Sanchez, wie die Serviererin Hilda
Mayol dem Einsturz der Zwillingstürme entkommen, war
in der Maschine.[2]

Wenige Stunden nach dem Absturz von Flug 587 gewann bei einer Lotterie in New Jersey die Zahl 587. Die
Lottogesellschaft musste eine Rekordsumme auszahlen.
Mehr als 27 000 Mitspieler hatten die Nummer des Un-
glücksfluges getippt.[3]

Der ganz normale Wahnsinn

Der erneute Crash in New York mit seinen bemerkenswerten Umständen sei eine schreckliche »Wendung des Schicksals«, schrieben damals mehr als ein Dutzend US-Tageszeitungen[4] – als hätte es einer höheren Macht bedurft, welche die Schicksalsfäden einzelner Menschen und ganzer Städte zu einem so erlesenen Katastrophenteppich verwebt. Der päpstliche Hausprediger, Pater Raniero Cantalamessa, glaubte, diese Macht sogar benennen zu können: »Zweifellos wird New York gerade vom Bösen heimgesucht, vom Satan angegriffen.« Auch hinter seinem Kommentar verbarg sich die Annahme, eine solche Häufung bemerkenswerter Ereignisse könne sich ohne Zutun von oben, unten oder außen gar nicht ereignen.

Selbst Katastrophenexperten mit rationalem Weltbild ließen sich von derart starkem Tobak für einen Moment benebeln. »Ich kann an keinen Zufall glauben«, erzählte damals Gerhard Berz, dem die Versicherungsbranche den informellen Titel »Master of Disaster« verliehen hat.[5] Berz ist Leiter der Forschungsgruppe Geowissenschaften bei der Münchener Rück, der größten Rückversicherung der Welt. Sein Beruf ist es, die schlimmsten Risiken des Planeten zu kalkulieren. »Die Wahrscheinlichkeit eines zufälligen Absturzes erscheint mir beim erneuten New Yorker Unglück zu gering«, gründelte Berz und ignorierte damit für einen Moment wesentliche Prinzipien seines Berufsstandes.

Im Leben jedes Menschen kommt es wohl irgendwann zu Ereignissen, die »bloßen Zufall« als allzu schwache Erklärung erscheinen lassen. Sei es, dass eine Familie jahrelang die schwer krebskranke Mutter pflegt und der Vater

einen Monat vor ihrem Tod plötzlich selbst an einem un-
erkannten Karzinom stirbt – wie es dem jungen Dave Eggers und seinen vier Brüdern widerfuhr, der die Geschichte in einem US-Bestseller des Jahres 2001 schildert.[6] Sei
es, dass im Laufe der Jahre gleich acht Familienmitglieder
unnatürlichen Todesursachen zum Opfer fallen – kaum
eine Zeitschrift, die sich diesem »Fluch« des Kennedy-
Clans noch nicht gewidmet hat. Oder sei es, dass man im
Laufe eines Lebens sieben Mal vom Blitz getroffen wird
wie der amerikanische Park Ranger Roy Sullivan. Er hat
sich mittlerweile umgebracht.

Da gibt es Leonardo Diaz, der im Juni 2002 abseits aller
Zivilisation in den kolumbianischen Anden von einem
Schneesturm überrascht wird. Als er per Handy Hilfe rufen will, stellt er fest, dass sein Gesprächsguthaben aufgebraucht ist. Einen Tag lang friert er langsam seinem Tod
entgegen. Dann klingelt das Telefon – es ist eine Frau vom
Marketing der Telefongesellschaft, die ihm neue Einheiten
andrehen will. Wenige Stunden später wird Diaz gerettet.[7]

Oder die Frau aus Sylacauga, Alabama, die 1954 von einem 3,9 Kilogramm schweren Meteoriten getroffen wird,
als sie zu Hause auf dem Sofa liegt. Der Stein aus den un-
endlichen Weiten durchschlägt das Dach ihres Hauses,
prallt vom Radio ab und streift ihr Bein, bevor er im Wohn-
zimmer liegen bleibt. Sie trägt lediglich einen schweren
Bluterguss davon.

Überhaupt scheint das Sonnensystem voller Gesteins-
brocken, die dasselbe erst halb durchqueren, um dann
nichts Besseres zu tun zu haben, als das wahnsinnig Unwahrscheinliche. Als ganzer Schauer verletzen sie gleich 28
Menschen (Santa Ana, Nuevo Leon, Mexiko, 1946), fallen
einem Jungen auf den Kopf (Mbale, Uganda, 1992 – nichts

Schlimmes passiert) oder werfen einen anderen vom Fahrrad (Colford, Gloucestershire, Großbritannien, 1944). Hat all das Weltraumgestein *der Herr* persönlich geschleudert, um seine Geschöpfe zur Räson zu rufen?

Der Alltag ist voll ganz normalem Wahnsinn, unfassbaren Zufällen und erstaunlichen Wendungen. Wer sie studiert, dem dämmert, was Aristoteles gemeint haben könnte: »Es ist wahrscheinlich, dass das Unwahrscheinliche geschieht.« Dass jemand von einem Blitz getroffen werde, passiere äußerst selten, erläutert der Dortmunder Statistik-Professor Walter Krämer. »Aber weil es so viele Menschen auf der Erde gibt, wird es passieren, wenn wir lange genug warten.«[8]

Statistiker wie Krämer haben einen Heidenspaß dabei, besonders unwahrscheinliche Kabinettstückchen aus dem Leben von sechs Milliarden Erdenbürgern für ihre Bücher zu sammeln.[9] Eine andere Kategorie von Büchern, die teilweise dieselben Beispiele anführt, lebt gerade davon, unsere Welt als besonders mystisch hinzustellen. Titel wie »Geheimnisse des Unerklärlichen«, »Revue des Metapsychischen«, »Phänomene: Ein Buch der Wunder« oder »Ripley Glaub es oder nicht« sprechen eine deutliche Sprache. Auch die beiden Zwillinge aus Finnland oder die Serviererin Hilda Mayol sind längst aufgenommen in den Kanon der siebenhundert Weltwunder.

In ihm finden sich – »glaub es oder nicht« – Geschichten wie die jenes amerikanischen Soldaten aus dem Ersten Weltkrieg, der am Strand von Brooklyn eine angeschwemmte Waschbürste findet: seine eigene, die vor Jahren mitsamt seinem Truppentransporter vor der französischen Atlantikküste untergegangen war. Oder die Geschichte von Joseph Figlock, der in den dreißiger Jahren durch Detroit läuft und einem Baby zufällig das Leben rettet, das aus einem hoch gelegenen Fenster auf ihn fällt. Es ist der Mutter aus den Händen geglitten. Ein Jahr später geschieht genau dasselbe noch einmal. Wieder bleiben Figlock und das Baby unversehrt. Und dann ist da noch die Mutter aus dem Schwarzwald, die ihren kleinen Sohn fotografiert und den Film nach Straßburg zum Entwickeln bringt. Wegen des Ersten Weltkriegs kann sie ihn nicht mehr abholen. Zwei Jahre später kauft sie in Frankfurt einen Film, um ihre neugeborene Tochter aufzunehmen. Der Film erweist sich als doppelt belichtet – die ersten Aufnahmen zeigen ihren vor zwei Jahren fotografierten Sohn. Irgendwie muss der alte Film wieder in den Handel geraten sein.[10]

Meine Lieblingsgeschichte aber erzählt der Schriftsteller Emile Deschamps, der im 19. Jahrhundert gelebt hat.[11] Als Schüler in Orléans wird er zusammen mit anderen Kindern von einem Monsieur de Fontgibu zum Plumpudding eingeladen. Zehn Jahre später sieht Deschamps in einem Pariser Restaurant ein Stück Plumpudding und bestellt es in Erinnerung an die Begebenheit aus seiner Jugend. Wie sich herausstellt, ist das Stück bereits reserviert – für eben jenen Monsieur de Fontgibu. Dieser bietet Deschamps an, den Plumpudding zu teilen. Wiederum Jahre später folgt Deschamps der Einladung einer Freundin zum Abendessen. Zum Dessert gibt es Plumpudding. Als er serviert werden soll, witzeln Deschamps und seine Gastgeberin, nun fehle nur noch de Fontgibu. Prompt meldet das Hausmädchen das Eintreffen eines Monsieur de Fontgibu.

Deschamps glaubt an einen Scherz, bis ein älterer Herr den Raum betritt. Es ist tatsächlich de Fontgibu, der im selben Haus zu einer anderen Abendgesellschaft geladen ist und sich in der Tür geirrt hat.

2. Den Dingen auf den Grund gehen
Ein erster Besuch im Maschinenraum von Zufall
und Notwendigkeit

> *In einer großen Stadt werden die zufälligsten*
> *Dinge, und zwar Dinge, deren Schönheit ge-*
> *rade in ihrer Zufälligkeit liegt, so pünktlich*
> *und auf Bestellung hervorgebracht, wie der*
> *Bäcker zum Frühstück seine Brötchen liefert.*
> Ralph Waldo Emerson, *Schicksal*

Nehmen wir einmal an, Hiob wäre Statistiker gewesen.
Was hätte er wohl gesagt, als er erfuhr, dass an einem einzigen Tag sein gesamtes Vieh gestohlen oder verbrannt, seine Söhne und Töchter im Sturm umgekommen waren?

Der gottesfürchtige Hiob, so überliefert die Bibel, zerriss seine Kleider und rief: »Der HERR hat gegeben, und der HERR hat genommen, der Name des HERRN sei gepriesen!«

Ein statistisch gebildeter Hiob aber hätte vielleicht angemerkt: »Die Sturmwahrscheinlichkeit in dieser Jahreszeit ist recht hoch. Auch Blitze, die unsere Behausungen entzünden, gibt es immer wieder. Dass die Sabäer und Chaldäer mein Vieh stehlen, ist ebenfalls nicht ganz unwahrscheinlich, seit Jahren beobachten wir ihre Übergriffe. Also gibt es auch eine gewisse Chance, dass dies alles an einem Tag geschieht.«

Dann hätte er seine Kleider zerrissen und gerufen: »Shit happens!«

Man kann sich denken, was Statistiker vom Schicksal halten. Einer von ihnen, Walter Krämer, erklärt: »So etwas wie Schicksal gibt es nicht.« Was Krämer damit eigentlich meint, ist: Wir müssen keine höheren oder außenstehenden Mächte annehmen, nur um die außergewöhnlichen Zufälle unseres Alltags zu erklären. Tatsächlich haben Statistik und Wahrscheinlichkeitsrechnung – zumindest auf den ersten Blick – einen zutiefst aufklärerischen Charakter. Auf sie stößt früher oder später, wer sich auf die Suche nach den Winkeln des Weltgetriebes macht, in die sich so etwas wie Schicksal zurückgezogen haben könnte. Hier deshalb ein erster Rundgang durch den Maschinenraum von Zufall und Notwendigkeit.

Warum, warum, warum

Da gibt es zum Beispiel mein Ampel-Problem. Wenn ich allmorgendlich aus unserer Toreinfahrt im Münchner Stadtteil Schwabing biege, um ins Büro zu radeln, stoppt mich nach ein paar Metern fast immer die Lichtsignalanlage. Dabei ist sie genauso lange Rot wie Grün, und ich verlasse das Haus zu höchst unterschiedlichen Zeiten, bestimmt nicht auf die Sekunde. Ist das nur Zufall oder gibt es dafür einen Grund? Und was bedeutet diese Frage überhaupt?

Inzwischen habe ich eine Theorie, die das Ampel-Problem erklärt. Unter uns wohnt ein bekannter Dozent für transzendentale Meditation, der immer so freundlich, aber geheimnisvoll lächelt, wenn er mir begegnet. Hört er mich morgens die Treppe herunterkommen, versenkt er sich in tiefe Trance und verbiegt für einen Moment das Raum-

Zeit-Kontinuum. Auf diese Weise gelingt es ihm, mich stets in die Rotphase radeln zu lassen. Er hofft, dass ich die müßigen Sekunden nutze, um über mein Leben nachzudenken, und mich doch noch für einen seiner überteuerten Kurse anmelde.

Es könnte sich aber auch um eine Verschwörung der Hauptabteilung Straßenverkehr des Kreisverwaltungsreferats München handeln. Seit ich einen kritischen Artikel über das Verkehrschaos in den Städten geschrieben habe, sind die Beamten dort nicht gut auf mich zu sprechen. Ihre Rache ist fürchterlich: Ein Spitzel im Haus (ich glaube, es ist der Typ von oben, der nie grüßt) meldet ihnen, wenn ich zur Arbeit aufbreche. Sofort schalten sie die Ampel auf Rot, und ich komme einmal mehr allzu spät ins Büro, wenn ich die Straßenverkehrsordnung nicht etwas weiter auslege.

Sollte jemand diese Theorien nicht überzeugend finden, habe ich noch eine: Es gibt überhaupt keinen direkten Zusammenhang zwischen den Ampelphasen und meinem Weg ins Büro. Die Ampel schaltet stur von Rot auf Grün, alle 31 Sekunden. Dass sie meistens Rot ist, wenn ich dort ankomme, ist *reiner Zufall*.

Das Ampel-Problem ist ein gutes Beispiel dafür, wie wir unsere Welt wahrnehmen. Wir beobachten Begebenheiten und versuchen ganz automatisch, Gründe dafür zu finden. Unsere in Millionen Jahren Evolution angehäufte Erfahrung hat uns gelehrt, dass Ereignisse aus anderen Ereignissen hervorgehen. Wäre diese Weltsicht nicht tief in der Struktur unseres Gehirns und letztlich in unseren Genen verankert, könnten wir uns kaum irgendwie zurechtfinden oder auch nur einen Fuß vor den anderen setzen. *Nihil fit sine causa,* »nichts geschieht ohne Grund«. Diese Annahme, das »Kausalitätsprinzip«, war lange Zeit der Hauptpfeiler der modernen Naturwissenschaft. (Und ist es noch heute, außer für manche Quantenphysiker.)

Kommen wir an eine rote Ampel, gehen wir selbstverständlich davon aus, dass es dafür eine Ursache gibt. Wir glauben, dass sie sich nicht eben erst mitsamt der Straße materialisiert hat, kurz bevor wir um die Ecke gebogen sind – um wieder im Nichts zu verschwinden, wenn wir weiterfahren. Wie Kinder, die immer wieder »Warum?« fragen und, wenn man eine Antwort gibt, noch einmal: »Warum?«, so können wir die Gründe dafür, dass wir an eine rote Ampel kommen, immer weiter auffächern: Sie ist genau in diesem Moment Rot, weil eine Schaltung der betreffenden Lampe Strom gibt, weil die Anlage diesen Strom aus dem Netz bezieht, weil ein Wasserkraftwerk an der Isar ihn liefert.

Die Gründe für eine rote Ampel in Schwabing verästeln sich bis zu den einzelnen Elektronen in der Stromleitung, der Historie der Stadt München, der Geburt des Mannes, der die Ampel programmiert hat, meinem eigenen Lebenslauf, der mich genau jetzt an diese Ampel führt, und immer so fort, bis zur Entstehung des Universums. Man könnte wahnsinnig werden beim Studium dieses Konzerts der Kausalität.

Wenn alles Gründe hat, wo ist dann noch Platz für Zufall? Ist der Lauf der Welt nicht vorherbestimmt seit der Entstehung von allem, weil seither ein Grund auf den anderen folgt? Die Naturwissenschaftler gingen jahrhunderte lang davon aus, dass das tatsächlich so ist. Der Universalgelehrte Gottfried Wilhelm Leibniz etwa, der im 17. Jahrhundert lebte, erklärte in seiner Schrift »Von dem Verhängnisse«: »Daß alles durch ein festgestelltes Verhängnisse herfürgebracht werde, ist ebenso gewiß, als daß drei mal drei neun ist. Denn das Verhängnis besteht darin, daß alles aneinanderhänget wie eine Kette.«[1]

Mit einer solchen Einsicht alleine könnte ein Buch über Schicksal ziemlich kurz ausfallen. Ich könnte das, was Leibniz als »Verhängnis« bezeichnet, »Schicksal« nennen, meinen Laptop ausschalten und für den Rest des Jahres zum Bergsteigen fahren (oder was das Schicksal dieses Jahr sonst für mich vorgesehen hat).

Mindestens zwei Gründe sprechen gegen eine solche Kürzung. Erstens: Die Welt ist viel verrückter, als Genies wie Leibniz ahnen und selbst solche wie Albert Einstein akzeptieren konnten. In der Sphäre der kleinsten Teilchen, bei den Grundbausteinen unseres Universums, gibt es reinen Zufall. Bestimmte Ereignisse benötigen dort keine Ursache. (Dazu später.)

Zweitens: Selbst wenn wir davon ausgehen, dass in unserer Alltagswelt ein »Warum« stets dem anderen vorauseilt, heißt das nicht, dass wir immer alle Ursachen erfassen und berechnen können. Dafür fehlen uns zumindest Kenntnis (oder: die geeigneten Messgeräte) und Gedächtnis (oder: genügend Computerspeicher). Unsere Sicht der Welt ist sehr beschränkt. Und spätestens da kommt der Zufall ins Spiel:

Ein Ereignis heißt zufällig, wenn wir es nicht vorhersagen können.

Wenn man auf einer langweiligen Party zufällig einen Mathematiker, Physiker, Psychologen oder Philosophen trifft, kann es unterhaltsam sein, diesen Satz aufzusagen. Er wird stöhnen und den Kopf schütteln. Nachdem er sich beruhigt hat, kann man nach seiner Definition von Zufall fragen und wird einen amüsanten Abend haben, denn es gibt viele, aber keine allgemeingültige.

Das liegt unter anderem daran, dass Zufall je nach Definition eine – für manche Wissenschaftler und Philosophen geradezu abstoßend – subjektive Komponente besitzt. Für das, was uns heute zufällig erscheint, können wir morgen gute Gründe finden und damit neue Möglichkeiten der genaueren Vorhersage – zum Beispiel eine geheime Verschwörung des Münchner Straßenverkehrsamts oder bisher unerkannte Zusammenhänge im Naturgeschehen. Die moderne Wissenschaft erlebte solch einen Umschwung in den achtziger Jahren sogar im großen Stil. Die so genannte Chaostheorie, die damals populär wurde, legt nahe, dass hinter zufällig wirkenden Ereignisfolgen sehr klare Regeln stehen können.

Wenn »Schicksal« alles bezeichnet, auf das wir keinen Einfluss haben, dann ist es auch im 21. Jahrhundert überall. Es umfasst nicht nur all die Ereignisse, die unverrückbar feststehen, sondern ebenso die Zufälle, die sich nicht vorhersehen lassen.

Die Frau, die fünf Mal am 20. Februar niederkam

Wie wahrscheinlich sind nun all die unglaublichen Ereignisse in unserem Alltag, die den Glauben an das Wirken höherer Mächte so attraktiv machen – und für die es doch, so glaubt der Urmensch in uns, stets irgendwelche erkennbaren Gründe geben sollte? Wie wahrscheinlich war es etwa, dass eine gewisse Carolyn Cummins aus Clintwood, Virginia, in unterschiedlichen Jahren zwischen 1952 und 1966 nacheinander fünf Kinder gebar – alle am 20. Februar?

Eine Möglichkeit, solche Fragen anzugehen, ist: spielen. Tatsächlich ist eines der ersten wahrscheinlichkeitstheoretischen Werke, geschrieben im 16. Jahrhundert, eine Abhandlung über das Würfeln.[2] Statt nun die Geburtenregister nach Geschwistern unterschiedlichen Alters zu durchforsten, die am selben Tag geboren sind, oder jahrelang Strichlisten über rote Ampeln zu führen, können wir ganz einfach würfeln oder Münzen werfen, um die Musik des Zufalls zu hören.

Das einfachste denkbare Zufallsspiel: Wenn ich eine Münze ohne besondere Tricks hundert Mal werfe, wie oft erhalte ich dann (bei einem deutschen Euro) Adler, wie oft Zahl? Die Antwort liegt nahe: Ich erhalte *ungefähr* fünfzig Mal Adler und fünfzig Mal Zahl. Und wenn ich tausend Mal werfe? *Ungefähr* fünfhundert Mal Adler, fünfhundert Mal Zahl.

Natürlich werde ich nicht immer exakt 50 Prozent Adler erhalten, schließlich geht es hier um Zufall. Aber es ist eben die beste Vorhersage der Zukunft, die ohne zusätzliche Informationen möglich ist, und man spricht stattdessen auch von einer Wahrscheinlichkeit von 50 Prozent oder 0,5 oder 1/2, dass ein Wurf Adler ergibt. Für einen perfekten Würfel mit sechs Seiten gilt ganz analog: Die Wahrscheinlichkeit, dass wir eine bestimmte Zahl würfeln, ist 1/6.

Wie groß ist dann die Wahrscheinlichkeit, eine Zahl kleiner als 3 zu würfeln? Da in etwa 1/6 der Fälle eine Eins fällt und in 1/6 eine Zwei, muss sie 1/6 + 1/6 = 1/3 betragen. Die gesamte Wahrscheinlichkeit für verschiedene Alternativen, die sich gegenseitig ausschließen, erhalten wir also durch Addieren der einzelnen Wahrscheinlichkeiten für diese Alternativen.

Schnell noch so eine Schulaufgabe: Wie groß ist die

Chance, dass ich mit einem Würfel zwei Mal hintereinander eine Sechs würfle? In etwa 1/6 der Fälle kommt beim ersten Wurf eine Sechs. Aber nur in ungefähr 1/6 *dieser* Fälle kommt dann auch beim zweiten Wurf wieder die Sechs. Die Wahrscheinlichkeit ist also 1/6 von 1/6, das ist $1/6 \times 1/6 = 1/36$.

Dahinter steht das zweite wichtige Prinzip der Wahrscheinlichkeitsrechnung: Wenn zwei Ereignisse unabhängig voneinander sind, der Ausgang des einen also nicht vom anderen abhängt, dann ist die Wahrscheinlichkeit für das Eintreffen beider Ereignisse die Wahrscheinlichkeit des einen multipliziert mit der Wahrscheinlichkeit des anderen.

Mit welcher Wahrscheinlichkeit durfte Frau Cummins also mit ihrer Seriengeburt rechnen? Weil das Jahr 365 Tage hat und die Geburtstage der verschiedenen Kinder einigermaßen (!) unabhängig sind – ist das grob so, als würde jemand mit einem 365-seitigen Würfel vier Mal hintereinander exakt die Zahl würfeln, die man ihm mit einem ersten, beliebigen Wurf vorgegeben hat. Die Wahrscheinlichkeit dafür beträgt also

$$(1/365) \times (1/365) \times (1/365) \times (1/365)$$

oder rund 1 : 20 Milliarden, das sind 20 000 Millionen oder eine Zwei mit zehn Nullen.[3] Das klingt tatsächlich wahnsinnig unwahrscheinlich. Warum solch ein Ereignis trotzdem überhaupt nicht unglaublich sein muss, zeigt am besten mein Ampel-Problem.

Eine Ampel als Metapher für das Schicksal

Nehmen wir einmal an, ich verlasse das Haus am Morgen irgendwann zwischen 9 und 10 Uhr. Weiter angenommen, die Ampel an der Ecke zeigt genauso lange Rot wie Grün. Dann ist die Wahrscheinlichkeit, dass die Ampel Rot ist, wenn ich dort ankomme, wie beim Münzwurf 1/2. (Ich bin sozusagen die Münze und die Ampelfarbe ist die Seite, auf die ich fallen kann.)

Wenn ich nun fünf Tage hintereinander an die Ampel komme, und sie zeigt nie Grün, sollte mich das wundern? Bestimmt nicht. Und wenn sie an zehn Tagen niemals Grün zeigte? Und an 30 Tagen?

Dann wäre ich wohl misstrauisch, und zwar zu Recht. Denn je öfter ich die Ampel passiere, desto näher sollte das Verhältnis »Rot« zur Gesamtzahl der Versuche dem Wert 1/2 kommen. Mathematiker und Berufsspieler nennen dies das »Gesetz der großen Zahlen«[4]. Seine (nicht ganz exakte) Volksversion geht so: Je öfter wir ein Experiment wiederholen, desto näher kommen die relativen Häufigkeiten für ein Ergebnis (»Rot« geteilt durch die Gesamtzahl der Versuche) den Wahrscheinlichkeiten für dieses Ergebnis (1/2). Der Umstand garantiert den Betreibern von Casinos ihre Gewinne: Auch, wenn einzelne Spieler gelegentlich mehr Geld einstreichen, als sie eingesetzt haben, gewinnt wegen der grundlegenden Wahrscheinlichkeitsverteilung auf lange Sicht stets: die Bank.

Nur eine Kleinigkeit sollte die Casinobetreiber dabei irritieren. Das (so genannte »schwache«) Gesetz der großen Zahlen sagt in Wahrheit: Je öfter wir das Experiment wiederholen, *desto größer wird die Wahrscheinlichkeit,* dass die relativen Häufigkeiten sich den Wahrscheinlichkeiten

immer mehr annähern. Je öfter wir spielen, desto wahrscheinlicher ist es, dass die Bank im Gesamtschnitt gewinnt – es ist aber nicht völlig unmöglich, dass Ausreißer
vorkommen. Unter allen Casinobetreibern der Welt könnte es ein, zwei geben, die trotz eines langen Casinobetrei-
berlebens irgendwann ganz zufällig bankrott gespielt werden. Erst bei unendlich vielen Spielen, rechnen die
Mathematiker vor, ist es »fast sicher«, dass die Bank gewinnt. Aber welcher Casinobetreiber lebt schon so lange?

Ist eine Welt vorstellbar, in der das Gesetz der großen
Zahlen nicht gilt? Tom Stoppard hat diese Frage in seinem
Stück »Rosenkranz und Güldenstern sind tot« zu einem
entzückenden Anfangsdialog inspiriert. In der ersten Szene
spielen die beiden Protagonisten um Geld: Güldenstern
nimmt immer wieder eine Münze aus seinem Beutel und
wirft sie zu Rosenkranz. Der kontrolliert das Ergebnis. Bei
»Kopf« darf er sie einstecken. Es kommt immer »Kopf«.
Güldensterns Geldbeutel ist schon fast leer. Sie haben bereits 89-mal geworfen, und immer hat Rosenkranz gewonnen.

Rosenkranz: Neunundachtzig.
Güldenstern: Das muss ein Zeichen für irgendetwas sein, abge-
sehen von der Umverteilung des Reichtums. Liste möglicher
Erklärungen. Eins: Ich will es. Ganz im Inneren bin ich die Es-
senz eines Mannes, der doppelköpfige Münzen wirft und gegen sich selbst wettet in privater Sühne für eine nicht erinnerte Vergangenheit. *(Er wirft eine Münze zu Rosenkranz.)*
Rosenkranz: Kopf.
Güldenstern: Zwei: Die Zeit ist stehen geblieben, und die einzelne Erfahrung einer einmal geworfenen Münze hat sich neun-
zig Mal wiederholt … *(Er dreht eine Münze um, schaut sie an,*

wirft sie zu Rosenkranz.) Im Ganzen zweifelhaft. Drei: Göttliche Intervention, das heißt eine Wende zum Guten, was ihn betrifft, vergleiche die Kinder Israels, oder Vergeltung von oben, was mich betrifft, vergleiche Lots Weib. Vier: Eine spektakuläre Verteidigung des Prinzips, dass jede individuelle Münze, die individuell geworfen wird *(er wirft eine)* genauso wahrscheinlich Kopf wie Zahl zeigen wird und deshalb jedes individuelle Mal, wenn sie es tut, keine Überraschung verursachen sollte. *(Sie tut es. Er wirft sie zu Rosenkranz.)*

Rosenkranz: So etwas habe ich noch nie erlebt.

Güldenstern: […] Der Gleichmut eines durchschnittlichen Münzwerfers hängt eher von einem Gesetz als von einer Tendenz ab, oder lass uns sagen Wahrscheinlichkeit, oder auf jeden Fall einer mathematisch berechenbaren Wahrscheinlichkeit, was garantiert, dass er sich nicht selbst dadurch erregt, dass er zu viel verliert, oder dass er seinen Gegner dadurch erregt, dass er zu oft gewinnt. Daraus entstand eine gewisse Harmonie oder ein gewisses Vertrauen. Es verband das Zufällige und das Vorbestimmte zu einer beruhigenden Einheit, die wir als Natur anerkannten. Die Sonne ging ungefähr so oft auf wie unter, auf lange Sicht, und eine Münze zeigte ungefähr so oft Kopf wie Zahl. […]

Manchmal ist unser Alltag fast so psychedelisch wie die Welt von Rosenkranz und Güldenstern. Da ist zum Beispiel meine Ampel-Strichliste: Sie zeigt bei 50 Versuchen nur zwölf Mal Grün. Zu erwarten wären aber ungefähr 25 Grünphasen. Ist das noch mit Zufall zu erklären? Oder muss ich »un-, unter- oder übernatürliche Kräfte« dahinter vermuten?

Die Rechnung ist alleine mit Taschenrechner und Papier ziemlich mühselig. Das Ergebnis: Die Wahrscheinlichkeit, dass so etwas zufällig passiert, beträgt nur 0,01 Prozent, ein zehntel Promille. Anders ausgedrückt: Hätte ich 10 000 von diesen Strichlisten geführt, dann wäre zu erwarten, dass eine wie meine darunter ist. Ist das nun viel oder wenig? 10 000 Strichlisten klingen nach Arbeit.

Man kann die Sache aber auch anders betrachten: Statt einen Würfel zehntausend Mal zu werfen, kann ich zehntausend Würfel je ein Mal werfen, die Wahrscheinlichkeiten für bestimmte Zahlenkombinationen sind genau dieselben. Der einzelne Würfel merkt sich nicht, auf welche Seite er gefallen ist, jedes neue Spiel bedeutet neues Glück, wie Rosenkranz erkannt hat. (Viele Leute glauben etwas anderes.)

Nun hat zum Beispiel München über eine Million Einwohner. Würden sie alle nur eine einzige Strichliste anfertigen, dann sollte es darunter zufällig 0,01 Prozent Pechvögel geben, denen ähnlich unwahrscheinliche Dinge geschehen wie mir. Das sind über 100 Menschen[5].

Wir könnten eine Bürgerinitiative der Ampelgeschädigten gründen und bei Bürgermeister Christian Ude vorstellig werden, um uns über die skandalöse Benachteiligung im Straßenverkehr zu beschweren. Ude würde sein Notfallteam aus Statistik-Professoren und Berufsspielern zusammenrufen und uns vorrechnen lassen, dass unsere vermeintliche Benachteiligung nicht auf einer Verschwörung, sondern schlicht auf Zufall beruht. Vielleicht würde er einen griechischen Philosophen zitieren: »Es ist wahrscheinlich, dass das Unwahrscheinliche geschieht.« Beim Abschied könnte der Bürgermeister jovial lächelnd anfügen, dass wir bei unserer nächsten Rotphasen-Zählung bestimmt mehr Glück hätten, und zwar mit einer Wahrscheinlichkeit von über 99 Prozent.

Die völlig berechtigte Frage »Warum ich?« verstellt manchmal unseren Blick für die Wahrscheinlichkeiten im Rest der Welt. Es ist unglaublich unwahrscheinlich, dass ich persönlich am nächsten Samstag bei allen »6 aus 49«-Zahlen richtig liege, die Chance beträgt rund 1 : 14 Millionen. (In Wahrheit beträgt sie noch deutlich weniger, denn ich gebe keine Lottoscheine ab.) Dennoch wird irgendjemand unter den Teilnehmern – 40 Prozent aller Erwachsenen in Deutschland spielen mit – ziemlich wahrscheinlich seinen »Sechser im Lotto« haben. So wie fast jedes Wochenende.

Und weil die rund drei Milliarden Frauen des Planeten in ihrem Leben durchschnittlich 2,8 Kinder gebären, ist es gar nicht unwahrscheinlich, dass einige von ihnen eine seltsame Geburtserie wie die der Carolyn Cummins erleben. Unwahrscheinlich ist nur, dass es ausgerechnet Frau Cummins persönlich trifft.

Bradley Efron, Statistik-Professor an der Universität Stanford, hat ein schönes Bild für die seltsamen Koinzidenzen, welche die Schicksalsmaschine Welt hervorbringt. Wir sollen uns eine Wiese vorstellen, meint er, und dann, wie wir einen Grashalm mit unserem Finger berühren. Die Chance, ausgerechnet diesen Grashalm zu treffen, sei vielleicht 1 : 1 Million oder noch kleiner. Doch die Wahrscheinlichkeit, dass wir irgendeinen Grashalm berühren, beträgt 100 Prozent.[6]

Es gibt Tausende Hiobs

Das Schicksal des Hiob ist so unfassbar, dass wir gerade da nach einer höheren Macht suchen, wo keine nötig ist. Es sollte Tausende Hiobs geben unter sechs Milliarden Menschen. Gäbe es sie nicht, dann müssten wir uns dringend auf die Suche nach einer höheren Macht begeben. Gäbe es überhaupt keine Menschen, denen ihr ganzes Leben lang rote Ampeln erscheinen, keine, die von Meteoriten getroffen werden, von Plumpuddings verfolgt oder ständig vom Blitz getroffen.

Eine Welt, die trotz ihrer Fülle an Menschen, Dingen und Zusammenhängen nur genormte Durchschnittsleben hervorbringt und nicht auch ein paar verrückte Ausnahmen, ist wortwörtlich nicht denkbar. Sie wäre eine statistische Unmöglichkeit. Eine Welt ohne Zufall.

Käme in ihr beim Roulette immer Rot, wenn zuvor Schwarz gekommen ist? Würden Münzen immer abwechselnd auf Zahl und Adler fallen, damit der Schnitt stimmt? Schon in dem Moment, in dem sie auf irgendeine Seite fielen, wäre der Durchschnitt verletzt, irgendein Prinzip nicht erfüllt. Wie sollte ein Würfel fallen, dessen durchschnittliche Augenzahl bei 3,5 zu liegen hat? Wie erst sollte ein durchschnittliches Leben aussehen? Eine Welt ohne Hiobs wäre vielleicht eine Welt, in der einfach gar nichts geschähe.

Die Musik des Zufalls ist Kakophonie und Symphonie in einem. Ohne besonders unangenehme (und angenehme) Töne kann sie nicht gespielt werden. So gibt es für all die Hiobs einen Trost: Wie beim Münzwurf, beim Würfeln oder beim Roulette jedes Spiel neues Glück bedeutet, so beginnt auch in einem Leben mit jedem neuen Tag, mit jeder neuen Sekunde ein Spiel um die Möglichkeiten der Welt.

Morgen schon kann Hiob König sein. Ein Würfel hat kein Gedächtnis.

3. Ich bin eine Mustersuchmaschine
Warum es uns so schwer fällt, die Welt zu entzaubern

> *In unserem Ermessen liegt es nicht, die gewaltigen Kreise der bestimmenden Ideen zu umfassen, ihre Wiederkehr zu erkennen, ihren Widerstreit zu versöhnen.*
>
> Ralph Waldo Emerson, *Schicksal*

Im Januar 2001 kommt es am selben Tag in verschiedenen Weltgegenden zu schweren Explosionen. In Lagos, Nigeria, bricht auf einem Straßenmarkt ein großes Feuer aus, das schnell auf ein Waffendepot übergreift. Es folgen insgesamt 27 Detonationen, zahlreiche Menschen sterben oder werden verletzt. In der chinesischen Provinz Hebei ereignen sich zur gleichen Zeit in einer Kohlemine mehrere Gasexplosionen. 27 Menschen kommen ums Leben. Das alles geschieht an einem 27. Exakt zwei Monate später, am 27. März, werden bei einem Zugunglück in Belgien mehrere Menschen getötet. Weitere vier Monate später, am 27. Juli, wird in Saint-Brice bei Paris ein Pfarrer vom Blitz erschlagen, obwohl er in einem Unterstand Schutz gesucht hat. Ein Jahr später, am 27. Juli 2002, kommt es in der ukrainischen Stadt Lwiw zum schwersten Unglück in der Geschichte der Flugschauen. (Der Kampfjet, der in die Menge der Schaulustigen stürzt, trägt die Typenbezeichnung SU-27.) Genau drei Jahre zuvor sind an einem 27. in Interlaken zahlreiche Menschen bei einem Canyoning-Unglück ertrunken. Bereits am 27. September 1957 kam es in einer Plutoniumfabrik im Ural zu einer schweren Explosion, 10 000 Menschen mussten evakuiert werden.

Diese Aufstellung ist unsinnig und vielleicht auch geschmacklos. Sie ist das Ergebnis einer halbstündigen Recherche in einem digitalen Presse-Archiv. Weil mir danach war, habe ich nach der 27 gesucht. Ganz sicher lassen sich für jede Zahl zwischen 1 und 31 ähnlich bequem Schreckens- oder Glückskataloge erstellen. Dennoch glaubt ein Viertel der Deutschen ausgerechnet an die unheilvolle Wirkung der 13 und ist von Aufzählungen der folgenden Art schwer beeindruckt: Bei der ersten Lotto-Ziehung im Jahr 1955 kam als erste Zahl die 13. Die Bombe, die auf Hiroshima fiel, hatte eine Sprengkraft von 13 000 Tonnen TNT. Arnold Schönberg, Schöpfer der Zwölftonmusik, geboren am 13. September 1874, starb am 13. Juli 1951, 13 Minuten vor Mitternacht. Schönberg, der große Angst vor der 13 hatte, wurde 76 Jahre alt – Quersumme 13.[1]

Wir bauen Häuser ohne 13. Stockwerk, Flugzeuge ohne 13. Reihe und geben keine Abendgesellschaft mit 13 Gästen. Die Angst vor der 13, die Jahrtausende zurückreicht, ist so verbreitet, dass sie einen eigenen Namen besitzt: Triskaidekaphobie. Wenn ich erst einmal sensibilisiert bin, sehe ich plötzlich überall die 13. Oder die »23«, wie der Protagonist Karl Koch im gleichnamigen Kinofilm. Und in Zukunft vielleicht auch die von mir soeben erfundene Unglückszahl 27.

Affen würfeln nicht

Solche seltsamen Regelmäßigkeiten zu entdecken gehört zu unserem evolutionären Betriebssystem. »Menschen sind Muster suchende Tiere«, sagt der US-Mathematiker John Allen Paulos, der über die »Zahlenblindheit« seiner Zeitgenossen einen Bestseller geschrieben hat.[2] »Es dürfte Teil unserer Biologie sein, die Zufälle bedeutungsvoller erscheinen lässt, als sie wirklich sind. Sehen Sie sich die natürliche Welt der Felsen und Pflanzen und Flüsse an: Sie bietet kaum Anhaltspunkte für überbordende Zufälle, aber der primitive Mensch musste gegenüber allen Anomalien wachsam sein und auf sie reagieren, so, als wären sie real.«[3]

Die automatische Suche nach Regeln im Chaos, nach Mustern im Durcheinander unserer Welt, nach der Ursache für jede Wirkung ist uns in die Wiege gelegt. »Es ist ein psychologischer Allgemeinplatz«, erklärten der Psychologe Amos Tversky von der Stanford University und sein Kollege Daniel Kahneman, Professor in Princeton, »dass die Leute eifrig um eine stimmige Erklärung der Ereignisse bemüht sind, die sie umgeben.«[4] Für die bahnbrechenden Arbeiten der beiden über das irrationale Verhalten von Menschen erhielt Kahneman im Jahr 2002 den Nobelpreis für Wirtschaft. (Tversky ist 1996 verstorben.) Die Psychologen hatten ihr gesamtes Forscherleben der »Beseitigung von Programmierfehlern in der menschlichen Intuition« gewidmet. Hätten wir keine Veranlagung zum Mustersehen, glauben Kognitionsforscher, dann könnten wir kaum Sinn in unseren Alltag bringen. »Koinzidenzen sind ein Fenster dafür, wie wir Dinge lernen«, meint auch Joshua Tenenbaum vom Massachusetts Institute of Technology.

»Sie zeigen uns, wie unser Geist aus beschränkten Situationen reichhaltiges Wissen ableitet.«[5]

Dumm nur, dass der Alltag ständig die schönsten Koinzidenzen produziert, aus denen es nichts abzuleiten gibt. Wundersam regelmäßige Muster sind überall, wo Zufall regiert – die Frau, die fünf Mal am 20. Februar niederkam, oder der Mann, der sieben Mal vom Blitz getroffen wurde, sind lediglich exotische Beispiele dafür.

Wenn ich eine Münze immer wieder werfe, werde ich über die Zeit ganz automatisch längere Läufe von Kopf oder Zahl erzeugen. Schon die aber erscheinen uns, wie zahlreiche Experimente zeigen, nicht zufällig genug. Probanden, die aufgefordert wurden, Folgen zufälliger Münzwürfe zu erfinden, vermieden solche Wiederholungen peinlich. Ihre menschengemachten »Zufallsverteilungen« entsprachen nicht denen echter Münzen, die mit einer Wahrscheinlichkeit von 50 Prozent beim nächsten Wurf auf die andere Seite fallen – sondern eher Zaubermünzen, in denen ein kleiner Dämon wohnt, der sie mit einer Wahrscheinlichkeit von 60 Prozent die Seite wechseln lässt.

Spontan halten wir die Adler-Zahl-Folge AAZAZZZA für wahrscheinlicher als die Folge AAAAAAAA, obwohl wir wissen, dass beide gleich wahrscheinlich sind.[6] Offensichtlich haben wir das Gesetz der großen Zahlen derart verinnerlicht, dass wir es auch im Kleinen einfordern. Zur Erinnerung: Bei einer großen Zahl von Würfen sollten sich die Verhältnisse von Kopf und Zahl immer mehr dem Verhältnis der Wahrscheinlichkeiten nähern – fifty-fifty. Deshalb, sagt unsere Intuition, müsse das auch in jedem kleinen Abschnitt einer Münzwurffolge so sein. Roulettespieler, die glauben, es müsse nun endlich Rot kommen, weil zuvor zehn Mal Schwarz gekommen ist, sind ein weiteres Beispiel für diesen magischen Glauben.

Besonders einfach sind Zufallsmuster in großen Mengen von Zahlen, Buchstaben oder Wörtern zu finden. Ein ganz gutes Gefühl dafür vermittelt eine neue Denksportart, die viele Internetnutzer mit Leidenschaft betreiben: das Googlekegeln.[7] Die populärste Suchmaschine des Planeten, Google, verwaltet (jetzt gerade, als ich dies schreibe) unter www.google.de einen Index von über drei Milliarden Webseiten. Beim Googlekegeln müssen die Teilnehmer aus diesem riesigen Wörtersee die eine Seite herausfischen, die als Einzige zwei beliebig zu wählende Wörter enthält. Ein Beispiel: Die Wörter »halbnackter« und »Bambus« kommen gemeinsam (jetzt gerade) auf genau einer von drei Milliarden Seiten vor. Diese Seite stammt aus einem Reisebericht des Weltenbummlers Friedrich Gerstäcker über Tahiti.

Damit die Sache nicht zu einfach wird, sind nur deutsche Wörter erlaubt, die auch in irgendeinem Wörterbuch zu finden sind – was Tippfehler und mutwilligen Wortsalat ausschließt. Der Clou am Googlekegeln ist das Punktesystem: Für einen erfolgreichen Wurf erhält der Spieler das Produkt der beiden Trefferzahlen für die einzelnen Wörter gutgeschrieben. Also: »halbnackter« (568 Treffer) und »Bambus« (55 200 Treffer) ergibt $568 \times 55\,200 = 31\,353\,600$ Punkte.

Es ist gar nicht so einfach, einerseits besonders häufige Wörter zu wählen, andererseits solche, die nicht hundert Mal gemeinsam vorkommen, sondern nur ein Mal.[8] Wie von selbst kräuselt sich der Wörtersee Internet, schlägt Wellen und erzeugt magische Muster. So ist der Googleindex auch ein kleines Spielzeugmodell für unsere Welt, die strenge Gesetzmäßigkeiten kennt (deutsche Wörter, keine Tippfehler) und gewisse Wahrscheinlichkeiten (in einem Text über »Pflaumenmus« ist das Wort »Tagtraum« eher nicht zu erwarten), aber genügend Raum für das Eintreten von Zufällen lässt. (Da gibt es diese eine Marmeladentest-Seite, auf der jemand seltsamerweise einen »erotischen Tagtraum« mit Marmelade schildert – macht 24 988 800 Punkte. Welche Koinzidenz!)

In unserer eigenen Welt erscheinen uns manche Zahlen- oder Buchstabenmuster, die es mit einem gemütlichen Googlekegelabend nicht einmal entfernt aufnehmen können, besonders bedeutungsvoll. Nehmen wir den 11. September, der Tausende ambitionierte Verschwörungstheoretiker zu Höhenflügen anstachelte: 911 ist die Nummer des US-Notrufs. Die Ziffern 9 und 11 ergeben zusammen 9 + 1 + 1 = 11! Es war der American-Airlines-Flug mit der Nummer 11 (!), der die Zwillingstürme als Erster traf, an Bord waren 92 Passagiere (9 + 2 = 11!). Übrigens war der 11. September der 245. Tag des Jahres (2 + 4 + 5 = 11!) und »Afghanistan«, »New York City«, »The Pentagon« sowie »George W. Bush« besitzen 11 (!) Buchstaben. Außerdem sahen die Zwillingstürme aus wie die Zahl – na? Wegen der grassierenden Zahlenhysterie überlegte Autobauer Porsche zeitweise, ein in den USA besonders beliebtes Modell umzubenennen: den 911.

Besonders ans Herz gewachsen sind mir die echten und die schön erfundenen Koinzidenzen rund um die beiden ermordeten amerikanischen Präsidenten Lincoln und Kennedy – wie wohl vielen Internetnutzern, die darauf in einem Kettenbrief oder auf irgendeiner Website hingewiesen wurden; längst ist das Netz die zentrale Begegnungsstätte der Konspirologen. Beide Präsidenten, berichten sie, wurden im Abstand von 100 Jahren gewählt (stimmt). Auch ihre Attentäter seien im Abstand von 100 Jahren geboren worden (stimmt fast: es waren 101). Nach ihnen folgte jeweils ein Präsident Johnson. Auch die beiden Johnsons wurden im Abstand von 100 Jahren geboren. »Lincoln« und »Kennedy« haben sieben Buchstaben, die vollständigen Namen ihrer Nachfolger haben je 13 Buchstaben, die ihrer Mörder je 15. Lincoln wurde in einem Theater erschossen, und der Attentäter floh in ein Warenhaus. Kennedy wurde von einem Warenhaus aus erschossen, und der Attentäter floh in ein »Theater« (korrekt wäre auf Deutsch: in ein Kino – dann aber wäre die konspirologische Koinzidenz dahin). Lincoln, heißt es, hatte eine Sekretärin namens Kennedy, die ihn warnte, nicht ins Theater zu gehen (der Name stimmt nicht). Kennedy seinerseits hatte eine Sekretärin namens Lincoln (stimmt), die ihn warnte, nicht nach Dallas zu fahren.

Die Sache mit den wundersamen Zufallsmustern ist, wie dieses Beispiel zeigt, noch ein wenig vertrackter. Unsere Welt produziert nicht nur seltsame Muster, die der Urmensch in uns zu erklären sucht. Wenn keine da sind, machen wir schon mal selbst welche: »Die Leute haben eine Tendenz, Muster zu sehen, wo gar keine sind«, fand Amos Tversky heraus. In einer berühmten Arbeit zeigte er etwa, dass Menschen, die an Arthritis leiden, einen herannahenden Wetterumschwung nicht fühlen können, auch wenn sie das immer behaupten (und auch wenn das bereits die alten Griechen gerne glaubten). Tversky beobachtete Patienten über viele Monate und verglich ihre minutiösen Aufzeichnungen über Schmerzen und Schwellungen mit dem Wettergeschehen, ohne einen Zusammenhang zu finden.

Eine andere seiner Untersuchungen räumte mit dem magischen Glauben vieler Basketball-Freunde auf, es gebe eine Art »hot hand« – Spieler also, die bereits mehrmals getroffen haben, würden auch ihren nächsten Wurf mit größerer Wahrscheinlichkeit wieder versenken. Tversky analysierte Tausende von Profiwürfen und zeigte, dass die Wahrscheinlichkeit für einen Treffer nicht von den vorigen Wurferfolgen abhängt. Zumindest in diesem Punkt gleichen sich also die Würfe von Basketbällen und Münzen.

Manche Menschen scheinen eher bereit als andere, seltsame Zusammenhänge herzustellen und in ihnen nach einem Sinn zu suchen. Peter Brugger, ein Neurologe der Universitätsklinik in Zürich, glaubt, einen Hinweis gefunden zu haben, woran das unter anderem liegen könnte. Er bat 20 »Gläubige« und 20 gefestigte Skeptiker in sein Labor. Dort zeigte er ihnen in sehr kurzer Folge Bilder von Gesichtern und Bilder, die nur durcheinander gewirbelte Bruchstücke von Gesichtern enthielten. In einem anderen Test ließ er beide Gruppen echte und erfundene Wörter unterscheiden. Wie sich zeigte, sahen die »Gläubigen« eher Gesichter und Wörter, wo gar keine waren. Umgekehrt verpassten die Skeptiker gelegentlich ein echtes Gesicht.

Dann gab Brugger beiden Gruppen ein Medikament, das den Spiegel des Botenstoffs Dopamin im Gehirn erhöht. Dopamin spielt dort eine wichtige Rolle bei den Mechanismen von Belohnung und Motivation. Den gedopten Teilnehmern, so zeigte sich, unterliefen deutlich mehr Fehler. Auch die Skeptiker sahen nun häufiger Gesichter und Wörter, wo keine waren. Paranormale Ansichten, folgerte Peter Brugger, könnten mit dem individuellen Hormonspiegel im Gehirn zusammenhängen: »Dopamin hilft den Leuten, Muster zu sehen.«

Das kreative Finden nicht existierender Zusammenhänge ist kein Kunststück, das nur Menschen beherrschen. In einem klassischen Experiment des Jahres 1948 erzog der Psychologe Burrhus Frederic Skinner sogar hungrige Tauben zu einer Art Aberglauben. Skinner ließ ihnen alle 15 Sekunden durch einen Automaten eine kleine Ration Futter geben. Sechs der acht beteiligten Tauben zeigten nach einigen Tagen ein seltsames Verhalten. Ein Vogel drehte sich zwischen zwei Rationen stets mehrmals im Kreis. Ein anderer schlug mit dem Kopf immer wieder gegen eine bestimmte Ecke seines Gefängnisses. Skinner folgerte, dass die Tauben abergläubisch geworden waren. Sie führten, vermutete er, immer wieder die Bewegung aus, die sie zufällig gemacht hatten, als sie zum ersten Mal Futter bekommen hatten. Mussten sie doch den Eindruck gewinnen, diese Bewegung habe die Futtergabe ausgelöst. Und – siehe da: Dieselbe Bewegung wurde immer wieder mit einer neuen Ration belohnt. Als Skinner das Futterintervall langsam auf eine Minute erhöhte, bewegten sich die Tauben zusehends heftiger. Eine Tauben-Version des Regentanzes. Ein Tier führte ihn noch zehntausend Mal auf, nachdem der Versuch beendet war.

Die Welt lehrt uns viele solcher Regentänze. Wie Forscher beobachteten, werfen manche Spieler, die eine niedrige Augenzahl benötigen, den Würfel besonders vorsichtig; wollen sie eine hohe Zahl erreichen, fällt ihr Wurf kräftiger aus.[9] Manche Blackjack-Spieler klopfen fordernd auf den Tisch, um so das ersehnte Ass zu provozieren. Magische Beschwörungsformeln und Stoßgebete, die Wahl des glückbringenden Stuhls oder irgendeiner bestimmten Glückszahl gehören ebenso zum Kanon der sinnlosen Rituale. Viele Zocker glauben tatsächlich, sie könnten damit den Zufall beeinflussen. Denn schließlich ist ja neulich diese besonders hohe Zahl gefallen, als sie ihrem Wurf jenen ganz besonderen Effet verliehen; schließlich haben sie auf diesem speziellen Glücksstuhl neulich besonders viel gewonnen, und diese besondere Zahl hat schon damals Glück gebracht.

Spanische Psychologen konnten in einem Experiment sogar zeigen, dass Probanden, die zufällig gerade einen bestimmten Armreif getragen hatten, als eine Würfelpartie günstig für sie verlief, dies zumindest vorübergehend in ihren Glaubenskanon integrierten. Durften die Spieler den Armreif später noch einmal tragen, hofften sie eher auf einen günstigen Verlauf des Spiels.[10]

Neulich, als ich diesen Tanz aufführte, kam der Regen.

Die Börse und das umgekehrte Hiobsprinzip

An der Börse findet die Kunst des Regentanzes ihre Vollendung. Wie Roulette- oder Würfelzahlen sind auch die Börsenkurse Ergebnis einer schwer durchschaubaren Mischung aus Zufall und Notwendigkeit – niemand ist bisher in der Lage, vorherzusagen, welchen Wert der Deutsche Aktienindex in der nächsten Minute, der nächsten Stunde oder in einem Jahr annehmen wird.

Trotzdem lebt eine Kaste von Hohepriestern davon, die Zukunft aus den Eingeweiden des Wertpapiermarktes zu lesen. Ähnlich den Astrologen (Kapitel 8) und Historikern (Kapitel 11) erklären sie sehr erfolgreich im Nachhinein, warum alles so kommen musste, wie es dann kam. Sie rechnen vor, dass, wer 1989 läppische 5 000 Dollar in den Computerhändler Dell investierte, Ende 1999 um 4,5 Millionen

Dollar reicher war. Oder dass, wer in den Jahren 1950 bis 2000 jeweils die Aktien des Standard & Poor's 500 Index regelmäßig im Oktober erwarb und im Mai wieder verkaufte, mit 10 000 Dollar Einsatz einen sagenhaften Gewinn von 595 909 Dollar erwirtschaftete (während die umgekehrte Jahreszeitenstrategie kläglich gescheitert wäre).

Wir finden viele solche erstaunlichen Muster in den Kursen, schließlich ist der Mensch eine Mustersuchmaschine. Und wie Spieler zelebrieren wir geheimnisvolle Börsenrituale. Statt auf die Würfel zu spucken, lassen wir ältere Herren mit einem Lineal Geraden an die Kurse zeichnen und nennen es »Chart-Analyse«. Wie ein Gebet murmeln wir die Weisheiten unserer Hohepriester: »Greife nie in ein fallendes Messer.« – »Oft muss man an der Börse die Augen schließen, damit man besser sehen kann.« – »Eine Aktie weiß nicht, dass sie dir gehört.«

Auch wenn solche blümeranten Börsenregeln an Horoskope erinnern: Sind ihre Urheber nicht ein glänzendes Beispiel dafür, dass die richtige Strategie, dass Intelligenz und Geschick zu erstaunlichem Reichtum führen? Spekulanten wie André Kostolany, Warren Buffet oder George Soros, die unfassbar viel Geld an der Börse verdienten, müssen das doch aus gutem Grund getan haben.

Warum fällt uns eigentlich so schwer, was diese Götter so leicht aus dem Portfolio schütteln? W. Brian Arthur, Physiker am angesehenen Santa-Fe-Institut, skizziert das Problem.[11] Er nennt es das »El-Farol-Bar-Problem«: Angenommen, 100 Menschen wollen entscheiden, ob sie am Donnerstagabend ihre Lieblingsbar »El Farol« in Santa Fe besuchen, dann nämlich wird dort irische Folkmusik gespielt. Die Bar bietet Platz für etwa 60 Leute. Eine Faustregel lautet deshalb: Wenn einer glaubt, dass sich mehr als

60 Menschen in der winzigen Bar zusammendrängen werden, bleibt er lieber zu Hause. Woher aber weiß er, wie viele Leute kommen? Das ist kompliziert, denn seine persönliche Prognose der Besucherzahl hängt direkt von den Prognosen der 99 anderen ab. Und jetzt?

Es gibt keine »korrekte« Lösung, die für alle und für alle Zeiten gilt: Wenn alle annehmen, dass weniger als 60 Menschen kommen, kommen 100. Wenn alle annehmen, dass mehr als 60 Menschen kommen, kommt keiner. Und doch, so zeigen Arthurs Computersimulationen, pendelt sich die Besucherzahl in der Bar (wie auch in der echten »El Farol«-Bar) schon nach ein paar Wochen um den optimalen Wert von 60 Leuten ein – vorausgesetzt, die einzelnen Besucher haben am Anfang unterschiedliche Ansichten und sind in der Lage, aus der Diskrepanz zwischen ihrer Prognose und der tatsächlichen Besucherzahl zu lernen.

»Stellen Sie sich vor, 70 Prozent der Leute haben vorhergesagt, dass weniger als 60 Leute kommen«, erläutert Arthur. »Dann würden im Schnitt nur 30 Leute in die Bar kommen. Aber das würde jenen Recht geben, die nur 30 Besucher vorhergesagt haben und die ökologische Balance der Vorhersagen wieder herstellen.« Die kleine Bar, so Arthur, funktioniert wie eine miniaturisierte Ökonomie. Sie funktioniert gerade deshalb, weil nicht alle Menschen dasselbe über die zukünftige Besucherzahl der Bar denken. Die »richtige« Prognose existiert gar nicht.

Mit den Börsenkursen ist es ähnlich, nur komplizierter: Millionen Menschen machen Annahmen über die Zukunft. (»Der Kurs wird steigen, weil so und so viele anderen die Aktie kaufen, weil sie glauben, dass der Kurs steigen wird.«) Diese Annahmen hängen von den Annahmen aller anderen darüber ab, welche Annahmen alle anderen machen. Erschwerend kommt hinzu, dass sich der ›wirkliche‹ Wert eines Unternehmens (vergleichbar mit den Plätzen in der Bar) je nach Nachrichtenlage ständig ändert. Auch solch ein gigantisches Bar-Problem haben W. Brian Arthur und viele andere Wissenschaftler als Miniatur im Computer nachgestellt. Ihre Mikro-Ökonomien zeigen viele unangenehme Eigenschaften, die auch an der großen Börse zu beobachten sind. »Es entwickelt sich eine reiche Psychologie unterschiedlicher Glaubensrichtungen«, berichtet Arthur, »es kommt zu gelegentlichen Blasen und Crashs. […] Glaubensänderungen durchpflügen den Markt in Lawinen aller möglichen Größen.« Die Wirtschaft sei nicht deterministisch, vorhersagbar und mechanistisch, resümiert Arthur, sondern »prozessabhängig, organisch, und immer im Entstehen«.

Die Börse ist ironischerweise deshalb besonders schwer einzuschätzen, weil sie eben nicht alleine auf Zufall beruht, sondern aus einer illustren Mischung wohl bekannter Mechanismen und unverstandener Zusammenhänge, vorhersehbarer Ereignisse und reiner Zufälle. Und ständig ändert sich das Mischungsverhältnis, weil Terroristen einen Anschlag verüben, weil eine Zentralbank oder eine Regierung ihre Politik ändern oder weil plötzlich ein paar Anleger etwas tun, was sie noch nie zuvor getan haben. Wären die Kurse völlig zufällig, bemerkte der Ökonom Eugene Fama, dann wären besonders große Sprünge an der Börse alle paar tausend Jahre zu erwarten. Tatsächlich ereignen sich solche Sprünge alle paar Jahre[12] (Kapitel 11).

Wenn das System Börse gerade deshalb funktioniert, weil es viele unterschiedliche Ansichten über die Zukunft gibt, die allesamt nicht »richtig« sein können – wieso existieren dann derart erfolgreiche Spekulanten? Haben wir es dabei vielleicht mit einer Art umgekehrtem Hiobseffekt zu tun? So, wie es auf der Welt Hunderttausende Hiobs geben muss, die immer nur Pech haben, so sollte es unter Millionen Börsenspielern auch ein paar geben, die rein zufällig meistens das Richtige getan haben.

Angenommen, es gäbe nur zehntausend Investment-Manager, und jedes Jahr machte die eine Hälfte rein zufällig Gewinn und die andere rein zufällig Verlust. Dann sollte es 313 Investment-Manager geben, die nach fünf Jahren zufällig immer nur Gewinne eingefahren haben. Und nach zehn Jahren, einer Finanzmarktewigkeit, wären immer noch neun übrig, die in jedem einzelnen Jahr auf der Gewinnerseite standen.[13] Weil es dem Hang des Menschen entspricht, Gründe zu finden, wo keine sind, halten sich diese neun womöglich für die Meister des Universums.

Es gibt wenige Börsenexperten, die genügend Bescheidenheit aufbringen, um das so zu sehen. Ihr Anführer heißt Nassim Taleb. Die Zeitschrift »The New Yorker« nennt ihn den »Hauptdissidenten der Wall Street«[14], und in seinem Büro hängt ein Porträt des Erkenntnistheoretikers Karl Popper (der im nächsten Kapitel noch ausführlich zu Wort kommt). Nassim Talebs Investment-Strategie ist einfach: Er glaubt, dass er nichts weiß. Oder besser: Taleb glaubt, dass die anderen weniger wissen, als sie glauben. Deshalb kauft er erst gar keine Aktien. Er spekuliert nicht auf irgendwelche konkreten Änderungen im Markt, er geht nicht davon aus, dass irgendwelche Kurse steigen oder fallen oder stagnieren, nur weil irgendwelche Kurse in der Vergangenheit gestiegen oder gefallen oder stagniert sind.

Nassim Taleb kauft Massen speziell ausgesuchter, so genannter Optionsscheine für den Fall, dass der Markt irgendwelche extremen, völlig unvorhersehbaren Sprünge vollführt – sei es nach oben oder unten. Sollte die Börse jemals solch einen gigantischen Sprung machen, den ganz bestimmt niemand erwartet hat, dann ist Nassim Taleb ein reicher Mann. Bis dahin aber beobachtet er neidisch all die erfolgreichen Händler, die glauben, sie wüssten etwas. Aus Gründen der Selbsttherapie hat er ein Buch darüber geschrieben. Es heißt »Fooled by Randomness«, »Vom Zufall getäuscht«[15].

Darin steht: »Zu jedem beliebigen Zeitpunkt sind Wirtschaftsmenschen, die für die Vergangenheit eine herausragende Erfolgsbilanz vorweisen können, nicht besser als zufällig geworfene Dartpfeile. Erstaunlicherweise gibt es Fälle, in denen die unbegabtesten Wirtschaftsmenschen die reichsten sind.« Und das Beste dabei: Glückliche Dummköpfe hätten *per definitionem* nicht die geringste Ahnung davon, dass sie nur glückliche Dummköpfe seien.

Manchmal ernten die dümmsten Bauern die größten Kartoffeln, in der festen Überzeugung, sie hätten es verdient. Natürlich gibt es auch dafür die passende Börsenweisheit: »Über einen reichen Dummkopf wird man immer wie über einen Reichen reden, über einen armen jedoch wie über einen Dummkopf.«

Na gut, sagen wir unentschieden

Ein Rationalist ist wie der schwarze Ritter. Dieser tritt auf in einer Szene des Films »Die Ritter der Kokosnuss« der britischen Komikergruppe Monty Python. Er kämpft darin gegen König Artus. Gleich am Anfang des Duells verliert der schwarze Ritter seinen linken Arm und wird aufgefordert zu kapitulieren. »Das ist nur ein Kratzer«, erklärt er. Kurz darauf wird auch sein rechter Arm abgeschlagen. »Der Sieg ist mein!«, findet nun Artus. Da tritt ihn sein bereits arg ramponierter Gegner mit dem Fuß. Am Ende geht der schwarze Ritter aller Gliedmaßen verlustig, und er lenkt ein: »Na gut, sagen wir unentschieden.«

König Artus muss in diesem Gleichnis für das Schicksal herhalten. Ihm, das immer wieder Anschläge auf unser rationales Weltbild unternimmt, versuchen wir mit Worten zu trotzen, um nicht in den Glauben an Wunder, Magie und allerlei höhere Mächte zurückzufallen – wenn wir es schon nicht besiegen können. Reiche Börsenidioten, Serien verpasster U-Bahnen, wundersame Meteoriten- oder Blitzeinschläge, seltsame Geburtenserien und mystische Zahlenmuster sollten uns nicht ernsthaft ins Grübeln bringen. Es kann sogar geschehen, dass wir am Ende zufällig alles verlieren – auf den Sieg unseres Verstandes dürfen wir dennoch pochen (oder wenigstens um ein Unentschieden feilschen).

Und doch ist der schwarze Ritter der Rationalität von trauriger Gestalt. Oft kämpft er auf verlorenem Posten. So, als hätten wir seit dem 17. Jahrhundert nicht alle Zeit gehabt, uns ein aufgeklärtes Weltbild zurechtzuzimmern. Sollten wir inzwischen nicht gelernt haben, mit Wahrscheinlichkeiten umzugehen und die Musik des Zufalls zu erkennen, wenn wir sie hören?

Sogar die engsten Mitstreiter des schwarzen Ritters, die Wissenschaftler, lassen ihn manchmal im Stich. Der in den USA bekannte Mediziner David Eddy etwa bat seine Kollegen einmal, zu schätzen, mit welcher Wahrscheinlichkeit eine Frau Brustkrebs hat, deren Mammogramm darauf hindeutet.[16] Um ihnen die Sache zu erleichtern, erinnerte er sie an einige schlichte Erkenntnisse aus der Praxis:

1. Die Wahrscheinlichkeit, dass eine Patientin dieses Alters Brustkrebs hat, ist nach der langen Erfahrung des Arztes ungefähr 1 Prozent.
2. Wenn eine Frau Brustkrebs hat, erkennt das der Radiologe, der die Mammographie erstellt, in rund 80 Prozent der Fälle.
3. Die Wahrscheinlichkeit, dass ein Radiologe zu einem positiven Testergebnis kommt, obwohl die Frau keinen Brustkrebs hat, liegt bei grob 10 Prozent.

Der Test fällt positiv aus. Mit welcher Wahrscheinlichkeit hat die Frau nun Brustkrebs?

Ganz sicher gehört eine solche Frage eher zu den einfachen in der komplizierten Welt medizinischer Diagnosen. Dennoch irrten sich fast alle Fachleute. Im Schnitt veranschlagten sie die Wahrscheinlichkeit auf 75 Prozent. Die bestmögliche Schätzung ist aber um einen Faktor 10 geringer: 8 Prozent. Eine erschreckende Diskrepanz, bedenkt man die existenziellen Entscheidungen, die so etwas in der Realität nach sich ziehen kann.

Warum waren selbst Profis so leicht in die Irre zu führen? Die Evolution hat unsere Gehirne nicht dafür optimiert, in abstrakten Wahrscheinlichkeiten zu denken. Obwohl wir in der Lage sind, komplizierte Zusammenhänge und Zahlen intuitiv zu erfassen, hat uns die Natur in diesem Punkt nicht auf die moderne Welt vorbereitet. Affen, unsere evolutionären Urahnen, pflegten nicht zu würfeln.

»Wahrscheinlichkeiten und Prozente waren nicht das Format, in dem Organismen Informationen begegneten.«

Also spricht Gerd Gigerenzer, einer der Direktoren des Max-Planck-Instituts für Bildungsforschung in Berlin.[17] Ein Grundverständnis für Wahrscheinlichkeit kam wohl erst Mitte des 16. Jahrhunderts auf, ein strenges mathematisches Konzept im 17. Jahrhundert. Im 19. Jahrhundert wurde Prozentrechnen üblich, gemeinsam mit dem metrischen System – »allerdings hauptsächlich für Zinsen und Steuern und weniger, um Unsicherheit zu beziffern«, betont Gigerenzer. Erst in der zweiten Hälfte des 20. Jahrhunderts wurden Wahrscheinlichkeiten und Prozente schließlich Teil unserer Alltagssprache, hundertpro.

Viele Forscher wundern sich, warum die Menschheit so lange derart begriffsstutzig war. »Der Schlüssel«, glaubt die US-amerikanische Mathematik-Professorin Deborah Bennett, »ist das Verständnis des Zufalls. Wahrscheinlichkeit beruht auf dem Konzept eines zufälligen Ereignisses, und statistische Rückschlüsse beruhen auf der zufälligen Verteilung von Stichproben. Oft nehmen wir an, dass das Konzept Zufall offensichtlich ist. Aber tatsächlich haben selbst die Experten dazu bis heute sehr unterschiedliche Ansichten.«[18]

Der Trick mit der Wahrscheinlichkeit ist im Vergleich zu den evolutionären Zeiträumen, die uns geprägt haben, noch recht jung. Wir müssen ihn bewusst einüben. Denn auch der heutige komplexe Alltag lehrt uns kaum die grundlegenden statistischen Prinzipien. Das jedenfalls glaubten die bereits erwähnten Psychologen Tversky und Kahneman. Sie nahmen an, dass gewöhnliche Menschen den verzwickten Details der Wahrscheinlichkeit gerade so nahe kommen, dass sie davon gehörig verwirrt werden – ohne sie irgendwann wirklich besser zu verstehen.

Drei Prozent kann man nicht essen

Das Beispiel mit dem Mammographie-Test entstammt einer sprudelnden Quelle von Missverständnissen, die sich aus Problemen mit so genannten bedingten Wahrscheinlichkeiten speist. Seit Psychologen Mitte der fünfziger Jahre auf das menschliche Problem damit stießen, wurden viele hundert Experimente dazu erdacht. Fast alle offenbaren ein ähnlich schlechtes Wahrscheinlichkeitstalent der Probanden. Ein Klassiker von Kahneman und Tversky:

Ein Taxifahrer hat nach einem nächtlichen Unfall Fahrerflucht begangen. In der Stadt arbeiten zwei Taxifirmen, die »Grünen« und die »Blauen«. Außerdem wissen wir:

- 85 Prozent der Taxen in der Stadt sind grün, 15 Prozent blau.
- Ein Zeuge hat das Unfall-Taxi als blau identifiziert. Das Gericht lässt die Zuverlässigkeit dieses Zeugen überprüfen. In vergleichbaren Situationen kann er die Taxifarbe in 80 Prozent der Fälle richtig identifizieren, bei 20 Prozent liegt er falsch.

Wie groß ist also die Wahrscheinlichkeit, dass das Taxi blau war?

Die Frage wurde über die Jahre vielen Probanden gestellt. Im Schnitt schätzten sie eine Wahrscheinlichkeit von 80 Prozent – was exakt der Zuverlässigkeit des Zeugen entspricht. Sie ignorierten also eine wichtige Hintergrundinformation: 85 Prozent der Taxen in der Stadt sind nicht blau, sondern grün. Das verringert die Chance enorm, dass ein blaues Taxi an einem Unfall beteiligt ist. Wer genau nachrechnet, stellt fest: Die Gesamtwahrscheinlichkeit dafür beträgt in Wahrheit nur 41 Prozent.[19] Hätte das Gericht also keine Informationen über die Taxiverteilung eingeholt und auch den Zeugen ignoriert, stattdessen aber zur Bestimmung der Taxifarbe eine Münze geworfen, hätte es eine bessere Chance gehabt, die Farbe des Unfallwagens zu ermitteln.

Wie schon beim Mammographie-Problem vernachlässigten die Probanden die grundlegende Häufigkeit oder »Basisrate« – hier die Verteilung der Taxis in der Stadt oder zuvor die Brustkrebsrate bei Frauen. Ist sie eher gering, kann sie noch so zuverlässige Beobachtungen und Tests gehörig entwerten, ohne dass uns dies bewusst ist. Kahneman und Tversky vermuten, dass die Basisrate den meisten Leuten als eher beiläufige Information erscheint – abstrakt im Vergleich zu der konkreten, fast zwingenden Aussage eines Zeugen oder einem konkret durchgeführten Mammogramm.

Am Basisraten-Effekt dürfte es auch liegen, dass uns der Wetterbericht, der heutzutage für die nächsten 24 Stunden zu mehr als 80 Prozent zuverlässig ist, trotzdem immer wieder einen Streich spielt. Nehmen wir einmal an, ich will für ein Stündchen zum Shopping in die Stadt und für diese Zeit ist Regen angesagt. Wie wahrscheinlich ist es, dass ich wirklich einen Schirm brauche? 80 Prozent? Eher 30 Prozent! Dahinter steckt wieder die geringe Basisrate – die Wahrscheinlichkeit, dass es in der nächsten Stunde *überhaupt* regnet. Sie beträgt selbst in regenverwöhnten Ländern wie Großbritannien im Jahresmittel nur um die 10 Prozent und lässt eigentlich zuverlässige Wetterprognosen in einem falschen Licht erscheinen.[20]

Bei ausführlichen Schilderungen – etwa bei Aussagen vor Gericht, bei Anamnesen in der Medizin oder bei den ausschweifenden Abenteuerberichten von Freunden – kommt ein weiterer Effekt erschwerend hinzu. Je detailreicher uns ein Sachverhalt geschildert wird, desto wahrscheinlicher finden wir ihn in aller Regel. Je mehr Girlanden eine Geschichte verzieren, so zeigen Experimente, desto authentischer erscheint sie uns – auch wenn die zusätzlichen Details mit der Wahrscheinlichkeit gar nichts zu tun haben. Selbst die Reihenfolge, in der uns die Fakten aufgetischt werden, beeinflusst unsere Einschätzung.

Kein Wunder also, dass Zeugenaussagen vor Gericht ziemlich viel Verwirrung stiften können. Der amerikanische Psychologe Gary Wells etwa zeigte nicht nur, wie schlecht Zeugen bei Gegenüberstellungen Straftäter identifizieren – von den ersten 40 unschuldigen Strafgefangenen der USA, die dank der plötzlich aufkommenden DNA-Tests im Nachhinein entlastet werden konnten, waren 36 durch Zeugen »identifiziert« worden. Wells wies auch darauf hin, dass hier die Basisrate wieder eine entscheidende Rolle spielt: Ist die Wahrscheinlichkeit, dass der Verdächtige überhaupt der Täter ist, sehr klein, dann muss die Zeugenaussage (oder auch ein Indizienbeweis) zu fast 100 Prozent als sicher gelten, um für ein Verfahren noch von Nutzen zu sein – ganz wie beim Taxi-Fall.

Im Gerichtsverfahren um den US-Schauspieler O. J. Simpson, der des Mordes an seiner Frau angeklagt war, provozierten die bedingten Wahrscheinlichkeiten und Basisraten sogar so viel Verwirrung, dass dazu ein Beitrag in der renommierten Wissenschaftszeitschrift »Nature« erschien – der viele noch ein bisschen mehr verwirrte.

Simpsons Verteidiger Alan Dershowitz hatte wiederholt gefordert, Beweise dafür, dass ein Angeklagter seine ermordete Frau geschlagen und vergewaltigt hat, im Prozess nicht zuzulassen. (Genau das wurde Simpson nämlich vorgeworfen.) Dershowitz argumentierte folgendermaßen: »Die Wahrheit ist, dass eine Mehrzahl der Frauen, die umgebracht werden, von Männern umgebracht werden, mit denen sie eine Beziehung haben, unabhängig davon, ob ihre Männer sie zuvor geschlagen haben.«[21] Nur ein Promille der Männer, die ihre Frauen schlügen, würden sie schließlich auch umbringen. Daraufhin schrieb der emeritierte Statistik-Professor I. J. Good einen Beitrag für »Nature«, um darauf hinzuweisen, dass dies im Simpson-Fall gar nicht die entscheidende Frage sei. Die gesuchte Wahrscheinlichkeit sei schließlich nicht die Wahrscheinlichkeit, dass ein Mann seine Frau umbringt, wenn er sie zuvor geschlagen hat. Es gehe vielmehr um die Wahrscheinlichkeit, dass ein Mann seine Frau umgebracht hat, wenn er sie zuvor geschlagen hat *und* wenn diese Frau dann tatsächlich von jemandem umgebracht worden ist. Professor Good argumentiert in seinem Beitrag mit mehreren Zeilen etwas umständlicher Wahrscheinlichkeitsausdrücke. Good rechnet anhand der Zahlen von Verteidiger Dershowitz und ein paar eigenen Schätzungen vor, dass die Wahrscheinlichkeit, dass ein Mann seine Frau unter den genannten Umständen umgebracht hat, nicht etwa verschwindend gering, sondern größer als 50 Prozent ist.

Der Professor schickte seinen Beitrag an die erlauchten Experten von »Nature« sowie an Verteidiger Dershowitz und an die Polizei von Los Angeles. Es ist nicht überliefert, ob ihn alle Empfänger gleichermaßen verstanden haben.

Gerd Gigerenzer vom Max-Planck-Institut für Bildungsforschung jedenfalls findet, »dass Goods überzeugendes Argument, glaube ich, von seinen Lesern und der Polizei von Los Angeles besser verstanden worden wäre, wenn die Information in natürlichen Häufigkeiten präsentiert worden wären«[22]. Gigerenzers Experimente zeigen nämlich, dass die Evolution uns durchaus gelehrt hat, mit so etwas wie Wahrscheinlichkeit umzugehen – allerdings nicht in abstrakten Prozent-Ausdrücken, sondern in »natürlichen Häufigkeiten«, sprich: konkreten Zahlen. Unsere Vorfahren verspeisten nicht 17,6 Prozent der Rehpopulation, sondern konnten drei von 17 Rehen fangen. Sieben der 22 Stammesmitglieder waren krank, in drei von 30 Sommern gab es Wasserknappheit.

Als Gigerenzer das Mammographie-Experiment von David Eddy mit 48 gestandenen Medizinern wiederholte, servierte er der Hälfte von ihnen die übliche Prozent-Version der Frage. Wieder scheiterten die meisten an dem Problem, nur zwei von 24 lagen richtig. Die anderen 24 aber bekamen die gleiche Frage so gestellt: »Zehn von 1 000 Frauen haben Brustkrebs. Von diesen zehn werden acht ein positives Mammogramm aufweisen. Von den übrigen 990 Frauen ohne Brustkrebs werden 99 dennoch ein positives Mammogramm aufweisen. Stellen Sie sich nun eine Gruppe von Frauen mit positivem Mammogramm vor. Wie viele von ihnen haben Brustkrebs?«

Das Ergebnis war erstaunlich: Immerhin elf von 24 konnten die Frage nun korrekt beantworten. Die menschlichen Algorithmen für logisches Denken, erklärt Gigerenzer, seien eben für das Datenformat ausgelegt, das auch schon den Urmenschen vorgesetzt wurde: konkrete Zahlen von Menschen und Dingen. Und tatsächlich bestätigen andere Studien, dass wir solche natürlichen Häufigkeiten sehr genau einschätzen und fast automatisch mit ihnen rechnen können – und dass wir auch Wahrscheinlichkeitsrechnung mit ihnen am besten lernen.

4. Weil ich meinen Schirm aufspanne, fällt Regen
Vor Inbetriebnahme der Schicksalsmaschine beachten: Wissenschaftstheorie für Dummies

Schicksal ist somit ein Name für Tatsachen, die noch nicht im Feuer der Gedanken geläutert sind – für Ursachen, die undurchdrungen sind. Aber jeder Ausbruch des Chaos, der uns auszulöschen droht, ist vom Verstand in eine heilsame Kraft zu verwandeln. Schicksal entsteht aus unbekannten Ursachen.

Ralph Waldo Emerson, *Schicksal*

»Nächste Woche trete ich meine Stelle als ›Herr Doktor‹ auf der Ersten Station der Entbindungsklinik im Allgemeinen Krankenhaus von Wien an«, vermerkt Ignaz Semmelweis im Juli 1846 in seinem Tagebuch. Weiter schreibt er: »Ich war entsetzt, als ich vom Prozentsatz der Patienten hörte, die in dieser Klinik sterben. In diesem Monat starben dort sage und schreibe 36 von 208 Müttern, alle an Kindbettfieber.« Ein halbes Jahr später, im Dezember 1846, notiert er: »Warum sterben so viele Frauen nach einer völlig problemlosen Geburt an diesem Fieber? Seit Jahrhunderten lehrt uns die Wissenschaft, es handele sich um eine unsichtbare Epidemie, die Mütter tötet. Als mögliche Ursachen gelten Veränderungen in der Luft, irgendwelche außerirdischen Einflüsse oder eine Bewegung der Erde selbst, ein Erdbeben.«

Können Erdbeben Fieber verursachen? Semmelweis sammelt Daten in den beiden Geburtsstationen seiner Klinik. Er stellt fest, dass in der einen die Sterberate um ein Vielfaches höher liegt als in der anderen. »Nimm an, du wärst Semmelweis«, heißt es in einer Frage der »PISA-Studie« des Jahres 2000, die das Leistungsvermögen von Schülern in der ganzen Welt überprüfen sollte.[1] »Nenne einen Grund dafür (ausgehend von den Daten, die Semmelweis gesammelt hat), dass Erdbeben als Ursache für Kindbettfieber unwahrscheinlich sind.«

Was kann man darauf antworten? Etwa, dass das Kindbettfieber bekanntermaßen durch Streptokokken verursacht wird? Das konnte Semmelweis damals noch nicht wissen, Bakterien und ihre unheilvolle Wirkung wurden erst Jahre später entdeckt. (Deshalb gab es für diese Antwort im PISA-Test auch nicht die volle Punktzahl.) Am Anfang seiner heute berühmten Untersuchungen, für die ihn seine Kollegen zu Lebzeiten in der Vorhölle ihrer Ignoranz schmoren ließen, war er auf eine einfache Beobachtung zurückgeworfen: die erschütternd unterschiedlichen Sterberaten in den beiden Stationen. Sie alleine legten bereits nahe, dass das Fieber mit Erdbeben eher nicht zu erklären war – schließlich sollten dann in beiden Stationen vergleichbar viele Mütter gestorben sein. Was also war der Grund?

Wie lässt sich klären, ob Erdbeben Kindbettfieber verursachen, Regentänze gegen Trockenheit helfen oder die 27 Unglück bringt? Wie können wir in all den Mustern, die unsere Alltagswelt hervorbringt, kausale von rein zufälligen und von nur scheinbaren unterscheiden? Was zeichnet eine gute Theorie über unsere Welt aus?

Über die Jahrhunderte haben Wissenschaftler sich auf einige Regeln geeinigt, die wir auch im Alltag oft intuitiv anwenden und die besonders nützlich sind, wenn es darum geht, Zufall von Notwendigkeit, vernünftige Konzepte von Irrglauben zu trennen. Die vielleicht wichtigste Daumenregel formuliert zugleich den denkbar höchsten Anspruch: Eine Beobachtung sollte wiederholbar sein.

Könnten Sie das bitte noch einmal wiederholen?

Angenommen, ein ehrwürdiger Nomade aus einer abgelegenen Wüstenregion besteigt zum ersten Mal in seinem Leben eine Flugmaschine und besucht Deutschland. Er beobachtet entzückt, dass es immer dann regnet, wenn die Deutschen seltsame kleine Faltzelte über sich aufspannen. Begeistert erwirbt er ein solches Faltzelt, kehrt in seine Wüste zurück und spannt es fachgerecht auf. Nichts geschieht. Seine 27 Kinder lachen ihn aus, und die Hypothese des alten Nomaden ist widerlegt: Ein Regenschirm macht keinen Regen. Die Beobachtung ist nicht wiederholbar.

Die Forderung nach Reproduzierbarkeit umfasst auch, dass viele immer wieder zum gleichen Ergebnis kommen. Neue Erkenntnisse erhalten erst dann ihren Ritterschlag, wenn sie jemand nachvollzogen hat, wenn der alte Nomade das vermeintliche Regen-Kunststück der Deutschen ebenfalls vorführen kann. (Nur mit einer solchen Forderung lässt sich auch ausschließen, dass die Hauptfrau des ansonsten ehrenwerten Nomaden immer dann heimlich etwas Wasser verspritzt, wenn der alte Herr den Schirm aufspannt: Der Trick mit dem Regenschirm muss auch bei allen 27 Kindern und bei Nachbarn in der nächsten Oase funktionieren.)

Es ist erstaunlich, wie scharf die Klinge der Reproduzierbarkeit Erkenntnis von Unsinn trennen kann. An ihr scheitern irgendwann selbst geniale Wissenschaftsbetrüger wie im Jahr 2002 der Physiker Jan-Hendrik Schön, von manchen bereits als Anwärter für einen Nobelpreis gehandelt. Er hatte einige seiner traumhaften Ergebnisse auf dem Gebiet der Nanotechnologie offensichtlich gefälscht, um sie seinen Wunschträumen anzugleichen. Dabei stolperte er nicht etwa über all die Fachkommissionen, die seine Arbeiten nicht nur wohlwollend zur Kenntnis nahmen, sondern ihn mit Preisen überhäuften. Schön erregte bei seinen Kollegen vor allem deswegen Misstrauen, weil sie manche seiner Experimente einfach nicht nachmachen konnten. Sie schauten genauer hin und stießen schließlich auf Ungereimtheiten in seinen Veröffentlichungen.[2]

Die Klinge der Reproduzierbarkeit ist scharf – so scharf, dass ihr auch viele wertvolle Erkenntnisse zum Opfer fallen müssten, setzte man sie konsequent ein. Die Experimente in manchen Gebieten – wie auch in dem von Schön – sind derart komplex, dass zumindest zu Anfang oft »der Zufall mithelfen« muss, um sie überhaupt nachvollziehen zu können. Versuche mit Menschen in der Medizin sind aus ethischen Gründen nur sehr beschränkt möglich. Manche Effekte in der Psychologie und Soziologie hängen von besonders vielen Randbedingungen ab, die sich kaum überblicken lassen. Einige Daten sind einzigartig, sie lassen sich nur ein Mal sammeln – sei es vom Ausbruch eines bestimmten Vulkans, von den Effekten beim Abholzen bestimmter Wälder, vom Einschlag eines bestimmten Meteoriten, von einer bestimmten Supernova. So kommt es, dass krampfhaftes Klammern an die Reproduzierbarkeit der Wissenschaft selbst Schaden zufügen kann.

4. Weil ich meinen Schirm aufspanne, fällt Regen

Der US-Kongress erwarb sich besondere Verdienste darum, dies zu illustrieren. Im Jahr 2000 verabschiedete er das Gesetz mit der Nummer 106-554. Es sollte die Qualität der Forschungsergebnisse garantieren, die von staatlichen Stellen veröffentlicht werden – ein höchst ehrenwertes Vorhaben, könnte man meinen. Doch ausgerechnet die amerikanische Akademie der Wissenschaften wandte sich dagegen. Im Entwurf der Kriterien, wann ein Ergebnis als gesichert gelten dürfe, fand sich nämlich eine ganz besondere Hürde: »substanzielle Reproduzierbarkeit«. Ausgerechnet der Präsident der Akademie der Wissenschaften schimpfte öffentlich, dies sei ein »neuer und unvernünftiger Standard«. Verkehrte Welt? Nicht ganz: Die Forscher fürchteten, dass sich mit solch einem Kriterium – reaktionäre – Politik machen ließe.[3]

Im Streit etwa, ob der Klimawandel vom Menschen mit verursacht ist, ließe sich das Ausschlusskriterium von den Gegnern dieser These besonders elegant einsetzen. Zwar weisen viele Indizien darauf hin, dass die menschliche Zivilisation das Klima entscheidend verändert, und die meisten Experten sind heute dieser Meinung. Doch streng reproduzieren lässt sich dieser gigantische Effekt nicht – wie auch sollte die dazugehörige Experimentieranweisung formuliert sein? Etwas überspitzt womöglich so: »Man nehme mehrere hundert Erden, einige mit, andere ohne menschliche Population ...«

Wie oft fällt der Apfel nach oben?

Den ehrwürdigen Nomaden hat im Alter das Fernweh ge-
packt. Noch einmal setzt er sich in eine Flugmaschine und
besucht Deutschland, diesmal mit allen 27 Kindern und
sämtlichen Haupt- und Nebenfrauen. Die Familie geht an
einem See spazieren, auf dem viele große weiße Vögel
schwimmen. Sohn Nr. 7 will wissen: »Vater, wie heißen diese Vögel?« Auch der Nomade hat sie noch nie gesehen, sich
diesmal aber ausführlich über das Reiseland informiert. Er
weiß nun, was Regenschirme sind, und auch von den an-
mutigen Wasservögeln hat er gelesen: »Das sind Schwäne,
mein Sohn.« Ehrfürchtiges Schweigen. Die Kinder schauen
aufs Wasser. Dann fragt Tochter Nr. 4: »Sind alle Schwäne
weiß?« Der Nomade runzelt die Stirn und lässt seinen
Blick über den See schweifen. Mit all seiner Autorität in der
Stimme sagt er: »Aber natürlich, meine Tochter.«

Bevor wir nun den Nomaden milde belächeln, sollten
wir den Blick einen Moment ehrfürchtig über das Meer
wissenschaftlicher Erkenntnis schweifen lassen, das sich im
21. Jahrhundert angesammelt hat. Alle, einfach alle durch
unsere Erfahrung begründeten Leitsätze, die in ihm dahin-
dümpeln, aus ihm herausragen, es aufwühlen, haben mit
der Theorie unseres Nomaden über weiße Schwäne eines
gemeinsam: Sie verdanken ihre Existenz demselben logi-
schen Prinzip. Wenn alle Schwäne, die ich sehen kann,
weiß sind, dann sollten alle Schwäne der Welt weiß sein –
oder etwa doch nicht? Wenn alle Äpfel, die ich loslasse,
stets nach unten fallen – dann ist das doch immer so! Kal-
te Luft ist bei gleichem Druck trockener als warme – immer? Fließen Elektronen immer zum Pluspol? Geht die
Sonne immer im Osten auf?

4. Weil ich meinen Schirm aufspanne, fällt Regen

Unser Wissen über die Welt steht nicht etwa auf tönernen Füßen. Schlimmer noch: »Die Wissenschaft baut nicht auf Felsengrund«, schreibt der Philosoph Karl Popper in »Logik der Forschung«, einem der zentralen wissenschaftstheoretischen Werke des 20. Jahrhunderts. »Es ist eher ein Sumpfland, über dem sich die kühne Konstruktion ihrer Theorien erhebt; sie ist ein Pfeilerbau, dessen Pfeiler sich von oben her in den Sumpf senken.«[4] Alles, was wir haben, sind schwebende Theorien, die wir mit einzelnen Beobachtungen zu stützen suchen.

Niemand hat die Naturgesetze in Steintafeln gehauen und uns bei Inbetriebnahme der Schicksalsmaschine übergeben (»Haftung erlischt nach fünf Milliarden Jahren«). So kommt es, dass wir unsere Erkenntnisse immer wieder neu zusammenstückeln, überprüfen und korrigieren müssen. Karl Popper, von dem auch das Beispiel mit den Schwänen stammt, bereitete dieses »Problem der Induktion« wie vielen Denkern vor ihm großes Unbehagen – das Problem, dass wir vom Speziellen nie mit endgültiger Sicherheit auf das Allgemeine schließen können. Und doch bleibt nichts anderes übrig, als induktiv vorzugehen. Je mehr Tatsachen eine Theorie bestätigen, je öfter wir Experimente erfolgreich nachvollzogen haben, die sie untermauern, als desto gesicherter darf sie gelten. Welterkenntnis, so scheint es, beruht auf Statistik: Wie oft fällt der Apfel zu Boden, wie oft in den Himmel?

Karl Popper wollte das nie akzeptieren. Hinter jedem Busch könnte schließlich ein schwarzer Schwan hervorwatscheln.

Nur, was sich als falsch erweisen kann, kann auch richtig sein

Wie also können wir überhaupt vernünftig Theorien aus unseren Erfahrungen ableiten? Geistesgigant Popper war der Meinung, das sei wegen des Induktionsproblems grundsätzlich unmöglich, die Theorie sei immer zuerst da, sie falle *irgendwie* als Geniestreich vom Himmel, *wie genau* sei am Ende gleichgültig, jedenfalls müsse sie dann im Feuer der Erfahrung gehärtet werden. Auch, wenn die Sache mit dem Geniestreich im ersten Teil etwas mystisch erscheinen mag – im zweiten Teil, dem mit der Bewährung, steckt eine wichtige Botschaft. Nur eine Theorie, die sich überhaupt als falsch erweisen kann, ist demnach eine gute Theorie. Popper: »Ein empirisch-wissenschaftliches System muss an der Erfahrung scheitern können.«[5] Strenger noch: Die Kraft einer Theorie sei daran zu messen, wie einfach sie zu widerlegen ist. Gute Theorien zeichneten sich dadurch aus, dass sie die Experimentieranweisung für ihre Widerlegung gleichsam mit enthalten. Zumindest diese Ansicht hat sich in der Wissenschaft durchgesetzt und ist einer ihrer Grundpfeiler, ähnlich wie die Forderung nach Reproduzierbarkeit.

Nehmen wir die These des alten Nomaden: »Alle Schwäne sind weiß.« Sie lässt sich sehr einfach widerlegen, indem Tochter Nr. 4 ihm beim nächsten Spaziergang einen schwarzen Schwan zeigt. Es handelt sich also im popperschen Sinne wohl um eine ganz gute Theorie (bis auf den kleinen Makel, dass sie falsch ist). »Moment«, könnte da der Nomade entgegnen, »der hier sieht zwar aus wie ein Schwan, ist aber schwarz, den nenne ich ab sofort Wolpertinger, nicht Schwan – und schon stimmt meine Theorie wieder, werte Tochter.« Doch das, würde seine Tochter zu Recht bemerken, »gilt nicht«. Karl Popper formuliert es so: »Es sind ja immer gewisse Auswege möglich, um einer Falsifikation zu entgehen – etwa *ad hoc* eingeführte Hilfshypothesen oder *ad hoc* abgeänderte Definitionen. [...] Nach unserem Vorschlag kennzeichnet es diese [empirische] Methode, dass sie das zu überprüfende System in jeder Weise einer Falsifikation aussetzt; nicht die Rettung unhaltbarer Systeme ist ihr Ziel, sondern: in relativ strengem Wettbewerb das relativ haltbarste auszuwählen.«[6]

Es kommt also nicht nur darauf an, immer neue Belege für eine These zu finden. Wir sollten gerade nach den morschen Balken suchen, die sie zum Einsturz bringen könnten. Es ist erstaunlich, welche Kreise diese Einsicht gezogen hat. So schreibt Thomas Walde, einst bei der Zeitschrift »stern« einer der verantwortlichen Redakteure für die Veröffentlichung der vermeintlichen »Hitler-Tagebücher«: »Wenn mich die Fälschung der Hitler-Tagebücher eines gelehrt hat, dann das: Solange wir Journalisten Fakten verifizieren, so lange werden wir Lügen aufsitzen. Helfen kann nur das Falsifizieren. Also die Suche nach Hinweisen, Belegen dafür, dass eine angenommene These nicht stimmt. Aber alle Journalisten arbeiten nach dem anderen Muster.«[7]

Was aber, wenn eine These gar nicht widerlegt werden *kann*? Ich persönlich könnte glauben, dass unser Alltag von kleinen, unsichtbaren Dämonen in einer Realitätsfabrik hergestellt wird. Manche sitzen in den Ampeln und schalten von Rot auf Grün, andere lassen die Elektronen korrekt um die Atomkerne flitzen, wieder andere passen auf, dass Äpfel und Butterbrote stets vorschriftsmäßig nach unten fallen, so als gebe es Gravitation. Dass meine

Theorie falsch ist, kann mir niemand beweisen – die Dämonen sind unsichtbar! Und genau da liegt das Problem: Eine nicht widerlegbare Theorie gehört nach Karl Popper in die Domäne des Übernatürlichen, Überweltlichen, Übervernünftigen, über das wir trefflich spekulieren, über das wir jedoch nichts sagen können, was auf Tatsachen beruht.

Wie scharf ist das Messer des William von Occam?

Noch so eine erkenntnistheoretische Quizfrage: Wenn mehrere Theorien das Gleiche leisten, welcher geben wir dann den Vorzug?

A der schönsten
B der außergewöhnlichsten
C der von den meisten akzeptierten
D der einfachsten

Sollen wir jemanden anrufen? Hätten wir im 14. Jahrhundert beim Franziskaner William von Occam durchgeläutet, so hätte er geantwortet: »D!« Genauer: »*Pluralitas non est ponenda sine neccesitate*«, grob übersetzt: »Vielheit darf nicht ohne Notwendigkeit angenommen werden.« Occams Sentenz hatte in den Zeiten eines überbordenden Kirchenapparats mit seiner größtmöglichen »Vielheit« auch eine politische Dimension. Nach einem Streit über die gebotene Armut der Kirche wurde William vom Papst exkommuniziert. Doch im Gegensatz zum Andenken an Papst Johannes XXII., von dem heute niemand mehr redet, hat die Daumenregel des William von Occam unter dem Kampfnamen »Occams Messer« überdauert.

Viele Denker, von Einstein bis Wittgenstein, argumentierten in ihren Arbeiten mit dem »Prinzip der Einfachheit«, wenn sie bestimmte Theorien anderen vorzogen.[8] Tatsächlich scheinen die grundlegenden »Gesetze«, die sich in der Natur finden, auf den ersten Blick entzückend schlicht. Um zu beschreiben, wie Regentropfen, Äpfel oder Granitblöcke zu Boden fallen, wie Billardkugeln kollidieren oder Planeten einander umkreisen, benötigte Sir Isaac Newton nur wenige Sätze. Darwins Evolutionstheorie, die nicht weniger als die Entwicklung des Lebens charakterisiert, kommt mit einfachen Grundprinzipien aus. Auch die Suche in der theoretischen Physik nach einer »Theorie von allem« ist getrieben von der Idee, es müsse ein einziges Dach geben, unter dem alle bisherigen Theorien zusammenfinden. Eine »Weltformel«, die alles umfasst – das wäre der endgültige Triumph des William von Occam.

Und doch: »Es ist unwahrscheinlich, dass William geschätzt hätte, was einige von uns in seinem Namen getan haben«, schreibt Robert Carroll in seinem »Wörterbuch des Skeptikers«.[9] »Atheisten setzen oft Occams Messer ein, indem sie gegen die Existenz Gottes argumentieren, weil Gott eine unnötige Hypothese sei. Wir können alles erklären, ohne den zusätzlichen metaphysischen Ballast eines heiligen Wesens.« Am Ende ist es mit dem Messer des Mönchs wie mit allen Waffen der Wissenschaft, die wir bisher gezogen haben: Ohne Augenmaß eingesetzt, zerstückelt es so ziemlich alles. So argumentierte Bischof George Berkeley im 18. Jahrhundert mit Occams Messer, als er postulierte, die Annahme irgendeiner Form von Materie sei unnötige Vielheit – um alles zu erklären, bräuchten wir nur die menschlichen Geister und ihre Ideen.[10] Denkt man dies zu Ende, betont Skeptiker Carroll, endet man beim Solipsismus: Im Grunde benötigen wir nur einen einzigen Geist, nämlich unseren, um alles zu erklären – »Ich denke, also bin ich«. Ob noch mehr existiert oder ob die Welt nur unseren Ideen entspringt, können wir nicht wissen und brauchen es der Einfachheit halber auch nicht anzunehmen.

Umgekehrt könnten wir mit vielen zeitgenössischen Wissenschaftlern fordern, die Annahme eines losgelösten menschlichen Geistes sei unnötige Vielheit – Materie alleine tue es schließlich auch.

Occams Messer ist nicht so scharf, wie es scheint. Was »Einfachheit« ist, liegt nämlich im Auge des Betrachters, auch wenn es nicht um metaphysische Spekulationen geht. Newtons Beschreibung der Naturgesetze etwa erscheint dem Laien im Vergleich zur Relativitätstheorie einfacher – und doch liefert Einsteins Gedankengebäude die bessere Beschreibung. Mehr Komplexität ist ganz einfach notwendig, im Sinne Occams: »Vielheit darf nicht ohne Notwendigkeit angenommen werden.«

»Mach es so einfach, wie es halt geht.« Das ist die stumpfe Seite von Occams Messer, und Robert Carroll schlägt deshalb vor, es lieber in »Occams Kettensäge« umzubenennen.

Eine Landebahn macht noch kein Flugzeug ...

Die Ausgangsfrage – »Wie können wir vernünftige Aussagen über unsere Welt treffen?« – scheint kaum zu beantworten, ohne dass wir uns in den Fallstricken einer Wissenschaftstheorie für Dummies verheddern. Es ist an uns selbst, darauf zu achten, dass wir dabei nicht ins Stolpern geraten. Physik-Nobelpreisträger Richard Feynman sprach in diesem Zusammenhang von »einer Art rückhaltloser Ehrlichkeit« sich selbst und anderen gegenüber, die gute Wissenschaftler auszeichne. Ohne sie laufe man Gefahr, in »Cargo Cult Science« zu verfallen, die »Wissenschaft des Fracht-Kults«. In einer berühmten Rede[11] schilderte Feynman, was er damit meinte:

In der Südsee hängen die Menschen einem Fracht-Kult an. Während des Krieges sahen sie Flugzeuge mit vielen guten Materialien und wünschen sich, dass dasselbe jetzt geschehe. Sie haben also Landebahnen gebaut, Feuer an deren Ränder gesetzt, eine Holzhütte für einen Mann gebaut, der zwei Holzstücke als Kopfhörer trägt, und Bambusstäbe ragen als Antennen heraus – er ist der Fluglotse –, und sie warten darauf, dass die Flugzeuge landen. Sie machen alles richtig. Die Form ist perfekt. [...] Aber es funktioniert nicht. Die Flugzeuge landen nicht. Deshalb nenne ich so etwas Cargo Cult Science, weil sie allen offensichtlichen Grundsätzen wissenschaftlicher Untersuchung folgt, aber es fehlt etwas Essenzielles, weil die Flugzeuge nicht landen.

Feynman witterte Cargo Cult Science nicht nur in der Fußreflexzonenmassage, die mit viel wissenschaftlichem Tohuwabohu betrieben wird, aber am Ende eben doch nur eine nette Fußmassage ist. Auch die Forschungen zur »außersinnlichen Wahrnehmung« oder Uri Gellers Versuche, Löffel zu verbiegen, hielt er für Kult. (Feynman berichtete von einem Treffen auf Einladung Gellers, bei dem sich kein Löffel verbiegen wollte.) Pseudowissenschaft sah er in der Art und Weise, wie wir mit Kriminellen umgehen (»viel Theorie, kein Fortschritt«) oder der Lerntheorie, die klären soll, wie wir anderen etwas beibringen (»ein Zaubermittel, das nicht wirkt«). Und schließlich trägt auch die klassische Wissenschaft von jeher manche Züge der Cargo Cult Science – wenn Forscher ihre Ergebnisse schönen oder ganz neu erfinden, wenn sie nur die »guten« Ergebnisse gelten lassen, wenn sie »so tun als ob«.

... und ein Erdbeben noch kein Fieber

»Warum sterben so viele Frauen nach einer völlig problemlosen Geburt an diesem Fieber?«, hatte Ignaz Semmelweis gehadert. »Als mögliche Ursachen gelten Veränderungen in der Luft, irgendwelche außerirdischen Einflüsse oder eine Bewegung der Erde selbst, ein Erdbeben.« Die Art, wie Semmelweis das Rätsel schließlich löste, gilt heute als Lehrbeispiel für wissenschaftliches Vorgehen.

Die geheimnisvollen »außerirdischen Einflüsse« dürften wohl Occams Messer zum Opfer gefallen sein und Poppers Metaphysik-Keule. (Eine unnötige, weit hergeholte Hypothese, durch nichts zu widerlegen.) Die Erdbeben-Erklärung verbot auch die Logik: Wenn es einen bisher unentdeckten Zusammenhang zwischen Erdbeben und Kindbettfieber geben sollte, warum starben dann gerade in der 1. Klasse der Klinik die allermeisten Frauen, wo sie von den besten Ärzten Wiens behandelt wurden? In der 2. Klasse, wo schlichte Hebammen Dienst taten, waren die Sterberaten um ein Vielfaches geringer, ebenso bei den Hausgeburten. Während der Arzt Semmelweis nach dem Grund suchte und die Leichen der Mütter eingehender sezierte, stieg die Sterblichkeit sogar noch weiter.

Wie so oft in der Forschungsgeschichte brachte ihn schließlich ein Zufall auf die richtige Spur. Sein enger

Freund und Kollege Jakob Kolletschka erkrankte mit denselben Symptomen, nachdem er sich bei der Obduktion einer an Kindbettfieber verstorbenen Frau mit dem Skalpell verletzt hatte. Wenig später starb auch Kolletschka. Nun folgte ein Geniestreich ganz im Sinne Poppers, den zu erlangen es keine festen Regeln[12] gibt – eine Theorie fiel vom Himmel, lange vor der Entdeckung der Bakterien: Die Frauen mussten sich bei jenen Ärzten infiziert haben, folgerte Semmelweis, die Tote obduziert hatten. Das erklärte auch die besonders hohe Sterberate in der 1. Klasse.

Seine These war unter den Medizinern, die nun plötzlich selbst am Tod ihrer Patientinnen schuld sein sollten, sehr umstritten. Semmelweis ersann viele Möglichkeiten zu ihrer Falsifikation. Er ordnete etwa an, dass sich die Ärzte nach der Obduktion die Hände mit Chlorwasser waschen sollten. Er infizierte Kaninchen nach einem ähnlichen Muster mit verunreinigter organischer Materie. Und er forschte in den Sterbestatistiken der Gynäkologie nach einem Zusammenhang mit der Eröffnung der pathologischen Fakultät. Drei Mal sagte seine Theorie die Ergebnisse richtig voraus: Dank Händewaschen sank die Sterberate in Station 1 auf das Niveau von Station 2, die Kaninchen erkrankten an ähnlichen Symptomen, nach Eröffnung der Pathologie im Jahr 1840 waren die Sterberaten in Station 1 explodiert.

Den Rest seines Lebens kämpfte Semmelweis vergeblich um die endgültige Anerkennung seiner Theorie.

5. Die hässliche Tochter des Zufalls
Wie das Risiko erfunden wurde und wie man
durch Erbsenzählen Erkenntnis gewinnt

Ein anderes Glied dieser stählernen Kette ist
die neue Wissenschaft der Statistik. Es ist
eine Regel, dass die zufälligsten und außer-
gewöhnlichsten Ereignisse – wenn die Basis
der Bevölkerung groß genug ist – zu einer
Sache feststehender Berechnung werden.

Ralph Waldo Emerson, *Schicksal*

Manchmal ist es so einfach, dem Schicksal ein Schnippchen zu schlagen. Schon »bei gesunder Ernährung, Nichtrauchen und mäßiger körperlicher Aktivität« steigt die Lebenserwartung »um rund sechs Jahre«, erklärt »Die Welt«. Gesunde Ernährung besteht aus »fettarmer Mischkost«, weiß »Focus«, und ist sich da mit der »Frankfurter Rundschau« einig, die ergänzt: »Fettarme Kost bringt mehr als eine viel versprechende Blitzdiät.« Und sogar mit dem »Spiegel«: »Jeder Dicke weiß, dass Fett schädlich ist«, betont darin ein Experte. Schon fordert in der »Zeit« ein anderer die »stärkere Besteuerung von Fett«. Warum eigentlich? »Auf die Lebenserwartung hatte die fettreduzierte Ernährung keine spürbare Auswirkung«, grübelt die »Süddeutsche«, und die »Zeit« warnt: »Nicht nur, dass weniger Fett nicht zwingend schlank macht, die angeblich viel gesündere Ernährung kann sogar gesundheitsgefährdend sein.«

Sollte es nicht ein paar unumstößliche Grundwahrheiten geben, wenn es darum geht, den eigenen Verbleib im Universum mit geeigneter Stoffzufuhr zu prolongieren? Gott sei Dank: »Kaum noch ein Forscher bestreitet, dass Alkohol in niedriger Dosis auch positive Wirkungen haben kann«, erklärt die »Süddeutsche«. Herrlich: »Die französische Liebe zum Rotwein« sei der Schlüssel zum langen Leben der Franzosen, steht im »New Scientist«. Oder darf es lieber Wodka sein? In einer weiteren Ausgabe erklärt das britische Wissenschaftsmagazin, »dass Trinker gesünder sind, egal, ob sie Bier, Wein oder Spirituosen trinken«. Aber Vorsicht: Die gesundheitsfördernden Effekte heben die Schäden durch Alkohol rein rechnerisch erst »bei Männern über 34 und Frauen über 55« auf, so das Trinkerfachblatt »New Scientist« in einer dritten Ausgabe. Und vom moderaten Trinken profitieren lediglich Menschen »mit einer genetischen Variante, dank deren sie Alkohol nur langsam abbauen«, so eine vierte Nummer. Hatten wir übrigens schon die Trinkgeschwindigkeit behandelt? Wenn man so schnell trinkt wie schottische Arbeiter, hilft es gar nichts. Genieße dein Bier so langsam wie die Tschechen! (Nr. 5)

Oder vielleicht doch lieber Abnehmen statt Alkohol? Der britische »Guardian« jedenfalls unterbreitete jüngst eine ganz neue Erklärung dafür, warum man in Frankreich so alt wird. Es liege gar nicht am Rotwein, sondern an der kalorienarmen Ernährung: »Die Franzosen essen von allem weniger.« Ich halte es da vorerst mit der »Süddeutschen«: »Die Tugend, Maß zu halten, sollte freilich auch für den Drang gelten, allgemeine Ernährungsempfehlungen abzugeben.«

Wie entspannt müssen die Tage gewesen sein, als es genügte, Antilopen zu essen, vor Säbelzahntigern wegzulaufen und eben noch Kinder zu machen, bevor man mit Blinddarmdurchbruch in die Grube sank. Im Zeitalter von Pizzaservice, *personal trainer* und Privatversicherung wird das Überleben nicht eben einfacher. Täglich liegt man uns in den Ohren, wie wir eine signifikant erhöhte Lebensspanne herausschlagen könnten, wenn wir allerlei Risiken minimierten. Kein Säbelzahn droht mehr, unsere Anwesenheit hienieden zu verkürzen, dafür Flugzeugkatastrophen, Fettsucht und Fritten (mit Acrylamid), SARS, CJD und FSME, Elektrosmog, Teflon-Pfannen und Bin Laden.

Je näher wir heranzoomen an das feine Gespinst aus Gründen, das unser Leben ist, desto weniger scheint dem Schicksal überlassen. Wir halten uns eine wachsende Schar von Statistikern und Epidemiologen, die immer neue Risiken apportieren und uns zur Kenntnisnahme vorlegen. Sport treiben oder heiraten, aufs Land ziehen oder Halbfett-Margarine essen, Jura studieren oder Elektrotechnik – jede Lebensäußerung, macht man uns weis, sei ein Entschluss für oder gegen ein paar Tage mehr. Wollen wir in den Urlaub an der Ostsee lieber fliegen (65 Luftverkehrstote im Jahr 1999 in Deutschland, aber nur einer bei Linienflügen!) oder mit dem Auto fahren? (4 640 tödlich verunglückte Autofahrer!) Sollen wir den Zug nehmen (260 Tote!) oder mit dem Binnenschiff reisen? (1 Toter!) Oder doch lieber zu Hause bleiben? (5 592 Tote im Haushalt!)[1] Und: Was können solche Zahlen überhaupt zur Entscheidungsfindung beitragen?

Einen von 50 Millionen Deutschen erschlägt im Laufe seines Lebens statistisch gesehen ein abstürzendes Flugzeug, einen von zehn Millionen der Blitz. Pro Jahr ertrinkt einer von 500 000 in der Badewanne, einer von 100 000 erstickt an einer Fischgräte, einer von 50 000 fällt von der

Leiter und ist tot.[2] Was sind die Konsequenzen für unser Leben aus dem Zahlenkorpus, den Statistiker anhäufen? Sollen wir mehr duschen, Fleisch essen und Hebebühnen benutzen?

Längst fühlen sich auch geistig bewegliche Menschen überfordert von allerlei statistisch fundierten Lebensregeln (Nur zehn Minuten sonnen!), Ernährungstipps (Fünf am Tag!) und Vorsorgeappellen (Ein Mal im Jahr!). Sie werden bockig und verweigern präventiv verabreichte Blutdrucksenker, bunte Fahrradhelme und vernünftige Vorsorgeuntersuchungen – und damit jenes ausgeklügelte Risikomanagement, das zu den Bürgerpflichten des 21. Jahrhunderts gehört. Trotzig formulierte der Journalist Wolf Schneider deshalb mit 77 Jahren bei gesegneter Gesundheit die eigene Todesanzeige: »Unser Vater, Großvater, Lehrer und Freund ist ungespiegelten Darms seinen Tod gestorben.«[3]

Der Druck, Risiken gestalten zu müssen, wächst – nicht nur, weil wir sie immer besser verstehen, sondern auch, weil wir immer mehr davon in Eigenarbeit herstellen. »Die gesellschaftliche Produktion von Reichtum geht systematisch einher mit der gesellschaftlichen Produktion von Risiken«, erklärt der Soziologe Ulrich Beck, der den Begriff von der »Risikogesellschaft« geprägt hat.[4] Eine Nachlässigkeit, ein technischer Fehler konnten vor 1 000 Jahren kaum weitreichende Folgen haben. Bereits 1 779 aber kostete in Brescia die Explosion des Zeughauses mehr als 3 000 Menschen das Leben.[5] Die Stadt Leiden wurde 1807 fast ausgelöscht, als ein Schiff mit 80 000 Pfund Pulver hochging. Inzwischen können selbst kleine technische Probleme, gepaart mit dem üblichen Schlendrian, den Tod von Tausenden bedeuten, wie 1984 im Chemiewerk von Bhopal. Viele Katastrophen sind heute menschengemacht, damit in unseren Augen kein Schicksal – und dennoch außerhalb der Kontrolle des Einzelnen. Das verunsichert besonders.

Gerade weil es so selten geschieht, bringen uns die Medien jedes Flugzeug-, Bahn- oder Chemieunglück nahe. So kommt es, dass sich Menschen heute nicht etwa drei Mal so sicher fühlen wie vor 300 Jahren, obwohl sich unsere Lebenserwartung doch verdreifacht hat. Das Verhältnis von allen Risiken, die wir wahrnehmen, zu jenen, die wir tatsächlich selbst beeinflussen können, hat sich stark zu unseren Ungunsten verschoben. Und da, wo wir glauben, Einfluss zu haben, kann die Verantwortung wie ein Fluch auf uns lasten. Wer im Mittelalter an der Pest starb, den hatte sein Schicksal ereilt. Wer heute an Prostatakrebs stirbt, ist nicht rechtzeitig »zur Vorsorge gegangen«. Die meisten Gefahren, erklärt man uns, seien zum kalkulierbaren Risiko geworden, damit kontrollierbar, also untolerierbar. Selbst Naturkatastrophen sind kein Schicksal mehr. Eine Flut, die ganze Landstriche verwüstete, war im 17. Jahrhundert von Gott geschickt. Heute sind wir böse auf die Meteorologen, die zu spät davor gewarnt haben, auf die Deichbauingenieure, die falsch kalkuliert haben, und auf den Rest der Menschheit, weil sie zum Klimawandel beiträgt, der extreme Wetterlagen begünstigt.

Aja und Nehsi, ratlos

Das Verhängnis nahm seinen Lauf, als der Vater aller Dinge sich uns offenbarte: der Zufall und mit ihm seine schöne Tochter, die Wahrscheinlichkeit, und ihre hässliche Schwester Risiko. Nicht die Beobachtung der Stürme und

Sterne hat uns zu ihnen geführt, sondern das Glücksspiel. Der älteste bekannte Vorläufer des Würfels ist der Astragalus, ein eckiges Stäbchen aus Tierknochen, das bereits auf ägyptischen Grabmalereien zu sehen ist, die 3500 vor Christus entstanden. Man warf die Knochen, um eine Entscheidung der Götter herbeizuführen, oder eben nur so zum Spiel. Im alten Ägypten wurde die grassierende Spielsucht gelegentlich mit Strafen belegt, eine Partie »Hund und Schakal« konnte mit Zwangsarbeit beim Pyramidenbau enden (während die göttlichen Pharaonen ihre Untertanen mit gezinkten Würfeln behumsten).[6] Von da ab dauerte es noch fünf Jahrtausende, bis in Frankreich ein Edelmann, ein Philosoph und ein Jurist die Seele des Glücksspiels schauten und damit das Wesen des Zufalls.

Die Risikogesellschaft, wie wir sie heute kennen, fand ihren Anfang mit einem praktischen Zocker-Problem: Angenommen, zwei veranstalten ein Glücksspiel. Der Einsatz soll dem gehören, der zuerst eine bestimmte Zahl von Runden gewinnt. Als einer von beiden in Führung liegt, muss das Spiel jedoch vorzeitig abgebrochen werden. Wie muss der Einsatz aufgeteilt werden?

Konkreter: Die spielsüchtigen Ägypter Aja und Nehsi setzen je vier Deben Kupfer. Sie vereinbaren, dass der die acht Deben erhält, der drei Würfe mit dem Astragalus für sich entscheidet. Aja hat schon zwei Runden gewonnen, Nehsi noch keine, da kommen die Häscher des Pharaos und verdonnern beide zum Steineklopfen. Wie können Aja und Nehsi den Einsatz noch schnell aufteilen? Fifty-fifty? Sicher nicht, denn Aja liegt ja in Führung. Alles für Aja? – Aber Nehsi hätte ja auch die nächsten drei Spiele gewinnen können! Die Sache ist vertrackt, und tatsächlich bemühten sich im 16. Jahrhundert viele Mathematiker vergeblich[7] um eine allgemeine Lösung: Wie kann das Risiko eines Total-verlusts beziffert werden? Die Frage führt zu den Wurzeln von Wahrscheinlichkeitsrechnung und Risikomanagement.

Auch den Chevalier de Mère trieb das Problem um, einen Edelmann und leidenschaftlichen Spieler im Paris des 17. Jahrhunderts. De Mère hatte verfeinertes Straßenwissen über Wahrscheinlichkeiten gesammelt. Er gewann zum Erstaunen seiner Mitspieler bei einer großen Menge von Partien stets kleine Beträge – weil er im Gegensatz zu ihnen wusste, dass die Chance, bei vier Würfen einmal eine Sechs zu würfeln, etwas besser ist als fifty-fifty (nämlich 0,517).[8] Das Problem mit dem abgebrochenen Spiel aber war auch ihm ein Rätsel, und seinen Eintrag in den Geschichtsbüchern verdankt er einem einzigen Umstand: Er traf das junge Genie Blaise Pascal, das gerade dabei war, zu einem großen Mathematiker und Philosophen zu werden, und machte ihn mit dem niederen Zocker-Problem vertraut. Pascal fing Feuer und begann darüber einen Briefwechsel mit dem Juristen und Mathematiker Pierre de Fermat.

Die beiden erkannten, dass wir in die Zukunft schauen müssen, wenn der Spieleinsatz gerecht verteilt werden soll – ein kühner Gedanke, denn mit der ungewissen Zukunft wortwörtlich zu rechnen war im 17. Jahrhundert eine verstörende Vorstellung. Wäre das Spiel fortgesetzt worden, dachte sich Pascal, dann hätte es nur eine begrenzte Zahl von Runden dauern können.

Im Fall von Aja und Nehsi etwa – Aja liegt zwei Punkte in Führung – sind noch höchstens drei weitere Partien möglich. Dann hat entweder Nehsi drei Mal gewonnen – oder Aja gewinnt zwischendurch ein Mal, auch dann ist das

Spiel zu Ende. Wie viele verschiedene Wege aber kann das Schicksal bei drei Partien nehmen? Im Fall von Aja und Nehsi sind es acht – A steht für »Aja gewinnt«, N für »Nehsi gewinnt«:

A(AA), A(AN), A(NN), A(NA), NA(A), NA(N), NNA, NNN

Die Spielrunden in Klammern müssen nicht mehr ausgetragen werden, weil Aja bereits gewonnen hat. Und doch, betonte Pascal, sei es »völlig gleichgültig und für beide unerheblich, ob sie das [Spiel] seinen natürlichen Lauf nehmen lassen«.[9] Die Zukunft verzweigt sich in acht mögliche Wege. Bei sieben von acht wäre Aja der Gewinner gewesen. Also gehören ihm 7/8 des Gewinns. Pascal hatte dem Zufall seinen Stachel gezogen.

Löst man das Problem gleich für alle nur denkbaren Spielkombinationen, entsteht übrigens ein dekorativer Zahlenteppich, der heute Schulstoff ist – das pascalsche Dreieck. Jede Zahl darin ist die Summe aus den beiden darüber liegenden Zahlen, nach unten kann es unendlich fortgesetzt werden.

$$
\begin{array}{ccccccccc}
 & & & & 1 & & & & \\
 & & & 1 & & 1 & & & \\
 & & 1 & & 2 & & 1 & & \\
 & 1 & & 3 & & 3 & & 1 & \\
1 & & 4 & & 6 & & 4 & & 1 \\
\end{array}
$$

An ihm kann man allgemein ablesen, wie viele Möglichkeiten es gibt, aus einer bestimmten Menge eine Untermenge auszuwählen – 6 aus 49 Lottozahlen, vier aus 52 Karten,

Gewinner aus drei Würfelrunden. So lassen sich die Spielchancen bequem berechnen. Eine horizontale Reihe im Dreieck entspricht der Größe der betrachteten (Karten-, Spiel-, Lottokugel-)Menge (nullte Reihe: kein Element, erste Reihe: ein Element, ...). Die Zahlen selbst stehen für die Anzahl der Möglichkeiten, aus dieser Menge null, ein, zwei, drei, ... Elemente auszuwählen.

Zurück zu Aja und Nehsi: Die dritte Reihe repräsentiert eine Menge mit drei Elementen, in unserem Fall: drei Spielpartien. Die erste Zahl, die 1, steht für die Anzahl der Möglichkeiten, *kein* Element aus dieser Menge auszuwählen. Aus der Sicht von Aja bedeutet dies: Es gibt genau eine Möglichkeit, *keine* Runde zu gewinnen, nämlich NNN. Die zweite Zahl, die 3, steht für die Anzahl der Möglichkeiten, eine Runde zu gewinnen, nämlich ANN, NAN, NNA. Die dritte Zahl, ebenfalls eine 3, steht für die Anzahl der Möglichkeiten, zwei Gewinne zu erzielen: AAN, ANA, NAA. Die vierte Zahl ist die Anzahl der Möglichkeiten, drei Elemente auszuwählen, also alle drei Runden und damit das Spiel zu gewinnen. Es gibt nur eine Variante: AAA.

Wie kann Pascals magisches Dreieck nun bei der Lösung unseres Zocker-Problems helfen? Wir müssen dafür nur ablesen, wie viele Möglichkeiten es überhaupt gibt, die drei Runden zu spielen – nämlich acht, die Quersumme der ganzen Reihe. Wie viele Runden davon gehen positiv für Nehsi aus? Dafür gibt es nur eine Möglichkeit (die 4. Zahl in der Reihe). Somit erhält Nehsi einen Deben, Aja sieben Deben.

Was wie ein Zeitvertreib für Mathematiker aussieht, ist ein Jahrtausenddurchbruch: Zum ersten Mal hatte die Menschheit einen Zipfel des Schicksals, das bisher nicht zu packen war, exakt vermessen. Blaise Pascal aber schwor nach einem religiösen Erlebnis der Mathematik ab, wandte sich der Philosophie zu, und ging ins Kloster Port-Royal, noch bevor seine Ergebnisse veröffentlicht waren.

Mönche dieses Klosters sollten wenig später ein Buch schreiben, in dem es auch um Wahrscheinlichkeit und Vorhersagen ging: »Die Logik oder die Kunst des Denkens«. Darin wird »Wahrscheinlichkeit« zum ersten Mal als etwas betrachtet, das man messen und mit dem man rechnen kann. Im Zusammenhang mit Gewittern heißt es: »Die Furcht vor Schaden sollte nicht der Schwere des Schadens, sondern auch der Wahrscheinlichkeit des Ereignisses proportional sein.«[10] Das sehen Versicherungen bis heute so.

Erkenntnis durch Erbsenzählen

Als hätte die Welt darauf gewartet, erblühte kurz nach dem Briefwechsel von Pascal und Fermat die Wahrscheinlichkeitstheorie. Daniel Bernoulli, Spross einer berühmten Schweizer Mathematikerfamilie, übertrug Pascals Spielchen auf den Rest der Welt. Unser Universum verhält sich schließlich nicht wie eine Würfelpartie. Im Alltag ist es meist unmöglich, zu sagen, wie viele Wege die Zukunft beschreitet, weil die Würfel, mit denen die Schicksalsmaschine spielt, unüberschaubar viele Seiten haben. Und, um im Bild zu bleiben: Auf welche Seite die Würfel des Schicksals fallen, ist oft auch noch abhängig von der Seite, auf der sie vorher lagen.

Bernoulli versuchte dennoch, sich dem Problem zu nähern. Er vermutete, dass »unter ähnlichen Bedingungen das Eintreten (oder Nichteintreten) eines Phänomens in

Zukunft dem gleichen Muster folgt, wie es in der Vergangenheit beobachtet wurde«.[11] Schätzungen der Wahrscheinlichkeiten müssten deshalb möglich sein, wenn nur die Menge der Beobachtungen groß genug wäre. Ein Ergebnis seiner Überlegungen ist das bereits erwähnte »Gesetz der großen Zahlen«: Je öfter wir ein Experiment wiederholen, desto näher sollten die relativen Häufigkeiten den Wahrscheinlichkeiten kommen. Je öfter ich eine Münze werfe, desto näher sollte das Verhältnis von »Kopf« zur Zahl aller Würfe bei 1/2 liegen.

Bernoullis Gesetz ist an Bedingungen geknüpft: Das Experiment muss immer wieder gleich ablaufen, und die einzelnen Experimente müssen voneinander unabhängig sein. Das sind strenge Regeln, die in der wirklichen Welt kaum erfüllbar sind. Dennoch schrieb er: »Wenn somit alle Vorkommnisse in alle Ewigkeit wiederholt werden könnten, würde man entdecken, […] dass wir selbst unter den scheinbar zufälligsten Dingen eine gewisse Notwendigkeit oder, sozusagen, Schicksal anzunehmen gezwungen wären.«[12]

Nun war es möglich, Wahrscheinlichkeiten, die im Dunkeln liegen, systematisch zu erforschen. Als Beispiel diente Bernoulli eine Urne[13], die 3 000 weiße und 2 000 schwarze Steinchen enthält. Angenommen, ich kenne ihr Verhältnis nicht. Wie oft muss ich in die Urne greifen, einen Stein herausnehmen, seine Farbe notieren und ihn zurücklegen, damit ich am Ende »moralische Gewissheit« über das Verhältnis von Schwarz zu Weiß habe? Mit »moralischer Gewissheit« meinte Bernoulli eine »an Sicherheit grenzende Wahrscheinlichkeit« – im Gegensatz zur absoluten Sicherheit, die wir erlangen, wenn wir einfach die Urne ausleeren und nachzählen. (Heutige Statistiker reden bezeichnenderweise nicht mehr von Moral, sondern von »Signifikanz«.) Die Moral damals war streng: Erst eine Wahrscheinlichkeit von 1 : 1000, dass die Zählstatistik nicht weiter als 2 Prozent vom wahren Verhältnis abweicht, wollte Bernoulli genügen. Dafür müssten allerdings 25 550 Testkugeln gezogen und zurückgelegt werden – deutlich mehr, als insgesamt in der Urne liegen.

Bernoulli legte das mathematische Fundament für die statistische Induktion – den Versuch, von einer kleinen Stichprobe aufs Ganze zu schließen. (Wir halten an dieser Stelle eine Gedenkminute für Karl Popper und alle schwarzen Schwäne.) Natürlich haben sich die Methoden seither stürmisch weiterentwickelt, doch die Grundidee bleibt: Betrachte einen Teil, schließe aufs Ganze – und gib an, wie sicher du dir sein kannst! So können wir erkennen, dass Rauchen mit einer bestimmten »moralischen Gewissheit« bei einem gewissen Teil der Raucher Krebs verursacht. Mit Stichproben prognostizieren wir den Ausschuss in einer Fabrik ebenso wie den Ausgang von Wahlen – bei Letzteren zumal, ohne stets die moralische Gewissheit anzugeben, die der Prognose zugrunde liegt.

Lange, bevor Bernoullis Erkenntnisse posthum publiziert wurden, hatten andere die Stichprobe bereits intuitiv eingesetzt. Der Londoner Kurzwarenhändler John Graunt etwa beschaffte sich alle verfügbaren Sterbeurkunden der Stadt und schloss daraus auf die Gesamtbevölkerung. Sein Buch »Natürliche und politische Beobachtungen durchgeführt anhand der Sterbeurkunden«[14] gilt als Grundstein der Epidemiologie, die untersucht, wie sich Krankheiten verteilen. Graunts Werk verzeichnet die saisonalen Schwankungen von Todesursachen, das Wüten der Pest, den »Tod durch Würmer« oder durch »Erschrecken« (ein Todesfall im Jahr 1634). Er entdeckte eine Kindersterblichkeit von 36 Prozent bis zum sechsten Lebensjahr und zog Rückschlüsse auf den Einfluss von Klima, Luft und Ernährung. Er erkannte, dass Syphilis sich durch »Fleischeslust« verbreitet. Der übermäßige Genuss von Wildfleisch schien hingegen zur Gicht zu führen.[15] Seine Arbeit beförderte die Einsicht, dass selbst Leben und Sterben nicht allein der Willkür Gottes gehorchen, sondern erstaunliche Muster offenbaren. »Insofern viele Menschen in großer Furcht und Besorgnis vor den gefährlicheren und berüchtigteren Krankheiten leben«, schrieb er, »werde ich festhalten, wie viele daran gestorben sind; damit diese Menschen anhand der entsprechenden Zahlen im Vergleich zur Gesamtzahl […] das Risiko, in dem sie sich befinden, richtig erkennen.«[16] Er schätzte sogar die durchschnittliche Lebenserwartung der Londoner: 16 Jahre.

Graunts Ideen waren damals so neu, dass sie die größten Wissenschaftler der Zeit inspirierten. Der Astronom Edmund Halley etwa, der mit seinen Arbeiten über Kometen berühmt wurde, kalkulierte mit Hilfe von Geburten- und Sterbelisten die Bevölkerungzahl und die Altersstruktur von Breslau. Nach seinen Berechnungen lebten dort 34 000 Menschen. Halley zog weitreichende Schlüsse für ihre Lebenserwartung: 531 Menschen, schätzte er, waren 30 Jahre alt, etwa halb so viele 57 Jahre alt. Halley folgerte, dass es »eine faire Wette«[17] sei, anzunehmen, ein 30-Jähriger in Breslau werde mindestens 57. Die Chance stand fifty-fifty.

Die Glocke der Erkenntnis

Mit welcher Sicherheit können wir aus der Beobachtung unserer Welt auf die Welt selbst schließen? Angeregt von den Arbeiten Bernoullis, dachte auch der französische Privatgelehrte Abraham de Moivre darüber nach. Als Hugenotte war er Ende des 17. Jahrhunderts aus Frankreich nach London geflohen. Bald wurde er in die Akademie der Wissenschaften, die »Royal Society«, aufgenommen und ein enger Freund des berühmten Isaac Newton. Dennoch musste er sich sein Geld zeitlebens als Berater von Versicherungsmaklern verdienen – und, schlimmer noch, von Glücksspielern. Für sie berechnete er im »Slaughter's Coffee House« auf Zuruf Spielchancen. Vielleicht deshalb stieß de Moivre als Erster auf die wichtigste Regelmäßigkeit in einer Welt aus Zufall. Er fand sie bei dem Versuch, die langwierigen Kalkulationen für Spiele zu vereinfachen, wie sie aus dem Pascalschen Dreieck und Bernoullis Arbeiten resultierten: Wenn ich hundert Mal eine Münze werfe – wie wahrscheinlich ist es dann, dass ich 65 Mal Kopf erhalte? Die Rechnung war machbar – aber mühselig. Auch mein Ampel-Problem aus Kapitel 1 ist so ein Fall: Wie wahrscheinlich ist es, dass meine Schwabinger Ampel an 38 von 50 Tagen Rot zeigt, wenn die Chancen für Rot fifty-fifty stehen? Einfache, langwierige Rechnung.

Angenommen, ich zähle mein Leben lang die Rotphasen der Ampel in 50er-Schritten und trage das Ergebnis in eine Strichliste ein. Sie wird aussehen wie ein sanfter Hügel: In der Mitte, bei 25 und 26 Mal rot, ist er natürlich am höchsten. Dann fällt er nach beiden Seiten glockenförmig ab und läuft in dünnen Schwänzchen aus, die jene höchst seltenen Fälle umfassen, in denen fast keinmal oder fast 50 Mal Rot kam. Um den Mittelwert aber ballen sich die allermeisten Ereignisse zusammen. De Moivre fand eine Formel für diese symmetrische Kurve, die den Verlauf für sehr viele Ampel-Tests angibt (nicht à 50 Ampeln, sondern für unendlich viele). Seine Formel beschreibt die Wahrscheinlichkeitsverteilung sich aufaddierender, zufälliger Ereignisse und ist heute als »gaußsche Normalverteilung« oder »gaußsche Glockenkurve« jedem Schulkind ein Begriff.

Die erkenntnistheoretische Glocke läutet immer dann, wenn Zufälle sich aufsummieren. Pierre Simon Marquis de Laplace fand sie unabhängig von de Moivre im Jahr 1778. Ein Jahr später stieß auch der berühmte Mathematiker und Astronom Carl Friedrich Gauß darauf, als er versuchte, Messfehler in der Astronomie zu beschreiben: Die Messwerte gruppieren sich meist glockenförmig um den wahren Wert, weil es keine perfekte Messung gibt und die Fehler eine Summe vieler kleiner Zufälle sind. (Man kann sich sogar fragen, ob es den wahren Wert überhaupt gibt.) Kaum war die Normalverteilung entdeckt, suchten Wissenschaftler überall danach – und wurden an den erstaunlichsten Stellen fündig.

Inzwischen wissen wir, dass »Intelligenzquotient«, »Introvertiertheit« oder »Berufszufriedenheit« unter den Menschen zufällig und deshalb glockenförmig verteilt sind. (Die Problematik aller drei Begriffe sei ignoriert.) Gleiches gilt für die Lebenserwartung, die Körpergröße, die Trefferabstände eines Schützen, den Benzinverbrauch des VW Käfer sowie für die Qualität von Guinness-Bier und die »Fingerlänge von Kriminellen« (die Normalverteilung der beiden Letzten entdeckte einst ein Guinness-Chemiker[18]). Sie alle sind das Ergebnis unüberschaubar vieler, sich aufaddierender Zufallsprozesse.

Sir Francis Galton, ein Cousin von Charles Darwin, fand den Zufall auch bei der Vererbung am Werk, als er wortwörtlich Erbsen zählte. Er wog und vermaß Tausende, teilte sie in sieben Klassen unterschiedlichen Gewichts und schickte Erbsen der verschiedenen Klassen an sieben Freunde (darunter Darwin), mit der Bitte, sie anzupflanzen. Als die nächste Erbsengeneration gewachsen war, zeigte sich: Auch die Kinder der unterschiedlich großen Muttererbsen waren normal verteilt, die Größe der Kinder war also durch die Eltern nicht exakt vorgegeben, sondern in gewissen Grenzen ein Produkt des Zufalls. Zwar waren die Abkömmlinge besonders großer Erbsen im Mittel ein wenig größer als die besonders kleiner Erbsen. Doch die Mittelwerte der unterschiedlichen Kinder-Generationen lagen deutlich näher beim Schnitt *aller* Erbsen als bei dem der eigenen Eltern. Diesen Effekt bezeichnen Statistiker heute als »Regression zum Mittelwert«. Seine Volksversion könnte (etwas schief) lauten: Ausnahmen bestätigen die Regel.

Die Regression, erklärte Galton, führe dazu, dass besonders intelligente, große oder schöne Eltern nicht immer besonders intelligente, große oder schöne Kinder haben. Sonst würde die Welt bald nur noch aus Extremen bestehen: riesigen und winzigen Erbsen, Mammut- und Bonsai-Bäumen, extrem schönen und hässlichen Menschen. »Dieses Gesetz spricht stark gegen die voll erbliche Übertragung jeglicher Gabe«, schrieb Galton. »Wenn es die übertriebenen Erwartungen hoch begabter Eltern entmutigt, dass ihre Kinder alle ihre positiven Eigenschaften erwerben, so entkräftet es nicht minder übertriebene Befürchtungen, dass sie all ihre Schwächen und Krankheiten erben.«[19] (Trotz dieser Erkenntnis war Galton ein Verfechter der Zuchtauswahl beim Menschen. Er begründete die »Eugenik«, die später den Grundstein zur Rassenlehre der Nazis lieferte. Siehe Kapitel 9.)

Die Regression zum Mittelwert könnte daran schuld sein, dass es uns beim ersten Besuch in einem Restaurant so gut schmeckt wie dann nie mehr – haben wir doch beim ersten Mal einen besonders guten Tag des Kochs erwischt und kommen folglich gerne wieder. Dann aber schlägt die Normalverteilung zu.[20] Das Prinzip könnte auch erklären, warum der Zehnkämpfer Frank Busemann bei den Olympischen Spielen 1996 in Atlanta weitab seiner bisherigen Leistungen Zweiter wurde, einen derartigen Erfolg jedoch nie wiederholen konnte. Überhaupt, so zeigte eine Untersuchung des Forschungszentrums Jülich, ist der vermeintliche Fortschritt in den meisten Leichtathletik-Disziplinen durch Zufall zu erklären. Die Rekorde sind »statistische Ausreißer«[21] vom dünnen Rand der Normalverteilung, die sich einstellen, wenn man lange genug wartet. Die Form der Athleten hat sich nicht grundlegend verbessert. Nur in vier von 22 Disziplinen haben die deutschen Rekorde zwischen 1985 und 1996 die statistisch zu erwartenden Werte deutlich übertroffen – im Stabhochsprung, bei 110 Meter Hürden und im 20 sowie im 50 Kilometer Gehen. Auch 12 der 19 Weltrekorde dieser Zeit gehen als Zufallstreffer durch.[22]

Womöglich sind auch Aktien, die im Vergleich zum Rest des Marktes außerordentlich steigen, bald Opfer der Regression zum Mittelwert – wir sollten sie deshalb schnell verkaufen. Bleibt die Frage, wo der wahre Mittelwert des Marktes liegt und ob er sich nicht täglich verändert, oder ob es vielleicht gar keinen sinnvollen Mittelwert gibt.

Spannender noch als all die Normalverteilungen sind Ereignisse, die normal verteilt sein könnten, es aber nicht sind – ein mögliches Zeichen, dass nicht nur reiner Zufall am Werk ist. Oder dass sich die kleinen Beiträge des Zufalls nicht einfach aufaddieren, sondern gegenseitig verstärken. Wir finden solche Verzerrungen bei den Treffern schielender Bogenschützen ebenso wie bei bestimmten Indikatoren des Aktienmarktes, bei Erdbeben, Waldbränden – oder bei der Auswahl von Stichproben, die nicht unabhängig sind. Als die Zeitschrift »Literary Digest« 1936 vor den Präsidentschaftswahlen stolze 2,4 Millionen US-Bürger befragte, um den Sieger im Duell Roosevelt gegen Landon zu prognostizieren, lag Landon mit weitem Abstand vorne. Die Geschichte belehrte die Redaktion, die mit ihren Prognosen zuvor immer richtig gelegen hatte, eines Besseren.

Der »Literary Digest« hatte die Adressen der Testwähler aus Telefonbüchern und Club-Verzeichnissen entnommen, was in den dreißiger Jahren sicher keine zufällige Auswahl darstellte.[23] Die ärmeren Bürger, die Roosevelt besonders häufig ihre Stimme gaben, besaßen kein Telefon und waren in keinem Club.

Des Fräuleins Gespür für Tee

Wie können wir beurteilen, ob hinter einem Phänomen reiner Zufall steckt oder eine verborgene Regelmäßigkeit? Die komplizierte Antwort auf diese einfache Frage macht heute einen Gutteil wissenschaftlicher Arbeit aus; sei es, dass die Wirksamkeit eines neuen Medikaments belegt, die Differenz in den Sterblichkeitsraten introvertierter und extrovertierter Feuerwehrmänner nachgewiesen, die These, dass »Elektrosmog« krank macht, untermauert oder eine Wählerwanderung im Stimmkreis München-Schwabing bestätigt werden soll.

Als einer der Ersten näherte sich der britische Astronom und Genetiker Ronald Aylmer Fisher dem Problem – wie überliefert ist, unter anderem anlässlich eines sonntäglichen Teetrinkens im Cambridge der zwanziger Jahre. Eine Dame, die an dieser wissenschaftshistorisch bedeutenden Teestunde teilnahm, behauptete, sie könne allein am Geschmack erkennen, ob zuerst die Milch oder der Tee in die Tasse gegossen worden ist. Fisher war begeistert und veranstaltete ein Experiment. Jahre später berichtete er sogar in einem Lehrbuch davon,[24] ohne allerdings zu erwähnen, dass der Teeversuch tatsächlich einmal stattgefunden hatte, geschweige denn, wie er am Ende ausgegangen war.

Über Seiten theoretisierte er, wie Menge und Kombination des Tasseninhalts das Ergebnis des Tests beeinflussen können. Ab wie vielen korrekt identifizierten Gefäßen Gebräus haben wir »moralische Gewissheit«, dass die Dame eine Begabung besitzt, die sie für »Wetten dass …?« qualifiziert? Fisher dachte folgendermaßen: Gehen wir davon aus, dass die Frau rein gar nichts herausschmeckt, und versuchen, diese Ausgangshypothese zu widerlegen. Er taufte sie »Nullhypothese«, und so heißt sie bis heute.

Schon hier ist größte Vorsicht geboten, denn die Richtigkeit einer Nullhypothese kann man mit einem Test nicht beweisen. »Von jedem Experiment kann man sagen«, schrieb Fisher, »dass es nur existiert, um den Fakten die Chance zu geben, die Nullhypothese zu widerlegen.« Wir halten an dieser Stelle eine weitere Gedenkminute für Karl Popper: Aussagen über die Welt lassen sich höchstens falsifizieren.

Wenn die Nullhypothese stimmt, dann ist die Wahrscheinlichkeit, dass die Dame die richtige Einschenkreihenfolge nennt, je Tasse 1/2. Hat sie wider Erwarten ein fast übernatürliches Gespür für Tee, müsste die Wahrscheinlichkeit größer sein. Nehmen wir einmal an, wir setzen der Dame zehn Tassen vor, und sie liegt bei acht davon richtig. Dann wären wir wohl beeindruckt und bereit, bei Thomas Gottschalk vorstellig zu werden. Vorher aber überlegten wir noch schnell, wie groß die Wahrscheinlichkeit ist, dass wir unsere Nullhypothese zu Unrecht verwerfen, dass die Dame also *doch* nur geraten hat. Diese so genannte Irrtumswahrscheinlichkeit beträgt rund 5,5 Prozent. (Sie lässt sich mit Hilfe des pascalschen Dreiecks herleiten.) Ist das klein genug? Nicht für Ronald Aylmer Fisher, dem erst eine Schwelle von fünf Prozent akzeptabel erschien. Erstaunlicherweise hat sich dieser Wert in der Wissenschaft seither allgemein durchgesetzt. Dabei gibt es keinen triftigen Grund, nicht sechs Prozent als Schwelle zu wählen oder ein Prozent oder, wie der strenge Jakob Bernoulli für seine »moralische Gewissheit«, sogar 0,1 Prozent.

Das Ergebnis eines Tests nennt man »signifikant«, wenn die Irrtumswahrscheinlichkeit unter der magischen Schwelle liegt, wenn die Daten durch die Nullhypothese also schlecht zu erklären sind. Signifikanz ist das goldene Kalb, um das Wissenschaftler heute tanzen, seien sie Ökonomen, Mediziner, Psychologen oder Soziologen. Sie gilt als Eintrittskarte für die Veröffentlichung in einem der renommierten Forschungsjournale. So beruhen mehr als 90 Prozent aller psychologischen Arbeiten auf Signifikanz-Tests. Signifikanz ist »die TÜV-Plakette der modernen Datenhändler«, meint der Statistiker Walter Krämer[25]. Ein signifikantes Forschungsergebnis gilt fast schon als wahr, dabei ist seine Aussagekraft sehr begrenzt. Mittlerweile behaupten Kritiker, der wissenschaftliche Forschritt werde durch den Götzendienst an der Signifikanz behindert.

Ein Beispiel mag das verdeutlichen. Nehmen wir an, ein Pharmariese sucht nach einem neuen Schnupfenmittel. Von seinen Schnupfenforschern lässt er 1 000 viel versprechende Substanzen testen. Nehmen wir weiterhin an, 50 der Substanzen haben tatsächlich eine Wirkung, und die Schnupfenforscher entdecken alle davon (was ziemlich unwahrscheinlich ist; dazu gleich). Außerdem sei angenommen, dass die Irrtumswahrscheinlichkeiten bei den 950 verbleibenden Tests in der Größenordnung von 5 Prozent liegen. Sie könnten theoretisch also noch einmal 5 Prozent (also fast 50) vermeintlich wirksame, aber nutzlose Schnupfenmittel produzieren.[26] Hätte ich Schnupfen und würde irgendeine der insgesamt 100 neu entdeckten Substanzen einnehmen, dann hätte ich folglich eine Fifty-fifty-Chance, überhaupt ein wirksames Mittel einzunehmen.

Signifikanz lässt sich sogar regelrecht herstellen. Wieder ein Beispiel: Für den Test eines neuen Schnupfenmittels melden sich jeweils zehn Probanden in zehn verschiedenen Städten, insgesamt also 100. 55 davon erfahren eine Besserung. Dieses Ergebnis wäre mit Zufall zu erklären und nicht signifikant besser als fifty-fifty. Dennoch kann es natürlich sein, dass es in manchen Städten überhaupt keine Verbesserung gab. In einer der Städte aber könnte sich – ganz zufällig – der Schnupfen von neun der zehn Testpersonen gebessert haben. Hochsignifikant! (Es bleibt Ihrer Phantasie überlassen, welches Ergebnis skrupellose Schnupfenforscher im Schnupfenjournal zur Publikation einreichen.)

Als der Psychologe David Bakan 60 000 Amerikaner in verschiedenen Teilen der USA befragte, stellte er fest, dass die Ergebnisse dieser Befragung sich je nach Region signifikant unterschieden.[27] Bakan wurde stutzig. Er fing an, die Daten willkürlich nach absurden Kriterien zu tranchieren – etwa danach, ob die Befragten nördlich oder südlich des Mississippi wohnten. Auch diesmal fand er für jede Teilmenge signifikante Unterschiede in den Antworten. Tatsächlich scheint es schwer, im realen Leben *keinen* signifikanten Unterschied zwischen *irgendetwas* zu finden.

»Ein kurzer Blick auf irgendeine Statistik der Gesamtbevölkerung zeigt, wie selten eine Nullhypothese in der Natur erfüllt ist«, schimpft Bakan. Gerade bei großen Datenmengen ist das ein Problem: Ist die Zahl der Fälle groß, genügen rein rechnerisch schon minimale Unregelmäßigkeiten, um einen Unterschied signifikant werden zu lassen. Kein Wunder, dass schlecht gemachte Studien alles Mögliche belegen, etwa signifikante Unterschiede zwischen »Schützen« und »Waagen« oder zwischen den Geburtenraten in normalen und Vollmondnächten (Kapitel 8).

»Am Tag, an dem Gerhard Schröder einen Anzug kauft, begehen ›signifikant mehr‹ Sozialhilfeempfänger Selbstmord. Her mit den Zahlen!« So höhnte ein vom Signifikanz-Irrsinn zermürbter Wissenschaftsredakteur in der Wochenzeitung »Die Zeit«. Ihm waren zwei Studienergebnisse des angesehenen Forschungsjournals »Nature« auf den Tisch geflattert. Eines belegte, dass sich am britischen Nichtrauchertag signifikant mehr Arbeitsunfälle ereigneten. Ein anderes fand keine signifikante Erhöhung – bei Autounfällen. Beim einen war den Forschern eine um 4 Prozent höhere Unfallrate signifikant genug, beim anderen waren ihnen 6,4 Prozent zu wenig.

Wenn Wissenschaftler allzu sehr auf Signifikanz schielen, kann sogar die Aussagekraft ihrer Studien leiden. Eine hohe Signifikanz garantiert nämlich nur, dass so genannte Fehler 1. Art unwahrscheinlich sind – dass wir eine Nullhypothese (»Das Schnupfenmittel wirkt wie ein Placebo«) verwerfen, obwohl sie zutrifft. Wenn wir die Fehler 1. Art verringern, steigen im Allgemeinen die Fehler 2. Art: Bei ihnen akzeptieren wir die Nullhypothese, obwohl sie gar nicht stimmt. Je größer die Wahrscheinlichkeit für Fehler 2. Art, desto geringer die Verlässlichkeit eines Tests. Statistiker sprechen auch von der »Power« oder »Trennschärfe« einer Studie.

Weil Forscher von der Signifikanz geblendet sind und die Power vernachlässigen, ist heute ein nennenswerter Teil ihrer Arbeit Makulatur. Absurderweise kursieren viele Studien, die eine Power von gerade 50 Prozent erreichen. Das heißt, sie haben eine Chance von 50 Prozent, den gesuchten Effekt zu finden. Als man alle Arbeiten des Jahres 1960 aus einem renommierten psychologischen Journal untersuchte, lag ihre durchschnittliche Power bei 48 Prozent. 20 Jahre später wiederholte man den Test. Die mittlere Power war auf 38 Prozent gesunken. Millionen von Probanden werden so vergeblich behelligt. Die Studien, an denen sie teilnehmen, haben zu wenig Trennschärfe, um den wissenschaftlichen Fortschritt zu befördern. Von 200 medizinischen Arbeiten zur Behandlung schwerer Kopfverletzungen etwa hatte keine die notwendige Power, um den Erfolg einer neuen Methode von bloßem Zufall zu unterscheiden.[28]

Die wichtige Frage, ob Aspirin sich positiv auf das Herz-Kreislauf-Risiko bisher beschwerdefreier Patienten auswirkt, wurde seit den sechziger Jahren sogar an insgesamt 50 000 Patienten untersucht. Keine der frühen Studien schien genügend Kraft zu besitzen, um die Sache endgültig zu klären. Erst eine Großanalyse aller jemals angestrengten Tests und weitere Untersuchungen konnten die Wirkung schließlich bestätigen.[29] Wie viele medizinische Arbeiten etwas taugen, dazu gebe es keine guten Schätzungen, meint der Spezialist Gerd Antes von der Universität Freiburg. »Doch mitunter müssen wir 80 Prozent in den Papierkorb schmeißen.«[30]

Bleibt nachzureichen, wie das folgenreichste Teetrinken der Wissenschaftsgeschichte ausging. Ein Kollege von Ronald Aylmer Fisher, der an jenem Sonntagnachmittag in Cambridge dabei war, hat es Jahrzehnte später verraten. Die Dame hatte alle Tees korrekt erschmeckt. Hochsignifikant.[31]

Die schwarze Kaffeetasse meiner Freundin ist wie die erste Mondmission

Als meine Freundin und ich vor einigen Jahren einen gemeinsamen Haushalt gründeten, brachten wir je eine Haftpflichtversicherung mit ein und einen Berg Gerümpel, dessen Versicherungswert niemanden interessierte. Die ersten Tage in der gemeinsamen Wohnung verstrichen in entspannter Atmosphäre, bis ich den neuen Küchenschrank öffnete, um ihm eine Kaffeetasse zu entnehmen. »Das ist meine schwarze Kaffeetasse!«, erklärte meine Freundin, und das Ausrufezeichen war tatsächlich zu hören. Wie sich herausstellte, hatte sie das abgeschrappte Ding bereits 15 Jahre durch Studium, Beruf und verschiedene Beziehungen begleitet. Es besaß einen unschätzbaren ideellen Wert und war von keiner Versicherung zu ersetzen. Eine komplexe Risikoanalyse muss damals in Sekundenbruchteilen in mir abgelaufen sein, denn ich stellte die Tasse zurück und nahm eine andere. Ich habe nie aus ihr getrunken. Es gibt Risiken, die so unfassbar groß sind, dass wir sie meiden sollten, falls das in unserer Macht steht.

Risiko gilt diesem Buch, wie bereits den Mönchen von Port-Royal, als eine unbestimmte Melange aus der Wahrscheinlichkeit, dass ein Ereignis eintritt, und dem Schaden, den dieses Ereignis anrichtet. Beide einfach zu multiplizieren, wie es die DIN-Norm 31000 definiert, erweist sich im Alltagsgebrauch als viel zu eindimensional. Risiko ist mehr als eine Zahl.

Nehmen wir das Risiko, die schwarze Tasse meiner Freundin zu zerschlagen. Wie kann ich es abschätzen? Ich könnte die amtliche Tassenschadenstatistik konsultieren und aus ihr ablesen, dass der durchschnittliche Deutsche jährlich Tassen im Wert von drei Euro vernichtet, das ist doch immerhin ein Anhaltspunkt. Ein Versicherungsmathematiker wäre damit nicht zufrieden. Er würde die Wahrscheinlichkeitsverteilung für Zahl und Wert zerstörter Tassen pro Einwohner ermitteln. Er würde nach Eigenschaften von »großen Risiken« suchen und damit Menschen meinen, die besonders viele oder besonders teure Tassen zerdeppern: Inhaber von Porzellanläden vielleicht, Bewohner von Wohngemeinschaften mit hoher Tassendichte, grobschlächtige Kraftsportler, Besitzer von Meißner Porzellan, besonders junge und besonders alte Menschen. Gäbe es eine Tassenversicherung, würde sie günstige Policen für untrainierte Menschen mittleren Alters ohne Meißner-Service ausloben. Ich läge dann genau in der Niederrisiko-Zielgruppe. (Im wahren Leben gibt es etwa günstige Kfz-Versicherungen für langjährige, unfallfreie Fahrer, für Frauen, Beamte, Landbewohner und Garagenbesitzer. In den USA und Großbritannien bieten Versicherungen sogar Tarife, die den individuellen Fahrstil berücksichtigen. Ein GPS-Empfänger im Auto misst dann das Bewegungsprofil.[32])

Nun bin ich aber nicht einer von Millionen Durchschnittstassenbenutzern, sondern: ich. Bestimmt wird die Prognose also besser, wenn ich noch näher heranzoome und nur die Schadensfälle von Münchner Journalisten mittleren Alters zähle, die mit einer Frau zusammenwohnen und pro Tag vier Tassen Kaffee trinken, vornehmlich aus günstigen Keramikmodellen. Für Versicherungen sind solche winzigen Untergruppen nicht mehr interessant – ihr Trick besteht gerade darin, dem Zufall so viel Spielraum zu lassen, dass das Gesamtrisiko eine einigermaßen verlässliche Konstante wird oder, wie Bernoulli sagen würde, »eine gewisse Notwendigkeit, sozusagen Schicksal«. Wird die Gruppe zu klein, lassen sich die Risiken nicht mehr verlässlich abschätzen. Das Gesetz der großen Zahl verliert seine Kraft.

Je genauer wir uns für ganz bestimmte Fälle interessieren, desto weniger gibt es zu zählen. Einzigartige Ereignisse schließlich haben keine Statistik: das Ende meines Lebens, das Ende der Welt, diese eine Autofahrt von Bochum nach Herne, der Ausgang der Wahlen im nächsten Jahr. Mit Erbsenzählen ist ihnen nicht beizukommen, denn es gibt keine greifbare Erbse. Nimmt man es ganz genau, so ist eigentlich jedes Ereignis solch ein Einzelfall. Die Zerstörung genau dieser schwarzen Tasse durch – ausgerechnet – mich kann es nur ein Mal geben. Auch der Wurf eines Würfels ist niemals identisch mit dem vorigen, und Bernoullis Bedingung, ein Experiment müsse immer gleich ablaufen, damit das Gesetz der großen Zahlen gilt, ist nie wirklich erfüllt. Auch deshalb denken manche Mathematiker über »subjektive Wahrscheinlichkeiten« nach. Die dürfen wir einfach mal schätzen, so gut wir das mit all unserem Wissen eben können, ohne immer gleich draufloszuzählen. Schließlich ist die Wahrscheinlichkeit selbst, so das Argument, auch keine besonders objektive Sache: Wir wissen nur deshalb nicht, auf welche Seite der Würfel fällt, weil wir den Wurf nicht genau genug vermessen und berechnen (können). Wahrscheinlichkeit, erklärt die internationale Standardisierungs-Organisation ISO, ist deshalb nichts weiter als »ein Maß für den Grad des Glaubens, dass ein Ereignis eintritt«[33]. Das klingt nicht sehr genau – wie soll man Glauben messen? Einfach so: Damit er als Wahrscheinlichkeit durchgeht, muss er nur in Zahlen gefasst sein. Und er muss den üblichen Regeln für Wahrscheinlichkeiten gehorchen, wie etwa: Alle möglichen, einander ausschließenden Wahrscheinlichkeiten ergeben zusammen 100 Prozent. (»Ich schätze mal, morgen wird es mit 70 Prozent Wahrscheinlichkeit regnen, mit 30 Prozent nicht.«)

Wie man mit Glauben rechnen kann, erkannte natürlich zuerst ein Geistlicher, im England des 18. Jahrhunderts. Nie zuvor hatte der Presbyterianer namens Thomas Bayes etwas über Mathematik publiziert. In seinem Nachlass aber fand sich der bis heute wichtigste Beitrag über subjektive Wahrscheinlichkeiten. Darin zeigt Bayes, wie sich eine Schätzung revidieren lässt, wenn neue Informationen hinzukommen. Bayes beschrieb mit Formeln, wie wir aus Erfahrung lernen können.[34] Auch wenn sich Puristen gegen Subjektivität in der Mathematik sträuben, ist Bayes' Theorem heute ein Leuchtfeuer im Dunkel der Daten. In der Ökonomie, der Medizin, der Informatik, im Versicherungswesen und sogar in der Physik genießt der Geistliche aus Kent unsterblichen Ruhm.

Meine liebste Alltagsanwendung seiner Formel ist das automatische Filtern all der unerwünschten Werbebotschaften, die im Internet auf uns einprasseln. Einige der besten Filterprogramme für E-Mail basieren auf einem Bayes-Algorithmus, der nach und nach anhand der Wort-Statistik lernt, Werbemüll von echten Briefen zu unterscheiden.[35]

Bleibt das Schwarze-Tassen-Problem. Auch mit bayesianischem Lernen ist ihm nicht beizukommen, schließlich habe ich nur eine Tasse zu zerschmettern, meine erste Schätzung muss also Hand und Fuß haben. Das ist wie beim ersten Flug zum Mond oder beim Sturz eines Passagierjets auf ein Atomkraftwerk. Es gibt keine Erbsen, die wir zählen könnten, dennoch geben Experten Wahrscheinlichkeiten an, die nicht allein ihrer Morgenlaune entspringen. Die Chance für eine sichere Rückkehr der Apollo-11-Crew zur Erde soll die NASA seinerzeit mit 20 Prozent veranschlagt haben.[36] Dass ein Passagierjet auf ein Atomkraftwerk stürzt, wähnten die meisten Spezialisten lange in der Domäne »reinen Zufalls« und setzten die subjektive Wahrscheinlichkeit mit 1 : 100 Millionen an, jedenfalls bis zum 11. September 2001. Danach dachten sie an Bayes und revidierten ihr Urteil.

Bei Risiken ohne Erbse bleibt als einziger Ausweg, sich wieder Pascal zuzuwenden, die Welt als Spiel zu betrachten und so zu tun, als würden wir die genaue Geometrie der Schicksalswürfel kennen: Wir analysieren die technischen Systeme der Apollo-Mission und schätzen aus den Versagenswahrscheinlichkeiten der Komponenten die Wahrscheinlichkeit für ein Versagen des gesamten Systems. Wir schauen uns den Flugverkehr an und berechnen die Wahrscheinlichkeit, dass eine Maschine ausgerechnet auf die winzige Fläche eines Atomkraftwerks prallt, obwohl dies noch nie geschehen ist. Ich berechne, ab welcher Kraft mir die Tasse, deren Oberfläche einen ganz bestimmten Haftreibungskoeffizienten besitzt, beim Trinken aus der Hand rutscht. Oder ich analysiere das Material der Tasse und ermittle, ab welcher Fallhöhe es zerspringt. Am Ende schätze ich den Beitrag all jener Unfallmöglichkeiten, die ich *nicht* kenne, und verwebe alles zu einem Gesamtrisiko. Wie genau diese Zahl die Zukunft beschreibt, werde ich nie erfahren. Es gibt nur eine Apollo-Mission und nur eine schwarze Tasse.

Risiko ist ein erkenntnistheoretischer Flickenteppich, gewoben aus Logik, Erfahrung und Subjektivität: aus technisch-wissenschaftlichen Analysen, Statistik und persönlicher Einschätzung. Wenn wir diesen Flickenteppich als Sicherheitsnetz benutzen, kann er selbst zum Risiko werden.

6. Wir bauen uns eine Schicksalsmaschine
Warum mehr schief geht, als wir uns vorstellen können

> *Wir müssen sehen, dass die Welt rau und*
> *rücksichtslos ist und sich nichts daraus*
> *macht, ob Mann wie Weib ertrinken; sie*
> *schluckt dein Schiff wie ein Staubkorn.*
>
> Ralph Waldo Emerson, *Schicksal*

Neulich hat es die schwarze Lieblingstasse meiner Freundin erwischt. Am Vorabend der Katastrophe hatten wir eine Party. Natürlich hatte ich die Tasse in Sicherheit gebracht, bevor der Kaffee gereicht wurde. Doch am nächsten Morgen verspätete sich unsere Babysitterin, weil eine U-Bahn ausgefallen war, meine Freundin aber hatte einen dringenden Termin, und so hütete ich bis zum Eintreffen der Babysitterin unseren sechs Monate alten Sohn, den es, kaum war meine Freundin gegangen, nach seinem Karottenbrei verlangte, welchen wir in einer Tasse in der Mikrowelle anzuwärmen pflegen, alle Tassen aber waren von der Party verschmutzt, das Kind freilich greinte, in meiner Verzweiflung nahm ich also die einzig saubere schwarze Tasse, und wieder einmal funktionierte der Wählknopf an der Mikrowelle nicht richtig, der Brei wurde zu heiß, ich stellte ihn einstweilen zum Abkühlen auf das Steinbord neben der Eingangstür, außer Reichweite meines Sohnes, als just der ersehnte Anruf eines befreundeten Mathematikers kam, der mir bei der Lösung eines bayesianischen Problems helfen wollte, das ich dann, im Arbeitszimmer telefonierend, das quengelnde Kind auf dem Arm, diskutierte, während eine verschwitzte Babysitterin in die Wohnung stürmte. Nichts ahnend, stellte sie ihre Tasche wie immer auf dem Steinbord ab und streifte dabei die Tasse. Leider haben wir im Flur Steinfußboden. Meine Freundin hat erst am Abend wieder mit mir geredet.

Bitte beantworten Sie den folgenden Fragebogen.

Was war die primäre Ursache für diese Katastrophe?
1. Menschliches Versagen (Babysitterin stößt Tasse vom Bord; meine dumme Idee, sie dort hinzustellen)
2. Mechanischer Defekt (Wahlschalter an der Mikrowelle)
3. Die Umwelt (verspätete U-Bahn; Party)
4. Anordnung des Systems (Tassen fallen herunter und sollten deshalb aus Plastik sein; im Flur gibt es keine Taschenablage; keine Ersatz-U-Bahnen bei Ausfällen)
5. Angewandte Verfahren (Erhitzen von Babynahrung in einer Tasse; Ausschenken von Kaffee auf Partys, Einsatz einer Babysitterin)

In den Augen des Organisations-Soziologen Charles Perrow, von dem die Idee für diesen Fragebogen stammt,[1] ist die zeitgenössische Hochtechnologie eine Art gigantisches Schwarze-Tassen-Problem. Perrow war in den achtziger Jahren damit beauftragt, den Beinahe-GAU des US-Kernkraftwerkes Harrisburg zu untersuchen, und entwickelte daraus gleich eine ganze Theorie der »normalen Katastrophen«. Er analysierte, wie in komplexen, menschengemachten Systemen eins zum anderen kommt. Der Unfall von Harrisburg, bei dem es gerade mal nicht zur Kernschmelze kam, war nur möglich infolge eines komplizierten Geflechts aus Gründen. Für die Dienst habenden Operatoren war der ganze Schlamassel zu keinem Zeitpunkt durchschaubar – es gab für sie kein Leitmotiv in der Kakophonie aus defekten Instrumenten und Sicherheitssystemen, schlampiger Arbeit, überfordertem Personal und dummen Zufällen. So, wie nicht alleine »menschliches Versagen« oder ein »mechanischer Defekt« zum Ende der schwarzen Tasse führten, war auch in dem Atomkraftwerk keine bestimmte Handlung und kein Umstand alleine die Ursache der Beinahe-Katastrophe – nicht einmal der Notizzettel, der über einer sonst unwichtigen, an diesem Tag aber entscheidenden Instrumentenanzeige klebte.

Zwei Eigenschaften vieler technischer Systeme sind es, die nach Perrows Analyse fast zwangsläufig zu Katastrophen führen. Einerseits sind sie so komplex, dass wir die möglichen Wechselwirkungen aller Teile nicht mehr durchschauen. Andererseits sind sie »eng gekoppelt«, ihre wichtigen Systeme hängen kritisch voneinander ab – wie die Ernährung des Kindes vom Funktionieren der Mikrowelle oder die Anwesenheit der Babysitterin vom Funktionieren der U-Bahn.

Das beste Beispiel für komplexe, eng gekoppelte Systeme ist wohl all die Software, die unsere Computer steuert und damit Kraftwerke und Wasserversorgung, Kommunikationsnetze und Flugverkehr, Autos, Waschmaschinen und Fernseher. Allein die neueste Version des zentralen Steuerprogramms, das mehr als 90 Prozent aller Personal Computer nutzen, »Windows« von Microsoft, besitzt 50 Millionen Codezeilen. Es gilt als größtes Software-Projekt der Geschichte. Seine schiere Größe, erklären Experten, macht es auf alle Zeiten unsicher. »Es ist ein Wunder, dass so etwas

Kompliziertes wie Windows überhaupt funktioniert«, sagt der deutsche Computer-Sicherheitsberater Thilo Zieschang.[2] »Oder nehmen Sie erst die Software in Banken oder Kraftwerken. Die ist oft 30 Jahre alt und wild zusammengeflickt.« Auch moderne Prozessoren, so zeigen zahlreiche Vorfälle, werden mit immer mehr Fehlern ausgeliefert.

Der Aufwand, die Programme kritischer Systeme fehlerfrei zu halten, ist gewaltig. Die Software etwa, die den Start eines Spaceshuttle steuert, besitzt 420000 Programmzeilen, nicht einmal ein Hundertstel von »Windows«. Die Spezifikationshandbücher indes, die beschreiben, was es eigentlich tun soll, besitzen 40000 Seiten und sind damit umfassender als der eigentliche Code. Dennoch können die Entwickler nicht garantieren, dass ihr System fehlerfrei arbeitet. Sie sind auf statistische Größen angewiesen und rechnen mit Fehlerwahrscheinlichkeiten pro Stunde Laufzeit. Manche modernen Testsysteme, die das Funktionieren von Prozessoren oder Programmen überprüfen sollen, tragen der Undurchschaubarkeit Rechnung und überziehen das zu testende System mit völlig zufälligen Eingaben, um die verschlungenen Wege zu finden, die es in eine normale Katastrophe führen können.

»Je planmäßiger die Menschen vorgehen«, schrieb der Dramatiker Friedrich Dürrenmatt, »umso wirksamer trifft sie der Zufall.« Moderne Zeiten gebären ihre eigenen Schicksalsmaschinen. Hat man erst einmal begonnen, wie Charles Perrow und Friedrich Dürrenmatt zu denken, sieht man sie überall:

- An einem Tag im Jahr 1984 reinigen Arbeiter im Chemiewerk in Bhopal ein Rohr, das zu den Tanks mit einem hochgiftigen Pestizid-Grundstoff führt. Zum Spülen wird ein Wasserschlauch angeschlossen. Einer der Arbeiter bemerkt, dass ein kritisches Ventil nicht wie vorgesehen geschützt ist, meldet es aber nicht. Schließlich steigt der Druck in einem der Behälter stark an. Die Diensthabenden erklären sich die Anzeige mit den ständig defekten Instrumenten. Spuren von Giftgas beginnen auszutreten, doch man vermutet dahinter ein seit Tagen gesuchtes Leck. Die Temperatur im Tank erreicht einen kritischen Wert, das Kühlaggregat aber ist ausgeschaltet. Der Tank birst. Gleich mehrere Sicherheitssysteme, die in solchen Fällen eine Katastrophe verhindern sollen, erweisen sich als defekt oder ungeeignet. Mehr als 3 000 Menschen sterben, Zehntausende werden schwer verletzt.

- An einem Tag im Jahr 1986 wollen Techniker im Kernkraftwerk Tschernobyl einen Stromausfall simulieren. Sie regeln den Reaktor herunter und schalten das Notkühlsystem ab. Nun aber steigt der Strombedarf in der Region unerwartet, das Experiment wird auf die nächste Schicht verschoben. Der neue Operator drosselt den Reaktor versehentlich zu stark, das System wird instabil. Um es zu kühlen, schalten die Techniker gegen die Regeln alle Pumpen im Primärkreislauf ein, die Automatik fährt daraufhin in einer Gegenbewegung die Steuerstäbe aus dem Reaktorkern. Die Leistung des Reaktors schießt dramatisch in die Höhe. Die Steuerstäbe lassen sich nicht mehr einfahren, weil ihre Rohre bereits deformiert sind. Der Reaktor explodiert.

- An einem Tag im Jahr 2002 verrichtet der Fluglotse Peter N. seinen Dienst am Flughafen Zürich. Gegen 23.30 Uhr ist er allein, sein Kollege macht gegen die Vorschrift Pause. So muss N. zwei Frequenzen und zwei Radarschirme gleichzeitig betreuen. Drei von vier Telefonleitungen sind wegen Wartungsarbeiten abgeschaltet. Auf der vierten versucht N., die Landung einer Maschine in Friedrichshafen zu koordinieren, die Leitung ist aber wahrscheinlich defekt. Während N. mit dem Telefon kämpft, nähern sich eine Tupolew und eine Boeing im Luftraum gefährlich an. Ein spezielles Kollisionswarnsystem am Boden könnte dies melden, ist wegen Wartungsarbeiten jedoch ebenfalls abgeschaltet. Die Karlsruher Flugleitstelle bemerkt die nahende Katastrophe und versucht, in Zürich anzurufen. Wegen der abgeschalteten, blockierten oder defekten Leitungen kommt sie nicht durch. Auch die aufeinander zurasenden Maschinen haben Kollisionswarnsysteme, die sich nun automatisch abstimmen. Sie fordern den Boeing-Piloten zum Sinkflug auf, den Tupolew-Piloten hingegen zum Steigen. N. erkennt das Problem viel zu spät. Dass sein Rechner, wie bereits bei einer Kontrolle moniert, nicht automatisch jeden Flugzeugcode empfängt, verschärft womöglich die Lage. Erst 44 Sekunden vor dem drohenden Zusammenstoß fordert N. den Tupolew-Piloten auf, schnellstmöglich zu sinken – gegen die Empfehlung des Anti-Kollisions-Systems in der Maschine. Der Pilot gehorcht, denn die Richtlinien, wie auf Anweisungen von Kollisionswarnsystemen zu reagieren ist, sind nicht einheitlich. Als das Warnsystem der Boeing registriert, dass die Tupolew sinkt, statt zu steigen, erteilt es seinerseits den Befehl, nun noch schneller zu sinken. N. hingegen hält die Situation für geklärt und kümmert sich wieder um das Flugzeug in Friedrichshafen. Die beiden Maschinen kollidieren und gehen als Feuerball nieder, alle 71 Menschen an Bord sterben. »Ich war in der Unfallnacht

Teil eines Netzwerks von Menschen, Computern, Über-
wachungs-, Übermittlungsgeräten und Regelungen«,
wird N. später erklären.[3] Zwölf unabhängige Faktoren,
so zeigt eine Untersuchung, haben zu dem Unglück beigetragen. Hätte es nur einen davon nicht gegeben, wäre
es nicht zur Katastrophe gekommen.[4]

• An einem Tag im Jahr 2003 ist die Kommunikation einer
Steuerwarte der amerikanischen First Energy Corp. in
Ohio mit einem der großen Stromproduzenten gestört.[5]
Im Kontrollraum bricht Panik aus, als die Stromlieferun-
gen der zugeschalteten Kraftwerke immer weiter zurück-
gehen. Eine abgeschaltete Stromleitung ist nicht korrekt
in eine spezielle Prognose-Software aufgenommen worden. Ein Mitarbeiter entdeckt die falschen Daten, korrigiert sie und geht zum Mittagessen – vergisst aber, die
Software neu zu starten. Es kommt zu Netzschwingun-
gen in den mehrere hundert Kilometer langen Leitungen,
die nicht mehr beherrschbar sind. Ein spezielles Warnsystem für solche Fälle funktioniert gerade nicht. Immer
mehr Leitungen, Verbraucher und Kraftwerke müssen
vom Netz genommen werden. Schließlich bricht das gesamte nordamerikanische Netz zusammen, 50 Millionen
Menschen sind bis zu 30 Stunden ohne Strom – der größte Blackout der amerikanischen Geschichte.

• An einem Tag im Jahr 2003 sind zwei der vier Haupt-
stromleitungen, die den südlichen Teil Londons versorgen, wegen Wartungsarbeiten abgeschaltet. Als das Kon-
trollsystem für eine der beiden verbliebenen Leitungen
ein Warnsignal gibt, wird auch sie stillgelegt. Die gesamte Last trägt nun die letzte verbliebene Leitung. Dummerweise hat ein Techniker zwei Jahre zuvor für sie ein
viel zu schwaches Schutzrelais mit einem Schwellwert

von nur einem Ampere statt der erforderlichen fünf Ampere installiert. Als der Stromfluss nun ansteigt, reagiert das Relais ordnungsgemäß und schaltet sich ab. Ein großer Teil Londons ist ohne Strom.

- An einem Tag im Jahr 2003 schlagen Ingenieure bei Wartungsarbeiten im Kernkraftwerk Oskarshamn an der schwedischen Ostküste versehentlich ein Leck in eine der Filteranlagen. Zur Sicherheit muss einer der drei Reaktoren abgeschaltet werden. Minuten später geht in einem Umspannwerk in Westschweden ein Schalter kaputt. Als Folge werden zwei der Reaktoren des Kernkraftwerks Ringhals an der schwedischen Westküste automatisch abgeschaltet. Ein Fünftel der schwedischen Stromversorgung ist somit ausgefallen. Das Netz bricht zusammen, vier Millionen Menschen sind für Stunden ohne Strom.

- An einem Tag im Jahr 2003 kommt bei Brunnen im Kanton Schwyz in der Schweiz ein Baum während eines Sturms einer Überlandleitung zu nahe. Die Leitung wird zur Sicherheit gekappt. Das italienische Netz, das auf Importe aus dem Ausland angewiesen ist, geht in einen instabilen Zustand über, zwei weitere Netzkupplungen versagen. Das gesamte italienische Stromnetz bricht in einer Kaskade zusammen, weil ein Kraftwerk nach dem anderen in Überlast gerät.

- An einem Tag im Jahr 2003 startet das Spaceshuttle mit dem Namen Columbia zu seiner 28. Mission. 82 Sekunden nach dem Start, so zeigen Kameraaufnahmen, löst sich ein Stück Isolierschaum von einem der Treibstofftanks und trifft auf eine der Tragflächen. So etwas geschieht seit 22 Jahren bei jedem Start: Alle möglichen Teile von Popcorn- bis Briefkastengröße fliegen durch die Luft und treffen auch die Tragflächen. Genau dies aber ist nach den NASA-Regeln seit 22 Jahren streng zu vermeiden, denn der fragile Hitzeschild darf auf keinen Fall auch nur minimal beschädigt werden. Besonders der Isolierschaum ist ein Problem. Monate zuvor war bei der Fähre Atlantis ein großes Stück herausgebrochen, vor sechs Jahren wurde die Columbia regelrecht damit bombardiert und wies nach der Landung insgesamt 308 Treffer auf. 1988 war der Hitzeschild der Atlantis schwer beschädigt worden. Warum der Isolierschaum herausbricht, ist unklar, dennoch wurden nur wenige Experimente dazu angestellt. In allen Schadensfällen war trotz der offiziellen Null-Toleranz-Direktive kein Unglück geschehen. So bleiben die Shuttle-Manager auch diesmal ruhig. Trotz mehrerer Anfragen von besorgten Technikern weigern sie sich zu reagieren. Andere Experten erklären, dass »die Materialeigenschaften und Dichte des Schaums keinen Schaden verursachen« würden – auch nach damaligem Kenntnisstand eine Fehleinschätzung. Die zuständige Teamleiterin verzichtet darauf, Satellitenbilder von der Shuttle-Hülle anzufordern – angeblich in der irrigen Annahme, diese könnten mögliche Schäden nicht auflösen. Eine Reparaturmission hält sie nicht für notwendig. So entdeckt niemand das vielleicht zwanzig Zentimeter große Loch an der linken Tragfläche. Beim Wiedereintritt in die Atmosphäre dringen die 3 000 Grad heißen Gase in den Flügel ein, das Shuttle bricht auseinander, die sieben Astronauten sterben.

Die Luft- und Raumfahrt ist die Wiege vieler komplexer Systeme. Folgerichtig war es ein Luftfahrtingenieur, der als Erster auf die Keimzelle aller normalen Katastrophen stieß, auf das Bit der Unglücks-Arithmetik. Den Anstoß dazu gaben die Experimente der US-Air Force Ende der vierziger Jahre zur Entwicklung des Schleudersitzes. Sie untersuchten die Auswirkung extremer Beschleunigung auf den Menschen. Probanden wurden dafür auf einen Raketenschlitten geschnallt. Der kühnste Testpilot, Major John Paul Stapp, überlebte bei einem solchen Test angeblich die 45fache Erdbeschleunigung – die größte Kraft, heißt es, der sich je ein Mensch freiwillig ausgesetzt hat.

Einmal trug Major Stapp ganze 16 Beschleunigungsmesser an verschiedenen Stellen seines Körpers. Als er den teuflischen Ritt auf der Rakete hinter sich hatte, stellte ein Ingenieur fest, dass alle Messgeräte versagt hatten. Dieser Ingenieur trug den Namen Edward Murphy. Wie sich herausstellte, hatte einer von Murphys Kollegen die 16 Sensoren ausnahmslos falsch angebracht – obwohl es überhaupt nur zwei Möglichkeiten gab, sie festzukleben. In diesem schmerzhaften Moment ereilte Murphy eine tiefe Einsicht in den Lauf der Dinge: »Wenn es zwei oder mehr Wege gibt, etwas zu tun, und einer dieser Wege in eine Katastrophe mündet, dann wird es jemand tun.« Murphy wollte dies als Prinzip verstanden wissen, das beim Design technischer Systeme zu berücksichtigen sei.

Wenn du einen Stecker entwirfst, und es gibt zwei Möglichkeiten, ihn in die Steckdose zu stecken, kannst du ruhig ein Schild anbringen: »Hier oben!« Jemand wird den Stecker irgendwann falsch herum in die Dose drücken und einen Kurzschluss verursachen. Leider ist diese Einsicht bis heute noch nicht bei allen Designern angekommen. Für kurze Zeit befand sich eine japanische Digitalkamera in meinem Besitz, die man auf zwei Arten in den Ladeschuh stecken konnte, eine richtige und eine falsche. Ich gab sie zurück in dem Glauben, der Akku sei kaputt. Zumindest unter malaysischen Designern aber hat sich Murphy voll durchgesetzt. Sie haben unsere Küchenlampe entworfen. Die beiliegende Gebrauchsanleitung geht grundsätzlich vom Schlimmsten aus:

Bitte verwenden Sie Gummihandschuhe für eine sichere Installation, um Verletzungen durch Glasscherben zu vermeiden. Um das Brennen in Ihren Augen zu reduzieren, fokussieren Sie das Licht bitte nicht für extrem lange Zeit. Verwenden Sie die Lampe nicht, wenn die Kabel explodieren, rufen Sie dann Ihren örtlichen Mechaniker.

Nach dem grandios gescheiterten Experiment berichtete Major Stapp auf einer Pressekonferenz von Edward Murphys Diktum, und bald hatten Journalisten es als »Murphys Gesetz« verbreitet, die Flugzeugindustrie warb damit auf Plakaten, ein paar Jahre später stand es im Lexikon. Gute Raketenwissenschaftler, gute Digitalkamera-Designer und gute Lampengestalter bewegen es bis heute im Herzen. Allerdings hat sich eine vergröberte Volksversion durchgesetzt, mit welcher der 1990 verstorbene Murphy nicht sehr glücklich gewesen sein soll: »Alles, was schief gehen kann, geht schief.« Das ist natürlich Unsinn. Murphys uneigentliches Gesetz beruht auf einem zur Schau gestellten Aberglauben, der ganz entfernt verwandt ist mit dem Missverständnis von Roulettespielern, es müsse nun sofort Schwarz kommen, weil zuvor zehn Mal Rot gekommen ist, schließlich gelte das Gesetz der großen Zahlen.

Ein statistischer Großversuch britischer Schüler hat eines der zahlreichen murphyschen uneigentlichen Unter-Gesetze eindrucksvoll widerlegt: »Ein Toast landet immer mit der Butterseite unten.« In verschiedenen Experimenten ließen sie mehr als 20000 Toasts mit und ohne Butter fallen. Natürlich landeten nicht alle Toasts mit der Butter im Dreck. Allerdings trafen tatsächlich viel mehr Toasts mit der Butterseite unten auf, als durch bloßen Zufall zu erklären wäre. Wie sich herausstellte, lag das nicht vornehmlich an der Butter, sondern an der Fallhöhe: Auch ein Toast ohne Butter landet bevorzugt mit jener Seite unten, die oben ist, wenn er aus Hüfthöhe in die Tiefe stürzt. Er dreht sich einfach nicht schnell genug, um wieder mit der Oberseite oben zu landen.

Normale Katastrophen treten *irgendwann* ein, wenn man ihnen einen Weg offen lässt, nicht etwa sofort und nicht bei jedem. Major John Paul Stapp, der unter Einsatz seines Lebens dutzendfach die Rakete geritten hatte, entschlief im Alter von 89 Jahren friedlich in seinem Haus in Alamagordo, New Mexico.

Den 11. September berechnen

Lloyd's of London hatte genügend Zeit, zu lernen, wie man Risiken abschätzt. Die Versicherung entstand vor mehr als 300 Jahren und ist die älteste der Welt. Sie versichert nicht nur Schiffe oder Häuser. Ein Versicherungsexperte hat mir erzählt, es gebe dort eine Police für den Fall, dass einem eine Schildkröte den Schädel zertrümmert, die ein Adler hat fallen lassen.[6] (Der griechische Dramatiker Aischylos soll auf diese Weise ums Leben gekommen sein.) Ich kann mich bei Lloyd's dagegen versichern, dass mir die Haare nicht wieder nachwachsen, wenn ich sie schere. Ich kann mich gegen den Verlust meines feinen Geruchssinns, meiner ausladenden Brüste oder meiner Jahrhundertstimme versichern oder dagegen, dass das Monster von Loch Ness lebend gefangen wird. Es gibt bei Lloyd's eine Versicherung für den Fall, dass meine Angestellten im Lotto gewinnen und plötzlich kündigen. Auch ein Navy-Offizier, der den Ärmelkanal in einer Badewanne durchquerte, war Lloyd's-Kunde. Er hatte die vertragliche Auflage, die Finger während der Reise vom Stöpsel zu lassen.[7]

Natürlich hätte Lloyd's ihn nicht retten können, wäre die Badewanne gesunken. Lloyd's kann Haare nicht nachwachsen lassen und Nessy nicht wieder im See versenken. Die Aussicht auf eine satte Versicherungssumme aber beruhigt die Kunden, so sehr zumindest, dass sie für dieses Gefühl – zumeist stattliche – Prämien entrichten. Hinter jeder Police steht ein diffiziler Schätzprozess, der all die Geschmacksrichtungen der Wahrscheinlichkeit am Ende zu einer faden Zahl verdichtet: dem Risiko, das die Firma mit ihrem vertraglich garantierten Schutz eingeht. Für eine Versicherung ist das – etwas vereinfacht – die Wahrscheinlichkeit, dass ein Ereignis eintritt, multipliziert mit dem zu erwartenden Schaden. Rein rechnerisch ist es also egal, ob es um ein Ereignis mit winziger Wahrscheinlichkeit und riesigem Schaden geht (sagen wir: die Explosion einer Bohrinsel) oder um eines, das vergleichsweise wahrscheinlich, dafür aber mit geringem Schaden verbunden ist (Tassenversicherung). In beiden Fällen könnte das Finanzpolster, das die Versicherung theoretisch vorhalten muss, in ähnlicher Größenordnung liegen. Natürlich stößt die Versicherbarkeit bei Extremen an ihre Grenzen. Würden alle Bürger Ungarns ihre Tassen traditionell zur Feier des Sonntags aus dem Fenster werfen, wäre es nicht sinnvoll, in Ungarn eine Vollkasko-Tassenversicherung anzubieten. Die Wahrscheinlichkeit, dass sie zahlen muss, ist nahe 100

Prozent. Ebenso wenig gibt es Versicherungen für Ereignisse mit winziger Wahrscheinlichkeit, aber gigantischem Schaden. In solchen Fällen verweigern Versicherungen eine Police gleich ganz oder führen strenge Deckelbeträge ein. Oder sie bilden gemeinsame Pools, um das Risiko auf vielen Schultern zu verteilen, so wie etwa für »Pharma«, »Atom«, »Luft« oder, neuerdings, »Terror«.

Wohl kaum eine andere Versicherung setzt das voll entwickelte Instrumentarium der Risikoforschung so kreativ und kühn ein wie Lloyd's. Ihren so genannten Names – wohlhabenden Privatpersonen, die im Schadensfall mit ihrem gesamten Vermögen haften – bescherte das Geschäft mit dem Schicksal traumhafte Renditen von 30 Prozent und mehr pro Jahr. Seit dem 17. Jahrhundert, als sie sich zum ersten Mal in Lloyd's Kaffeehaus zusammenfanden, um gemeinsam Schiffe und ihre Ladungen zu versichern, sind viele Reiche dadurch noch viel reicher geworden. Die Risikoschätzungen der Names erwiesen sich als robust, die eingestrichenen Prämien übertrafen die entstehenden Schäden bei weitem. Jedenfalls bis 1987. In den fünf folgenden Jahren trafen Lloyd's plötzlich Forderungen in Höhe von 12,6 Milliarden Dollar. Tausende Names verloren ihr gesamtes Vermögen, 30 von ihnen begingen Selbstmord.

Vor allem ein Großrisiko hatten sie völlig unterschätzt: Asbest. Obwohl die Gefahren des Stoffs seit Beginn des 20. Jahrhunderts bekannt waren, hatte Lloyd's viele Firmen, die mit Asbest arbeiteten, gegen Schadenersatzforderungen versichert. In den USA war Lloyd's der größte Direktversicherer von Asbestherstellern. Als das ganze Ausmaß der Katastrophe in den siebziger und achtziger Jahren klar wurde und immer mehr Gerichtsverfahren zu

Gunsten der (auch nur potenziell) Geschädigten ausgingen, war es zu spät. Die Names mussten zahlen.

Risikoprofis erleben offensichtlich ihre ganz eigenen normalen Katastrophen. Obwohl das Geschäft der Versicherer gerade darauf beruht, nur kalkulierbare Risiken einzugehen und unwägbare Gefahren auszuschließen, stolpern selbst sie gelegentlich auf unsicheres Terrain. Sogar die Rückversicherungen, jene vornehmsten aller Versicherungen also, die andere Versicherungen gegen besonders hohe Verluste schützen, erleben immer wieder Krisen. Als in den neunziger Jahren die beiden teuersten Naturereignisse in der US-Geschichte, der Hurrikan Andrew und das Erdbeben bei Los Angeles, innerhalb von nur zwei Jahren aufeinander folgten und gemeinsam über 30 Milliarden Dollar verschlangen, war diese schlichte Koinzidenz gleich Anlass für einen schmerzhaften Selbstfindungsprozess. »Die Versicherungsindustrie diskutiert nun regelmäßig mögliche Verluste durch Erdbeben und Hurrikans zwischen 50 und 100 Milliarden Dollar«, erklärte der Harvard-Finanzwissenschaftler Kenneth Froot im Jahr 1999, »eine Größenordnung, die vor zehn Jahren undenkbar gewesen wäre.« Die Branche sei auf solche Schäden nicht eingerichtet, warnte Froot – und ahnte nicht, was noch kommen sollte.[8]

Dabei gehören Naturkatastrophen noch zu den halbwegs verlässlichen Risiken. Weil Erdbeben, Stürme, Dürren oder Überschwemmungen öfter vorkommen, greift bei ihnen die Häufigkeitsdefinition der Wahrscheinlichkeit. Selbst die Chancen für besonders extreme Ereignisse, die so selten vorkommen, dass sie in der Histerie der Menschheit noch nicht verzeichnet sind, lassen sich mit neuen statistischen Verfahren aus dem existierenden Datenfundus destillieren. Für die Höhe der holländischen Deiche etwa zogen Statistiker nicht nur die wenigen gemessenen Extremereignisse heran – 3,85 Meter Wasserstand im Katastrophenjahr 1953, den Rekord von vier Metern im Jahr 1570 –, sondern auch ganz alltägliche Wasserstandsdaten. Aus ihrer Verteilung schätzten die Wissenschaftler eine Deichhöhe von 5,14 Metern ab, die statistisch gesehen nur ein Mal in 10000 Jahren überschritten werden dürfte.[9] (Also zum Beispiel: morgen.)

Die Schäden durch Naturkatastrophen haben sich in den letzten 30 Jahren versechsfacht.[10] Doch auch das ist nicht so überraschend, wie es auf den ersten Blick scheint. Die Weltbevölkerung nimmt zu, immer mehr Menschen siedeln in Risikogebieten. Manch neues Weltzentrum des Wohlstands liegt ausgerechnet in einer Hochrisikoregion. Die nackte Zahl der Ereignisse hat sich in den vergangenen drei Dekaden lediglich verdreifacht – etwa als Folge des Klimawandels, der Wetterextreme begünstigt.

Selbst Vulkanausbrüche und Meteoriteneinschläge ereigneten sich im Laufe der Erdgeschichte so häufig, dass sich über sie Erkenntnis durch Erbsenzählen gewinnen lässt. Übrigens mit beunruhigendem Ergebnis. Derartige Ereignisse seien in der Branche lange unterschätzt worden, erklären die Spezialisten der Münchener Rück, der größten Rückversicherung der Welt. Immerhin: Schon in den achtziger Jahren wiesen Experten darauf hin, dass das Risiko eines gigantischen Meteoriteneinschlags größer sei als jenes, das man für große Unfälle von Atomkraftwerken als inakzeptabel ansah.[11] Ein mächtiger Meteoriteneinschlag kann das Weltklima verändern oder gar die menschliche Zivilisation auslöschen. Alle 300 bis 500 Jahre, schätzt die Münchener Rück, komme es zu einem Ereignis, das im

Umkreis von mindestens 50 Kilometern Schaden anrichtet. Selbst das Risiko, dass uns der Himmel auf den Kopf fällt, lässt sich also beziffern.

Richtig unberechenbar wird es erst, wenn der Mensch mit Hand anlegt. Viele seiner komplexen Technologien sind für ihn selbst schwer zu durchschauen. Nur, wenn sie bereits lange genug existieren und genügend Ereignisse produzieren – wie die Petrochemie oder der Straßenverkehr –, lassen sie sich zufrieden stellend auf Papier bändigen. Neuere Errungenschaften mit einer kleinen, schwer abschätzbaren Katastrophenwahrscheinlichkeit, aber riesigem potenziellen Schadensausmaß (wie die Atomenergie) oder gänzlich unbekannten Gefahren (wie seinerzeit Asbest oder heute manche Zweige der Gentechnik) sind erheblich schwerer einzuschätzen. Mit verfeinerten Methoden versuchen Forscher dann, die Form des Schicksalswürfels möglichst genau zu bestimmen, um alle Seiten zu finden, auf die er fallen könnte. Die Ergebnisse, die sie dabei erzielen, sind, vorsichtig ausgedrückt, unterschiedlich. So veröffentlichte die NASA 1985 eine Risikostudie, die für einen Absturz des Spaceshuttles eine Wahrscheinlichkeit von 1:100000 angab. Andere Untersuchungen, die Wahrscheinlichkeiten von 1:210, 1:70 oder gar 1:57 fanden, verwarf man geflissentlich,[12] obwohl sie der tatsächlichen Häufigkeit aus heutiger Sicht deutlich näher kamen. Bei den bisher 110 Shuttlemissionen gingen zwei der Fähren und mit ihnen alle Menschen an Bord verloren.

Verfahren, die Störfälle technischer Anlagen zu simulieren, entstanden bereits mit den ersten Kernkraftwerken. Ähnlich wie heute die Softwaretester versuchten Ingenieure schon damals, alle nur möglichen Ereignisketten durchzuspielen und alle Wege zu finden, auf denen Katastrophen eintreten könnten. »Bei der angenommenen Giftgas-Explosion in einem Chemiewerk kann das bis hinauf zur Wettersimulation reichen, mit der die Ausbreitung einer Wolke abgeschätzt wird, und bis hinunter zu den Rezeptoren für Giftmoleküle im menschlichen Körper«, berichtet Ortwin Renn, einer der führenden deutschen Experten für Technikfolgenabschätzung.

Selbst mit Nichtwissen lässt sich rechnen. Es gibt Unsicherheitszuschläge dafür, dass jeder Mensch ein wenig anders reagiert, sei es als Operator einer Anlage oder wenn er Umwelteinflüssen wie einer Strahlendosis ausgesetzt ist. Und es gibt eine Art Ignoranzzuschlag für mögliche Folgen, die wir einfach noch nicht kennen. »Nehmen Sie so etwas Einfaches wie den Lärm«, sagt Ortwin Renn. »Lange haben wir daran geforscht, ob er etwa die Krebsrate bei Menschen erhöht – und am Ende nichts gefunden. Dass anhaltender Lärm aber bei vielen Menschen den Blutdruck steigen lässt und damit etwa das Herzinfarktrisiko, hat man erst später erkannt.«

Manchmal stellt sich heraus, dass der Ignoranzzuschlag höher hätte ausfallen müssen als alle untersuchten Risiken. Die katastrophale Wirkung von Fluorchlorkohlenwasserstoffen (FCKW) auf die Ozonschicht etwa hatte niemand vorhergesehen – lediglich ihre Schädlichkeit für den Menschen war ausführlich untersucht worden. Auch, dass der eigentlich segensreiche Insektenvertilger DDT etwa die Eierschalen von Vögeln brüchig werden lässt und damit seltene Arten bedroht, wurde bei der ursprünglichen Risikoanalyse nicht geprüft. Eine so abseitige Idee war einfach niemandem gekommen. (Und der Effekt ist bis heute umstritten) »Die Unmöglichkeit, unbekannte Prozesse und Variablen zu berücksichtigen«, schreiben deshalb Wissenschaftler in einem kritischen Brief an die Zeitschrift »Nature«[13], »dürfte ein fundamentaleres Hindernis für glaubwürdige Risikoabschätzung darstellen als unser Unvermögen, die bekannten Prozesse akkurat zu beschreiben. Dennoch tendiert die derzeitige Diskussion um Unsicherheit dahin, sich nur mit Letzterem zu beschäftigen.« Wir können die Widerstandsfähigkeit unseres Hausdachs gegen Stürme noch so genau simulieren. Wenn wir nicht wissen, dass die Bude auf Sand gebaut ist, nutzt es wenig.

Die Risikoschätzung für eine Terrorattacke nach Art des 11. September hätte wohl ausschließlich aus einem gigantischen Ignoranzzuschlag bestehen müssen. Einfach niemand hatte damit gerechnet. Selbst die Terroristen können nur geahnt haben, wie dramatisch die Folgen ihres Angriffs sein werden. (Natürlich haben einige Experten dennoch alles vorhergesehen – nachdem es eingetreten war: »Dass islamistische Radikale bereits vorher versucht hatten, Flugzeuge in Städte stürzen zu lassen, das World Trade Center zu zerstören und die US-Luftfahrt lahm zu legen«, erklärte später etwa die militärische US-Denkfabrik RAND Corporation, sei schließlich wohl bekannt gewesen.[14] Vielleicht war der 11. September ja wirklich eine normale Katastrophe der Geheimdienste: Zahlreiche Informationen über die Attentäter lagen zwar vor, gelangten aber aus den unterschiedlichsten Gründen nicht dorthin, wo sie hingehörten. Siehe dazu Kapitel 11.) Die Versicherungen jedenfalls, deren Geschäft das Risiko ist, traf es völlig unvorbereitet. Sie hatten bis zum Jahr 2001 nicht einmal eine einheitliche Definition von Terrorismus.[15]

Eine Branche, die wenige Jahre zuvor bereits von zwei Naturkatastrophen gehörig erschreckt worden war, geriet nun – verglichen mit ihrer sonstigen Zurückhaltung – außer Rand und Band. Nicht ein Sturm oder ein Krieg, sondern ein terroristischer Anschlag hatte mehr als 3000 Leben gekostet. Er hatte den höchsten Versicherungsschaden in der Geschichte produziert, mehr als 40 Milliarden Dollar. Dazu kamen die dramatischen Auswirkungen auf die Weltwirtschaft. Gleich nach dem 11. September begannen die Versicherungen, nahezu sämtliche Katastrophenrisiken noch einmal neu zu bewerten. Sie kündigten Verträge und erhöhten Prämien, weltweit angeblich um insgesamt drei Milliarden Dollar.[16] Zumindest eine japanische Versicherung ging Bankrott. Das Risikogefüge der Welt war aus den Fugen geraten.

Der 11. September habe eine ganz neue Art von Risiko definiert, meint Jean Louis Marsaud vom Europäischen Komitee der Versicherungen in Paris, nämlich das des »Hyper-Terrorismus, der wegen der Unsicherheit seines möglichen Wirkungsbereichs, seiner Dauer und seiner Folgen die Quantifizierung von Wahrscheinlichkeiten unmöglich macht. Das ist zum Beispiel bei Naturkatastrophen nicht der Fall, wo eine gewisse Menge statistischer Daten existiert.« Unwägbarer als alle anderen Risiken sind jene, die Menschen mit voller Absicht produzieren. Nie in der Geschichte boten sich dafür so viele Gelegenheiten: »Das Gesundheitswesen, der Transport, Energie, Nahrungs- und Wasserversorgung und Sicherheit sind Beispiele lebenswichtiger Systeme, die durch ein einziges katastrophales Ereignis oder eine Ereigniskette schwer getroffen werden können, durch die katastrophale Wechselwirkung komplexer Systeme.« Das erklärt die Weltwirtschaftsorganisation OECD. Die beispiellosen Attacken des 11. September illustrierten, »dass sowohl die Schwere als auch die Häufigkeit der Verluste unmessbar geworden sind«, meint

Michael Wolgast vom Gesamtverband der Deutschen Versicherungswirtschaft.

Zu simulieren ist da auch nichts mehr. »Es gibt kein mathematisches Modell für terroristische Risiken«, konstatiert Christian Kluge, Vorstandsmitglied der Münchener Rück.[17] Natürlich brüten Mathematiker dennoch darüber, und die US-Firma Applied Insurance Research behauptet, bereits ein Prognosesystem für Terrorrisiken zu besitzen.[18] Ob es gut funktioniert, ist zweifelhaft. »Studien terroristischer Risiken ähneln den Risikoanalysen komplexer technischer Systeme«, erklärt John Major von der Unternehmensberatung Guy Carpenter & Company. »Ein Szenario kann mit Hilfe der Versagenswahrscheinlichkeiten kritischer Subsysteme analysiert werden. Dennoch muss es, im Gegensatz zu Naturkatastrophen, die menschliche Intelligenz berücksichtigen und, im Gegensatz zu Industriekatastrophen, die menschliche Absicht.«[19] Gerade der Willen des Menschen aber, erklärt Carpenter, sei nun einmal nur schwer quantifizierbar.

Das US-Verteidigungsministerium ist derart ratlos, dass es sich im Jahr 2003 bereits dazu durchgerungen hatte, eine Online-Wettbörse für Terrorismus einzurichten. Beim Pferderennen, so die Idee, verraten die Wettkurse schon vor dem Start viel über den Erfolg eines Tiers. Auch Börsenkurse spiegeln unsere Erwartungen über den zukünftigen Erfolg eines Unternehmens oftmals erstaunlich genau wider. Warum also sollte die weltweite Zockergemeinde für das Pentagon nicht auch die Wahrscheinlichkeiten für Anschläge erspielen? Anonyme Nutzer hätten unter www.policyanalysismarket.org Geld darauf wetten können, ob die jordanische Regierung bald kollabiert oder wie viele Anschläge kommendes Jahr im Nahen Osten verübt werden. »Der Preisfindungsprozess mit der Aussicht auf Gewinn und schmerzhaften Verlust«, warb das dazugehörige Pentagon-Papier, »ist der Kern der Vorhersagekraft eines Marktes.«[20] US-Kongressabgeordnete fanden das Projekt »makaber, unmoralisch und absurd«[21]. Das fand das Pentagon dann auch und beendete es.

Die Experten, ratlos

Wo der Homo sapiens sapiens Hand anlegt, wird es unsicher. Seine Finger hat er längst überall im Spiel. Wir erschaffen nicht nur neue Technologien mit unbekannten Risiken. Wir verpuppen uns nicht nur in einer Infrastruktur, die so komplex ist, dass sie hin und wieder ganz von selbst kollabiert oder durch kleine Attacken dazu gebracht werden kann. Auch unsere Naturkatastrophen gestalten wir zunehmend selbst. Wir drehen am Klima, siedeln auf Erdbebenspalten, in Hurrikan-Regionen und Hochwasser-Gebieten.

Die heutige Gesellschaft stecke in einer »Risikofalle«, meint deshalb der Soziologe Ulrich Beck. In früheren Jahrhunderten war Risiko eine Methode, um das Unvorhersehbare durch Wahrscheinlichkeitsrechnung zu bändigen. Das aber funktionierte nur in einer Welt, »in der die meisten Dinge immer noch durch Natur und Tradition als vorbestimmtes Schicksal betrachtet werden«[22]. Längst aber gestalten wir immer größere Teile unseres Schicksals mit, die Risikoeinschätzung wird selbst zum Risiko – und ist heute, wie manche Soziologen meinen, oft nicht viel mehr als ein besonders komplizierter Ritus, um mit Gefahr umzugehen. Die alten Griechen haben den Göttern ihre Kinder geopfert, um die Winde günstig zu stimmen. Heute machen wir eine Risikoanalyse.

»Wenn wir über die Auswirkungen industrieller Forschung, Tätigkeit und Produktion nichts wissen können – wie es in den Bereichen Gentechnik und Humangenetik bereits allgemein der Fall ist –, wenn weder der Optimismus der Protagonisten noch der Pessimismus ihrer Kritiker auf Wissen beruht, brennt dann für die technisch-industrielle Entwicklung und Massenanwendung grünes oder rotes Licht?« Das fragt Ulrich Beck und antwortet: »Risiken legen nur nahe, was nicht getan werden sollte, nicht jedoch, was getan werden sollte.« Kein Experte darf uns deshalb am Ende die Entscheidung abnehmen, welche möglichen Gefahren wir in Kauf nehmen wollen. »Risiken, von Experten aufgezeigt (oder verwischt)«, so Beck, »entwaffnen diese Experten gleichzeitig, weil sie jedermann zwingen zu entscheiden: Was ist noch tolerierbar und was nicht mehr.« Überhaupt keine Risiken einzugehen ist weder möglich noch wünschenswert, ohne Risiken gibt es keine Chancen. »Kein Risiko ist das höchste Risiko von allen«, warnt der amerikanische Soziologe Aaron Wildavsky.

Welche Risiken akzeptabel sind, lässt sich mit Zahlen allein nicht erfassen, das haben die meisten Experten akzeptiert. Immer weniger von ihnen argumentieren, man könne nicht gegen Atomkraft sein, zugleich aber rauchen oder Auto fahren, schließlich stünde die Wahrscheinlichkeit für einen GAU in keinem Verhältnis zu der, im Straßenverkehr sein Leben zu lassen oder an Lungenkrebs zu sterben. Zumindest Journalisten aber schätzen nach wie vor das Jonglieren mit derart unterschiedlichen Risiken, die nicht vergleichbar sind. Christoph Lütgert etwa, Chefreporter des Norddeutschen Rundfunks, fand in einem »Tagesthemen«-Kommentar im Dezember 2002 ein eindrucksvolles Bild, die durch Rauchen erhöhte Sterblichkeitsrate zu verdeutlichen – das sei so, als würde al-Qaida jeden Tag ein Flugzeug mit 300 Menschen entführen und in die Luft sprengen.[23] Vorsichtshalber umgab sich Lütgert mit einem Hauch Nachdenklichkeit: »Zugegeben, der Vergleich hinkt.«

Gerne eingesetzt am Stammtisch oder auf Podien, in Artikeln oder Büchern, in allerlei Ausschüssen oder politischen Debatten, zeigen solche Vergleiche nur, dass ihr Urheber nicht viel verstanden hat. Er weiß nicht oder will nicht wissen, auf welch unterschiedlichen Wegen Risikoschätzungen zustande kommen, dass Risiken oft nicht gegeneinander aufzurechnen sind, dass es ein Unterschied ist, ob sie selbst gewählt, von anderen auferlegt oder nur von einer abstrakten Umwelt bestimmt sind, dass Menschen vermeintlich gleichwertige Risiken ganz verschieden bewerten und dass sie im Zeitalter der neuen Ungewissheit mehr denn je ein Recht darauf haben. »Das Bemühen, mit rationalen Rechnungen Entscheidungen zu fundieren«, schreibt der Soziologe Niklas Luhmann, »bleibt nicht nur ohne Erfolg, sondern ruiniert letztlich den Anspruch auf Rationalität der Methode und des Verfahrens.«[24]

Manchmal, wenn Risikoexperten tagen, tritt der Streit zwischen alter und neuer Schule offen zutage. Auf einer Konferenz in München im Jahr 1999 etwa forderte ein Reaktor-Sicherheitsspezialist, die Risikoeinschätzung müsse international harmonisiert werden, es müssten gleiche Maßstäbe für alle Länder her, wie Gefahren zu beziffern seien, am besten gleich ein »Datenbuch der Sicherheit«. Drei Fragen seien darin allgemeingültig zu beantworten: »Was kann passieren, wie wahrscheinlich ist dies, und was sind die Konsequenzen?« Ein Versicherungsfachmann von Lloyd's zeigte sich empört: »Wer sind wir, dass wir glauben, diese Frage beantworten zu können?« In den wenigsten Industrien sei die Antwort darauf mit einer einfachen Zahl möglich.[25]

Heute versuchen Wissenschaftler deshalb, die unterschiedlichen Geschmacksrichtungen des Risikos nicht mehr über einen Kamm zu scheren, sondern etwas differenziertere Antworten zu finden. Der Wissenschaftliche Beirat der Bundesregierung für Globale Umweltveränderungen (WBGU) etwa unterscheidet gleich sechs Risikoklassen – je nachdem, ob die Wahrscheinlichkeit eines Schadens ungewiss ist oder gut abschätzbar, ob sie groß ist oder minimal und ob der Schaden selbst ungewiss ist, untolerierbar, irreversibel oder begrenzt.

Zugegeben, die Zerstörung der schwarzen Tasse ist nur in meiner kleinen Welt ein globales Risiko, dennoch habe ich im WBGU-Raster nachgeschlagen. Sie gehört zum Risikotyp »Damokles«, der eine kleine Katastrophenwahrscheinlichkeit besitzt, aber entsetzliche Folgen hat, und deshalb wie ein Schwert am seidenen Faden über dir hängt. (Im wahren Leben fallen darunter Atomanlagen oder Meteoriteneinschläge.) Ortwin Renn, Mitglied der WBGU-Kommission, rät in solchen Fällen, »eine Katastrophe nach Möglichkeit zu verhindern. Dazu sollten Substitute erforscht und entwickelt oder technische Sicherheitsmaßnahmen vorgekehrt werden, um mindestens die Unfallgefahr zu verringern.«[26] Ich glaube, er meint, ich hätte die schwarze Tasse nie benutzen sollen.

7. Sterben kann ich, wenn ich tot bin
Von der Kunst, die richtigen Risiken zu ignorieren

*Wie soll ich leben? Wir sind außerstande, die
Fragen der Zeit zu lösen.*

Ralph Waldo Emerson, *Schicksal*

Kommt der Statistik-Professor in den Luftschutzbunker.
Seine Bekannten wundern sich. Der berühmte Moskauer
Gelehrte hat es bisher abgelehnt, im Bunker vor den Bom-
ben der Deutschen in Deckung zu gehen. Es lebten schließlich sieben Millionen Menschen in der Stadt, hat er stets erklärt, warum solle es da ausgerechnet ihn treffen? Auf die
Frage, wieso er seine Meinung nun geändert habe, antwortet er: »Sehen Sie, in Moskau leben sieben Millionen Menschen und ein Elefant. Letzte Nacht hat es den Elefanten
erwischt.«

Was wie ein trauriger Laborwitz daherkommt, soll sich
in den Tagen des Zweiten Weltkriegs zugetragen haben.[1]
Dem Moskauer Professor mangelte es sicher nicht an Einsicht in das Wesen der Wahrscheinlichkeit. Doch auch Experten treffen existenzielle Entscheidungen gelegentlich
mit dem Bauch. Auch sie richten sich nach archaischen
Handlungsmustern, die die Evolution tief in uns verankert
hat. Ein ganzer Werkzeugkasten mit solchen Denkscha-
blonen – vornehm: Heuristiken – wartet darauf, von uns
hervorgekramt zu werden. Sie sind nicht gerade im Feuer
der mathematischen Logik gehärtet, sondern eher aus

Emotionen zusammengeleimt. Studien mit Menschen, die wegen eines Hirnschadens keine Gefühle mit ihren Entscheidungen verbinden, zeigen, dass sie kaum in der Lage sind, ein Leben zu führen. »Gefühle ohne logisches Denken können sehr problematisch sein«, sagt der renommierte Risiko-Psychologe Paul Slovic, »und ebenso Logik ohne Gefühle.«[2] Wenn uns ein Säbelzahntiger gegenübertritt, bleibt schließlich nicht viel Zeit, Sterbetabellen und Taschenrechner zu ziehen und eine zünftige Risikobetrachtung anzustrengen. »Mein Kumpel ist neulich von so etwas gefressen worden«, erinnern wir uns und bekommen es mit der Angst. »Besser, ich verschwinde.«

Der Speer auf dem Lenkrad

Das ist so eine Daumenregel des Denkens: Ereignisse, die wir uns besonders einfach vorstellen oder in Erinnerung rufen können, halten wir für besonders wahrscheinlich.[3] Die Opfer unter sieben Millionen Menschen können insofern allzu abstrakt sein – ein einzelner Elefant aber, den eine Bombe erwischt, macht die Sache erschreckend konkret. Die beiden Jahrhundertpsychologen Daniel Kahneman und Amos Tversky (aus Kapitel 3) tauften diese Denkschablone »Verfügbarkeit«. Sie leistet uns bis heute gute Dienste, legt sie doch auch ohne Konsultation statistischer Jahrbücher nahe, dass es im Allgemeinen wahrscheinlicher ist, vom Auto überrollt als von einem herabfallenden Flugzeug erschlagen zu werden. Dass Autos Menschen anfahren, davon haben wir schon oft gehört oder es am eigenen Leib erfahren. Folglich schauen wir links und rechts, bevor wir die Straße überqueren, nicht jedoch nach oben, wenn wir das Haus verlassen. Dumm nur, dass ein Zusammenhang zwischen Nachrichtenlage und Risiko im guten alten Dschungel öfter zu finden war als im heutigen Informationsdschungel.

Bereits im Jahr 1909, als der »unsinkbare« Dampfer Waratah vor Südafrika spurlos verschwand, beobachteten Ökonomen mit Erstaunen, wie sich mit den immer neuen Spekulationen um sein Schicksal fast stündlich der dazugehörige Rückversicherungskurs änderte – so auch, als die Runde machte, dass ein anderes Schiff in ähnlicher Lage noch nach Monaten unversehrt gefunden worden war, obwohl das für die Waratah gar nichts bedeutete. Den berühmten Wirtschaftstheoretiker John Maynard Keynes bestärkten solche Vorgänge in der Überzeugung, dass der menschlichen Risikowahrnehmung mit Wahrscheinlichkeitsrechnung alleine nicht beizukommen sei.[4]

In unseren Gehirnen gibt es viele solcher seltsamen Wechselwirkungen zwischen Information und Risikobewertung. Nach Erdbeben- oder Flutkatastrophen etwa steigt oftmals die Nachfrage nach passenden Versicherungen, obwohl das Erdbeben- oder Flutrisiko nicht größer ist als zuvor. Die Quote der Bundesbürger, die wegen BSE »besorgt« sind, vollführte in Kalenderwoche 38 des Jahres 2001 ihren größten Sprung seit Jahren. In nur sieben Tagen fiel sie um 10 Prozent, auf nunmehr ein Drittel[5] – der Dienstag der Vorwoche war der 11. September. Zwar haben selbst kreativere Verschwörungstheoretiker nie behauptet, dass die Anschläge etwas mit Rinderwahnsinn zu tun hatten, doch ließ das Jahrhundertereignis viele andere Risiken verblassen. Amerikaner deckten sich mit zusätzlichen Waffen ein, um sich gegen einen Terrorangriff verteidigen zu können, und nahmen damit die womöglich viel größere Gefahr in Kauf, bei einem Schusswaffenunfall zu sterben. Reisende entschlossen sich, weite Strecken lieber mit dem Auto zurückzulegen, statt zu fliegen, die Umsätze der Fluggesellschaften gingen um bis zu 20 Prozent zurück – obwohl die Wahrscheinlichkeit, auf dem Highway umzukommen, vielleicht deutlich höher war.

Das ist die Dialektik des Risikos, und ein ganzes Sammelsurium von Heuristiken ist an ihr beteiligt. Wir neigen dazu, Gefahren zu überschätzen, die mit besonders spektakulären, grauenvollen Todesarten verknüpft sind (Hai-Attacke) oder die auf einen Schlag den Tod vieler Menschen bewirken können (Terroranschlag). Wir haben mehr Angst vor »neuen« Gefahren (Hyper-Terrorismus, SARS, Acrylamid) als vor altbekannten (Straßenverkehr, Grippe, fettes Essen). Auferlegte Risiken (Kernkraft, Mobilfunksender auf Nachbars Dach) scheuen wir eher als selbst gewählte (Rauchen, Handy am eigenen Ohr). Je größer die Unsicherheit, mit der sich ein Risiko abschätzen lässt, desto mehr fürchten wir es (Elektrosmog, Gen-Food). Wir vertrauen darauf, dass es immer die anderen trifft (Steuerprüfung). Und wir haben weniger Angst vor Situationen, in denen wir die Kontrolle haben, und sei es nur so ein bisschen. Siehe Autofahren.

»Entscheidungen zu untersuchen«, sagt Gerd Gigerenzer vom Max-Planck-Institut für Bildungsforschung, »heißt im Grunde: das Geheimnis der menschlichen Intuition zu entschlüsseln. Und die Heuristiken sind die Bausteine der Intuition.«[6] Er hat ausgerechnet, dass nach dem 11. September 2001 statistisch gesehen 350 Todesfälle auf den zusätzlichen Autoverkehr in den USA zurückzuführen waren, »mehr also als bei den vier fatalen Flügen des 11. September zusammen, bei denen 266 Passagiere starben«[7].

Das Aufrechnen von Risiken unterschiedlicher Geschmacksrichtungen ist aber problematisch, und womöglich ist auch diese Kalkulation nicht ganz so einfach, wie sie daherkommt. Aus heutiger Sicht lässt sich das Risiko, nach dem 11. September als Flugpassagier entführt zu werden und bei einem Anschlag umzukommen, gut abschätzen. Damals aber, als für Tage der US-Luftraum gesperrt war und jeder Passagier als potenzieller Terrorist galt, war die Situation bei weitem nicht so klar.[8] Dass uns das Jahre später so erscheint, verdanken wir ebenfalls einer gebräuchlichen Denkverzerrung: Nachher glauben wir, bereits vorher so schlau gewesen zu sein. (Kapitel 11) »So wie in Zeichentrickfilmen die gemalten Figuren erst dann in den Abgrund stürzen, wenn sie, mitten in der Luft stehend, plötzlich der Gefahr gewahr werden«, sagt Risikoexperte Ortwin Renn, »so konstruieren auch Menschen ihre eigene Realität und stufen Risiken nach ihrer subjektiven Wahrnehmung ein.«[9]

Wie es sich für einen ordentlichen dialektischen Prozess gehört, sind seine Resultate gerade für jene überraschend, die an ihm mitwirken. Als etwa 1965 ein US-Bestseller die damals lächerlich unsicheren Automobile anprangerte,[10] reagierte die amerikanische Regierung prompt und erließ ein Jahr später neue Gesetze. Bald gab es Gurtpflicht, gepolsterte Armaturenbretter, Lenksäulen, die bei einem Aufprall kollabieren, doppelt ausgelegte Bremssysteme und bruchsichere Windschutzscheiben.[11] Die Sterberate im Straßenverkehr, prophezeiten die Experten, würde bald um 20 Prozent sinken. Ein Jahrzehnt später untersuchte der Ökonom Sam Peltzman von der University of Chicago, was all die neuen Sicherheitssysteme gebracht hatten. Sein erstaunliches Ergebnis: im Endeffekt nichts.[12] Nach

Peltzmans Analyse kamen nun bei einem Verkehrsunfall zwar im Schnitt weniger Menschen um, dafür aber gab es mehr Unfälle, weil die Fahrer mehr riskierten. Die beiden Effekte hoben sich gegenseitig auf. Nur die Fußgänger kamen am Ende schlechter weg. Sie profitierten am wenigsten von gepolsterten Armaturenbrettern.

Peltzmans Berechnungen sind bis heute umstritten. Ein gutes Dutzend weiterer Analysen folgte, die das genaue Gegenteil zeigten,[13] oder zumindest, dass sich die gegenläufigen Effekte nicht völlig aufhoben.[14] Zugleich aber regte Peltzmans Arbeit eine ganze Theorie der »Risikohomöostase«[15] an. Sie besagt, dass wir eine Art eingebauten Risiko-Thermostaten besitzen, der die gefühlte Gefahrentemperatur stets auf gleichem Niveau hält. »Die Summe der Sünden ist konstant«, erklärt bündig ihr Vater, der kanadische Psychologe Gerald Wilde. Sein Satz der Sündenerhaltung ist ebenso umstritten wie populär. Bis heute lässt er zu Nachdenklichkeit neigende Sicherheitsingenieure an lauschigen Sonntagnachmittagen am Sinn ihres Tuns zweifeln. Bereits in den sechziger Jahren hatten Experimente mit Autofahrern schließlich gezeigt, dass diese ihre Geschwindigkeit je nach Situation so wählten, dass sie stets gleich hohem Stress ausgesetzt waren.[16] Als Schweden in den sechziger Jahren von Links- auf Rechtsverkehr umstellte, sank gegen alle Erwartungen für zwei Jahre die Unfallrate – womöglich, weil das gefühlte Risiko für die Fahrer gestiegen war. Als die University of California, die täglich von Tausenden Radfahrern heimgesucht wird, den Campus für Radler mit einem aufwendigen Programm sicherer machen wollte, stieg die Zahl der Fahrradunfälle – mit jeder einzelnen Maßnahme, wie genaue Analysen ergaben.[17] Und als manche Münchener Taxis mit dem Antiblockiersystem ABS ausgestattet wurden, so ermittelten Forscher, waren die ABS-Wagen etwas häufiger in Unfälle verwickelt. Ihre Fahrer pflegten fortan einen forscheren Fahrstil.[18] »Sie hatten den Sicherheitsgewinn durch dichteres Auffahren, höhere Geschwindigkeit und häufigeren Spurwechsel aufgebraucht«, erklärt Franz Schibalski, Verkehrspsychologe des ADAC.[19] In diesem Sinne gefährlich scheint auch das Antischlupfsystem: »Dem Fahrer fehlen dadurch Rückmeldungen über die unterschiedliche Haftung der Räder, und er ist verleitet, stärker zu beschleunigen, als ratsam ist. Auch die künftigen Assistenzsysteme bergen Gefahren. Wenn der Computer den Abstand zum Vordermann kontrolliert – ist er dann nicht schuld, wenn ich im Nebel zu dicht auffahre?«

Homöostase-Theoretiker Gerald Wilde sieht es besonders radikal. »Die Härte der Strafverfolgung beeinflusst die Pro-Kopf-Unfallrate nicht«, glaubt er etwa. Alkohol- und Geschwindigkeitskontrollen könnten zwar Unfallzahlen beeinflussen, die mit Alkohol und Rasen zusammenhängen, nicht jedoch die Gesamtrate. Die Unfälle, so Wilde, suchten sich gleichsam neue Ursachen oder wanderten an andere Orte.[20] Der britische Geograph John Adams untersuchte die Auswirkungen der Gurtpflicht auf die Sterberaten im Straßenverkehr und forderte daraufhin die Abschaffung des Sicherheitsgurts: »Autofahrer vor den Konsequenzen eines schlechten Fahrstils zu schützen«, so sein Ergebnis, »bedeutet, sie zu einem schlechten Fahrstil zu ermuntern.«[21]

Natürlich haben wir es (neben den Verkehrsplanern und den Rettungsdiensten) vor allem den Sicherheitsingenieuren zu verdanken, dass die Zahl der Unfalltoten im Straßenverkehr in den letzten 25 Jahren um zwei Drittel gesunken ist. Ein Trick besteht womöglich darin, die Technik sicherer zu machen, ohne dass die Fahrer es mitbekommen. »Aus psychologischer Sicht«, sagt jedenfalls ADAC-Psychologe Schibalski, »sind jene Systeme die Besten, die ihre Aufgaben fast unbemerkt verrichten.«

Dem amerikanischen Ökonomen Armen Alchian gebührt die Ehre, die Dialektik des Risikos zur Vollendung geführt zu haben. Er schlug vor, den Gurt abzuschaffen und stattdessen in der Mitte jedes Lenkrads einen Speer anzubringen, der direkt auf das Herz des Fahrers zielt. Zweifellos würde die Zahl der Unfälle sofort dramatisch sinken. »Ich finde auch die folgende Rechnung intellektuell überzeugend«, ergänzt der Evolutionsbiologe Richard Dawkins.[22] »Wenn ein Auto bei 130 Kilometern pro Stunde abrupt angehalten wird, ist das gleichbedeutend damit, nach dem Sprung von einem New Yorker Wolkenkratzer auf dem Boden aufzuschlagen.« Betrachte man nur das Risiko, dann, so Dawkins, sei Autofahren nicht anders, als an einem Seil vom Empire State Building zu hängen, »gerade so dünn, dass die Wahrscheinlichkeit, dass es reißt, der Wahrscheinlichkeit entspricht, dass der Fahrer vor Ihnen etwas wirklich Dummes anstellt«. Und doch fühlen wir uns bei 130 auf der Autobahn pudelwohl, während viele bereits Schwierigkeiten haben, auf Hochhäusern einen Blick über die Brüstung zu riskieren. Dawkins findet es deshalb »sehr plausibel, dass wir genetisch darauf programmiert sind, vor Höhen Angst zu haben, aber nicht davor, uns in radbewehrten Vehikeln horizontal mit hoher Geschwindigkeit zu bewegen, weil unsere Vorfahren so etwas einfach nicht kannten«. In seinem Alltag ist der Mensch weit davon entfernt, Risiko als mathematisches Konstrukt zu begreifen.

Die Evolution muss auch herhalten, um zu erklären, warum wir schleichende Risiken wie das Ozonloch oder die Erderwärmung nicht so ernst nehmen, wie wir zweifellos sollten. Die viel beschworene Nachhaltigkeit, das weitsichtige Haushalten mit begrenzten Ressourcen, wurde dem Menschen nicht gerade in die Wiege gelegt. »Bei Nachhaltigkeit«, meint Dawkins, »geht es stets um langfristigen Nutzen zu Ungunsten von kurzfristigem. Darwinismus ermuntert zum genauen Gegenteil. Kurzfristiger Nutzen ist alles, was in einer darwinistischen Welt zählt.« Mit anderen Worten: Würde die Klimaanlage unseres Autos jedes Mal automatisch auf 40 Grad springen, wenn wir aufs Gas treten, gäbe es womöglich weniger Klimaprobleme.

Natürlich haben wir auch gelernt, die Gier nach schneller Befriedigung eine Weile in Schach zu halten, wenn es die Vernunft gebietet. Ein Experiment des US-Psychologen Walter Mischel illustriert das besonders hübsch. Mischel zeigte Kindern einen großen und einen kleinen Keks. Er werde nun den Raum verlassen, erklärte er ihnen. Die Kinder könnten jederzeit eine Klingel läuten, dann käme er sofort zurück und gäbe ihnen den kleinen Keks. Würden sie so lange warten, bis er von selbst zurückkäme, gäbe es den großen Keks. Mischel hat Videos von Kindern, die gebannt auf die Kekse starren und sich in Qualen winden. Ein Mädchen singt sich zur Ablenkung etwas vor oder flüstert die Instruktionen gebetsmühlenartig vor sich hin. Ein Junge untersucht zur Ablenkung eingehend die Klingel.[23] (Erstaunlicherweise scheint kein Kind auf die Idee gekommen zu sein, in Abwesenheit des Experimentators einfach beide Kekse in den Mund zu stopfen.) Viele Kinder schaffen es, die Ankunft des großen Kekses abzuwarten. Sie bringen die angemessene Weitsicht auf (20 Minuten), im Gegensatz zu bestimmten Gremien, die das Klimaproblem verwalten, bis uns Hitzewellen oder Überschwemmungen genügend Ohrfeigen verpasst haben (20 Jahre). Überhaupt scheinen Fachministerien und Beraterstäbe nicht immer vor heuristischen Unfällen zu bewahren. Besonders eindrucksvoll demonstrierte das im Jahr 2002 die Regierung Zambias. Die 2,5 Millionen Bürger des Landes litten unter einer dramatischen Nahrungsknappheit, dennoch weigerte sie sich, internationale Hilfslieferungen zu akzeptieren. Begründung: Das dafür vorgesehene Getreide sei gentechnisch modifiziert. »Angesichts der wissenschaftlichen Unsicherheit«, so der Landwirtschaftsminister von Zambia, müsse man zum Schutz der Menschen darauf verzichten. Tatsächlich ist unsicher, ob Gen-Getreide gesundheitliche Schäden verursacht. Bisher hat man freilich keine gefunden. Die Folgen von Unterernährung hingegen sind drastisch, so viel ist sicher. Doch Unsicherheit ängstigte Zambias Regierung mehr als eine greifbare Gefahr.

Bei so viel heuristischer Wirrnis ist es fast erstaunlich, dass unsere innere Landkarte der Risiken nicht völlig quer zur Realität liegt. Als Wissenschaftler Testpersonen baten, 41 verschiedene Todesarten zu taxieren, fanden die Probanden tatsächlich die halbwegs korrekte Reihenfolge der damit verbundenen Risiken. Allerdings mit einer systematischen Verzerrung: Die kleineren Wahrscheinlichkeiten setzten sie zu hoch an (an einer Lebensmittelvergiftung zu sterben oder im Zuge einer Schwangerschaft, durch eine Flut oder einen Tornado, durch Feuer oder Schlangenbiss), große, alltägliche Risiken hingegen zu niedrig (Herzinfarkt etwa oder Diabetes).[24] Die Wahrscheinlichkeit, bei einem –

spektakulären – Unfall umzukommen, erschien ihnen ähnlich hoch wie die, an einer – schleichenden – Krankheit zu sterben, obwohl Krankheiten für 16 Mal so viele Tode verantwortlich sind. Das Gleiche bei Mord und Schlaganfall: Beide stellten die Probanden auf eine Stufe, dabei trifft der Schlag elf Mal mehr Menschen als der Totschlag.[25]

Die Medien tun ein Übriges, unser Bild von der Welt zu verzerren. Spektakuläres und Seltenes, so zeigen zahlreiche Analysen,[26] findet sich häufiger in Zeitungen, Radio oder Fernsehen. Die goldene Platitude der Journalistenausbildung besagt schließlich, dass nicht das immer Gleiche (»Hund beißt Mann«) eine Schlagzeile sei, wohl aber das Außergewöhnliche (»Mann beißt Hund«). Gerade weil Flugzeugabstürze so selten und dramatisch sind, schaffen sie es in die »Tagesschau« – ein Autounfall hingegen höchstens als Massenkarambolage oder Busunglück. »Ein direkter Vergleich zwischen Gefahren als Thema in den Nachrichten und als Todesursache zeigt im Wesentlichen keinen Zusammenhang«, resümieren die beiden US-Soziologinnen Eleanor Singer und Phyllis Endreny, die Tausende Zeitungsberichte ausgewertet haben.[27] »Die Risikodefinition der Medien beruht auf dem Drama eines einzigen gefährlichen Ereignisses, nicht auf dem zusammengenommen größeren, aber weniger spektakulären Risiko, das sich in den jährlichen Sterberaten niederschlägt.«

Journalisten fühlen sich offensichtlich nicht der korrekten Justierung unserer Risikowahrnehmung (unter besonderer Berücksichtigung der Verfügbarkeitsheuristik) verpflichtet. Sie verfolgen die Mission, möglichst viele Zuschauer, Hörer und Leser zu gewinnen. Auch die Genauigkeit der Darstellung leidet dabei: Singer und Endreny beklagen, dass den Medienarbeitern grobe Schnitzer unterlaufen. Oft ist es mit Hilfe der gelieferten Informationen nicht möglich, zu verstehen, wie gefährlich etwas ist. Andere Studien kommen ebenfalls zu diesem Ergebnis, sei es im Zusammenhang mit der Berichterstattung über Tschernobyl[28] oder über das Ozonloch[29].

Kaum auszudenken, zu welchem Gedankenhumus all die Risikofaktoide verrotten, die täglich aus vielen Medienkanälen auf uns niederrieseln. Nicht nur moderat Hungernde oder Nichtraucher leben länger, so erfahren wir da, sondern auch Verheiratete und Vegetarier, Religiöse und Kreative, Herbstgeborene, Jogger, Oscar-Gewinner, Menschen mit hoher Orgasmusfrequenz und: Menschen, die dem Alter positiv gegenüberstehen. Zu den Sargnägeln der Menschheit zählten hingegen ein langweiliger Job ebenso wie ein Dasein als Langschläfer, als Hausmann, als tagsüber müde Frau oder als introvertierter Feuerwehrmann, zudem das Wohnen an viel befahrenen Straßen und: im Berliner Zentrum.[30] Nach und nach dürfte eine neue Klasse von Risikohypochondern entstehen, die am einen Tag in Sorge sind, im Berliner Zentrum zu wohnen oder eine tagsüber müde Frau zu sein, am anderen, heute wieder Fleisch gegessen oder sich im Büro gelangweilt zu haben.

Überleben im 21. Jahrhundert muss zwangsläufig bedeuten, »Millionen Dinge nicht zu erfahren«, wie der Philosoph Peter Sloterdijk schreibt[31]: einen Gutteil der Mikro-, Binnen- und Partikularrisiken einfach zu ignorieren, die man uns täglich apportiert. Ein sich wohl informierender Mensch, der sein Leben geflissentlich an Nachrichtenmagazinen und Tageszeitungen, Frauenzeitschriften und Herrenmagazinen, Fernseh- und Netznachrichten orientiert, hat keines. Die Aufklärung endet: hier.

Mit dem Schlimmsten rechnen

Und beginnt hier zugleich, denn das Rückgrat unserer Gesellschaft ist Information. Weil sie eine Risikogesellschaft ist, ist sie auf fundierte Information über Risiken angewiesen. Dass Journalisten (und Experten) bei deren Vermittlung oftmals scheitern, liegt in der Natur der Sache. Schon mit einfachen Wahrscheinlichkeitsangaben haben die Empfänger der Botschaft schließlich ihre Probleme (Kapitel 3). Und denselben Sachverhalt verstehen sie völlig anders, je nachdem, wie er sich ihnen präsentiert. Lässt man Patienten (oder Ärzte) zwischen zwei Behandlungsmethoden wählen, entscheiden sie sich eher für die mit 90-prozentiger Überlebenschance als für die mit 10-prozentiger Sterblichkeit, obwohl bei beiden einer von zehn Patienten stirbt.[32] Eine Sterberate von 0,7 Prozent erscheint uns nicht so erschreckend wie die Tatsache, dass sieben von 1 000 Menschen todgeweiht sind.[33] Und würde man uns erklären, soeben habe sich unser jährliches Mortalitätsrisiko von 1 : 10 000 auf 1,3 : 10 000 erhöht, könnte uns das kaum erschüttern. Was aber ist mit der Nachricht, es habe sich gerade um fast ein Drittel gesteigert?

Eine Gebäudeversicherung, die Feuer, aber nicht Überschwemmung und Erdbeben abdeckt, schließen wir lieber ab, wenn sie uns als »Rundumschutz gegen Feuer« verkauft wird, als wenn der Vertreter mit der »reduzierten Wahrscheinlichkeit eines Totalverlusts« wirbt. Als man Testpersonen die Todesopfer unter Grippekranken schätzen ließ, kamen sie im Schnitt auf 343 pro 100 000. Einer anderen Gruppe erklärte man, dass jährlich 80 Millionen Menschen an Grippe erkranken. Sie schätzte daraufhin, dass 4800 davon sterben, das sind sechs von 100 000 und damit ein Bruchteil des Wertes, der ohne die irrelevante Zusatzinformation zustande kam.[34]

Dass sich viele Autofahrer zuerst weigerten, Sicherheitsgurte zu tragen, führen Psychologen darauf zurück, dass die Wahrscheinlichkeit, bei einer einzelnen Fahrt zu sterben, sich so beruhigend klein anfühlt. In den USA etwa kam es in den siebziger Jahren nur alle 3,5 Millionen Reisen zu einem tödlichen Autounfall, die Verfügbarkeits-Heuristik schlug zu: Autofahren, so zeigte die Lebenserfahrung, war gar nicht so gefährlich, wie alle immer taten. Betrachtet man hingegen eine 50-jährige Autofahrerkarriere mit 40 000 Fahrten, betrug die Wahrscheinlichkeit eines tödlichen Unfalls damals ein Prozent, die Wahrscheinlichkeit einer dauerhaften Verletzung über 30 Prozent.[35]

In vielen Fällen gibt es keinen goldenen Weg, derartige Daten aufzubereiten. Ein Gesamtbild ergibt sich erst, wenn wir ein Risiko um und um wenden, es von allen Seiten in Augenschein nehmen und uns am Ende für jene Sichtweise entscheiden, die uns am ehesten entspricht. Zum Beispiel beim Flugzeug. Es gilt als besonders sicheres Reisemittel, schließlich starben im Jahr 2002 in Europa nur 0,35 Passagiere pro Milliarde Flugkilometer, exakt so viele wie beim Bahnfahren – und im Gegensatz etwa zu 0,7 Toten pro Milliarde Buskilometer. Bei Fähren sind es 2,5, beim Auto 7, beim Fahrrad 57, zu Fuß 64 und 138 beim Motorrad.[36] Auf die Strecke bezogen ist es also 394 Mal riskanter, mit dem Motorrad zu fahren, als zu fliegen.

Doch ist dieser Vergleich aus der Sicht eines Flugpassagiers sinnvoll? Schließlich geschehen die meisten Flugunfälle bei Start oder Landung und nicht, wie bei anderen Verkehrsmitteln, gleichmäßig über die Strecke verteilt. Außerdem legen Flugzeuge am Stück viel größere Entfernungen zurück. Bezieht man die Todesfälle etwa auf die Zahl der Reisen, ist plötzlich nur noch Motorradfahren gefährlicher: 1 000 Menschen sterben bei einer Milliarde Reisen mit dem Motorrad, 550 im Flugzeug, 45 im Auto, 27 im Zug.[37] »Würden Sie jeden Morgen mit einer Boeing 737 zur Arbeit fliegen«, tönt der Flugsicherheitskritiker Andrew Weir, »würden Sie viel eher in einem Crash sterben, als wenn Sie mit dem Auto fahren würden. Rechtfertigt die Tatsache, dass wenige von uns so oft fliegen, wie sie mit dem Auto fahren, dass Flugzeuge um so vieles gefährlicher sind?« Das ist natürlich Unsinn, denn dabei vergleichen wir alle Autofahrten, von denen viele nur wenige Kilometer umfassen, mit allen Flugreisen, die erst bei ein paar 100 Kilometern beginnen.

Das eine, wahre Risiko gibt es nicht. Wollen wir nach Australien, haben wir keine sicherere Alternative zum Fliegen, und wollen wir zur Arbeit pendeln oder schnell Brötchen holen, werden wir die Boeing nicht besteigen. (Immerhin: Ich kenne einen Schweizer Firmenchef, der gelegentlich am Steuer seines Helikopters einpendelt, statt sich zweieinhalb Stunden durch den Morgenstau zu quälen.) Der Vergleich der Verkehrsmittel ist angebracht, wenn es etwas zu vergleichen gibt, wenn ich also etwa morgen die fast 800 Kilometer von München nach Hamburg zurücklegen will. Zug oder Flugzeug? Das European Transport Safety Council hat nachgerechnet: Ab einer Distanz von 800 Kilometern ist in Europa das Risiko, bei einem Flugzeugunglück zu sterben, geringer als bei einem Zugunglück. Bei Strecken unter 600 Kilometern gewinnt die Bahn. Ab dann dominiert beim Flugzeug das größere Risiko während der Starts und Landungen gegenüber dem kleinen während des Fluges.

Gerade, weil Risiken so schwer zu packen sind, hilft es, sie mal aus dem Augenwinkel zu betrachten, mal, ihnen direkt ins Gesicht zu starren. Starren ist in Mode: Brustkrebs sei »die häufigste Todesursache bei Frauen zwischen 40 und 55«, warnt etwa die US-Selbsthilfegruppe »Y-Me«, und »alle 13 Minuten stirbt eine Frau an Brustkrebs«. Bei »CapCure« schrillen die Alarmglocken, weil »im Jahr 2002 geschätzte 189 000 Männer die Diagnose Prostatakrebs bekommen. Das bedeutet einen neuen Fall alle drei Minuten.«[38] Diese Aussagen sind völlig korrekt und zudem geeignet, Amerikanerinnen und Amerikaner zu Vorsorgeuntersuchungen zu treiben. Einen vernünftigen Eindruck von meinem persönlichen Krebsrisiko (oder gar vom Nutzen einer Vorsorgeuntersuchung) vermitteln sie nicht, denn das variiert stark nach Alter, Geschlecht und Lebensweise. Auch Experten beachten das nicht immer: Als man die Angaben zu Krebsrisiken in den Pressemitteilungen führender Wissenschaftsjournale untersuchte, stellte sich heraus, dass die meisten »isoliert, ohne Kontext«[39] angegeben wurden. Wichtige Informationen gehen dabei verloren, denn: »Eine der ersten Fragen, über die wir nachdenken, ist: Ist es relevant für mich?«, erklärt Risiko-Psychologe Paul Slovic.[40]

Nehmen wir also: mich. Ich bin männlich und 34 Jahre alt. Und ich rauche gelegentlich eine Zigarette. Was bedeutet das – möglichst konkret und in nächster Zeit – für mein damit verbundenes Risiko? Hier eine Tabelle mit ausgewählten Sterberisiken von Rauchern und Nichtrauchern in meiner Altersklasse.[41]

Im nächsten Jahrzehnt zu erwartende Todesfälle
unter je 1 000 Männern, die heute 35 Jahre alt sind

	*Nichtraucher**	*Raucher***
Herzinfarkt	2	4
Schlaganfall	–	1
Lungenkrebs	–	2
Lungenentzündung	–	1
AIDS	2	2
Unfälle	5	5
Alle Todesarten	**18**	**43**

  * Menschen, die noch nie geraucht haben.
** Menschen, die in ihrem Leben mindestens 100 Zigaretten geraucht haben und derzeit rauchen.

Bereits in meiner Altersgruppe werden innerhalb von nur
zehn Jahren von 1 000 Rauchern zwei mehr an Herzinfarkt
gestorben sein als von 1 000 Nichtrauchern. Ist mir das zu
viel? Diese Einschätzung kann mir niemand abnehmen. Ja,
könnte ich denken, denn es bedeutet eine glatte Verdopp-
lung der Herzinfarktopfer. Oder: Nein, denn schließlich
sterben an Unfällen mehr als doppelt so viele. Immerhin:
Die Zahl der Lungenkrebsopfer unter den Nichtrauchern
ist in meinem Alter deutlich kleiner als eins, unter uns Rauchern hingegen erwischt es bereits zwei. Besonders aber
sollte mich erschrecken, dass Rauchen sich auch auf alle
möglichen anderen Gesundheitsfaktoren auswirkt. So
werden von 1 000 Nichtrauchern in zehn Jahren insgesamt
18 tot sein, von 1 000 Rauchern mehr als doppelt so viele,
nämlich 43. Es mag zynisch wirken, auf diese Weise mit Leben herumzuspielen. Und doch ist das Spiel mit der Dar-
stellungsform erkenntnisfördernd. In der Medizin ist es
ebenso notwendig wie umstritten.

Ein weiteres Beispiel soll das verdeutlichen. Um das so genannte Mammographie-Screening zur Brustkrebs-Vorsorge ist in den letzten Jahren eine Debatte entstanden, bei der es nebenbei auch um die Darstellung von Risiken geht. Bis 2005 soll es in Deutschland flächendeckend eingeführt sein. Das erscheint dringend geboten, denn Brustkrebs ist zum einen die häufigste Krebserkrankung bei Frauen und fordert auch die meisten Todesopfer – fast 18 000 Frauen starben daran im Jahr 1998.[42] (Weitere 86 000 Frauen starben an einem anderen Krebsleiden. Insgesamt 242 000 Frauen starben an einer Erkrankung des Herz-Kreislauf-Systems, der häufigsten Todesursache in Deutschland.)

Bei der Mammographie wird die Brust mit Hilfe von Röntgenstrahlen auf mögliche Anzeichen von Krebs untersucht. Das Screening ist eine reine Vorsorgeuntersuchung für Frauen, bei denen kein Verdacht auf Brustkrebs besteht – es geht also nicht um Patientinnen, die zum Beispiel bereits einen Knoten in der Brust spüren und deswegen gezielt zum Arzt gehen, um eine Mammographfie anfertigen zu lassen.[43]

Die beste Methode, den Erfolg solch einer Vorsorgeuntersuchung zu bewerten, ist eine randomisierte, kontrollierte Studie: Nach dem Zufallsprinzip werden Patientinnen einer Gruppe zugeordnet, die regelmäßig Screenings absolviert, oder einer Kontrollgruppe, die dies nicht tut. Nach einer angemessenen Frist überprüft man, wie viele Menschenleben durch das Screening gerettet wurden. Zehn große Studien haben in der Vergangenheit genau das getan. Ihre Ergebnisse sind in jüngster Zeit aus verschiedenen Gründen umstritten – etwa wegen der nicht ganz zufälligen Auswahl der Teilnehmerinnen oder weil die Screenings in den sechziger, siebziger und achtziger Jahren begannen und sich die Situation inzwischen geändert hat.

Ignorieren wir diesen Streit und orientieren uns an dem, was auch Bundesgesundheitsministerin Ulla Schmidt erklärt: Die Brustkrebs-Sterblichkeit lasse sich mit regelmäßigen Screenings um 10 bis 30 Prozent senken. Was aber bedeutet das? Welchen und wie vielen Frauen nutzt das Screening? Betrachten wir die besonders aktuellen und vergleichsweise positiven Daten des holländischen Programms, das seit 1990 läuft. Es besitzt eine umfassende Qualitätssicherung nach strengen europäischen Standards, die auch in Deutschland angewandt werden sollen, und richtet sich an Frauen zwischen 50 und 69 Jahren. (Bei jüngeren Frauen ist der Nutzen des Screenings noch mehr umstritten.) In den ersten zehn Jahren ergab sich in Holland die folgende Risikoreduktion – präsentiert in fünf verschiedenen Formaten, wie sie in der Medizin verwendet werden:[44]

Der Nutzen des Brustkrebs-Screenings bei Frauen im Alter von 50 bis 69 Jahren

Von 1000 Frauen starben innerhalb von zehn Jahren an Brustkrebs ohne Screening: 10

mit Screening: 7

Relative Risikoreduktion: 30 Prozent

Absolute Risikoreduktion: 0,3 Prozent

Zahl der Frauen, die am Screening teilnehmen müssen, damit eine gerettet wird: 333

Erhöhung der Lebenserwartung von Frauen zwischen 50 und 69 Jahren dank Screening: 2–4 Wochen

Je nach Darstellung erscheint der Nutzen von Mammographie-Screenings recht unterschiedlich. Frappierend ist die gefühlte Diskrepanz zwischen der so genannten relativen Risikoreduktion von 30 Prozent, auf die sich Vorsorge-Befürworter oft beziehen, und der absoluten Zahl von drei geretteten Frauen unter 1 000. Das »relativ« bezieht sich dabei auf den Vergleich zwischen den zehn Frauen, die ohne Screening sterben, mit den sieben, die trotz Screening sterben – Differenz: drei, also 30 Prozent von zehn. »Manche Organisationen, die ihrer Zielgruppe den Nutzen eines Screening-Projekts besonders eindrucksvoll darstellen wollen, bauen geradezu auf Zahlenblindheit, wenn sie den Nutzen in Form der relativen Risikoreduktion beschreiben«, tadelt Gerd Gigerenzer vom Max-Planck-Institut für Bildungsforschung.[45] Viele dächten wohl, es würde ein Drittel aller Frauen gerettet, die an einem Screening teilnehmen.[46]

Man kann das auch anders darstellen: Von 1 000 Frauen zwischen 50 und 69 wurden drei gerettet – absolute Risikoreduktion: 3 von 1 000 oder gerade einmal 0,3 Prozent. In der so genannten evidenzbasierten Medizin, die besonders darauf achtet, dass Behandlungsmethoden auch einen nachweisbaren Nutzen vorzuweisen haben, hat sich als Maß die Zahl der zu behandelnden Patienten (»number needed to treat«, kurz NNT) eingebürgert. In diesem Fall müssen 333 Frauen zum Screening, damit eine gerettet wird – NNT: 333.

Es ist erkenntnisfördernd, verschiedene Behandlungsmethoden einmal durch die NNT-Brille zu betrachten. Ein paar Beispiele:[47]

Problem	Behandlung	Dauer	Vergleichsgruppe	Erwünschter Effekt	NNT
Grippe-Prävention	Impfung	–	keine Impfung	keine Grippe	23
Hundebiss	Antibiotika	–	Placebo	keine Infektion	16
Bluthochdruck bei Älteren	Blutdruck-senker	> 1 J.	keine Behandlung	Vermeidung eines »Herz-Kreislauf-Ereignisses« für fünf Jahre	18
Rauchen	intensive Schulung	1 J.	übliche Beratung	nicht mehr Rauchen	16
Rauchen	Nikotin-Inhalierer	1 J.	Placebo	nicht mehr Rauchen	10
Tennisarm	Injektion Cortison	3 Wo.	Placebo	deutliche Linderung	3
schmerzende, steife Schulter	Injektion Cortison	1 J.	nur Physio-therapie	Schmerzfreiheit	3

Um eine einzige zusätzliche Grippeinfektion zu vermeiden, müssen 23 Erwachsene geimpft werden. Um eine einzige zusätzliche Infektion nach einem Hundebiss zu vermeiden, müssen 16 Gebissene Antibiotika schlucken. Ein besonders intensives Schulungsprogramm für Raucher (mit Verhaltenstraining, Aufklärungsfilm und Entspannungskassette) müssen 16 Süchtlinge absolvieren, damit einer aufhört.

Handelt es sich beim Brustkrebs-Screening um eine sinnvolle Initiative? Immerhin werden 3 von 1 000 Frauen gerettet. Patientinnen müssen aber auch die möglichen Schäden in Betracht ziehen. Zum einen wird Brustkrebs beim Screening manchmal nicht entdeckt – in Holland war das bei einem Drittel der Fälle so. Patientinnen, deren Screening-Untersuchung keinen Befund aufweist, wiegen sich womöglich allzu sehr in Sicherheit. Bedenklicher sind »falsch-positive« Diagnosen, bei denen das Mammogramm den unbegründeten Verdacht auf Brustkrebs nährt.

In Holland mit seinem vorbildlichen Programm wird immerhin 15 von 1 000 Frauen, die in einem Jahrzehnt an fünf Untersuchungen teilnahmen, dieser unnötige Schrecken eingejagt, drei von ihnen muss erst eine Gewebeprobe entnommen werden, um den Verdacht aus der Welt zu schaffen. Und das beste Screening hilft nichts, wenn der Tumor unheilbar ist, schließlich geht es nicht darum, Frauen zu erklären, sie hätten leider Brustkrebs, sondern darum, sie erfolgreich dagegen zu behandeln. Je nach Studie erhielten mindestens drei von 1 000 Frauen die schreckliche Diagnose, ohne im Endeffekt etwas dagegen tun zu können. Die Patientinnen und ihre Familien wurden also um ein paar Jahre sorgenfreies Leben gebracht. Vielleicht eine von 1 000 Frauen schließlich trägt einen Tumor in sich, der so langsam wächst, dass er im Grunde nicht hätte behandelt werden müssen. Bleibt noch das Risiko der Röntgenbestrahlung: Es ist im Vergleich zum Nutzen des Verfahrens sehr klein – im Gegensatz zur Meinung vieler Patientinnen und mancher Ärzte. Das Bundesamt für Strahlenschutz schätzt, dass weniger als 0,1 von 1 000 Frauen zwischen 50 und 69 durch die Strahlenexposition während des Screenings zusätzlich Brustkrebs bekommen.[48]

In ihrem Standardwerk zur Krebsvorsorge[49] analysieren die Wissenschaftsjournalisten Christian Weymayr und Klaus Koch die zunehmende Zahl angebotener Vorsorgeuntersuchungen. »An der seit 1971 praktizierten Früherkennung von Darm-, Prostata-, Brust-, Haut- und Gebärmutterhalskrebs«, resümieren sie, »lässt sich demonstrieren, dass Nichtstun eine ernst zu nehmende Alternative ist.«[50] Sie fragen sich, ob ein Gesunder die moralische Pflicht habe, »sich abtasten und durchleuchten, sich spiegeln und analysieren zu lassen«, wie es viele Kampagnen nahe legen. »Diese Pflicht«, schließen die Autoren, »hat er keineswegs.«

Mammographie-Screening und Verkehrssicherheit stehen hier stellvertretend für die meisten Alltagsrisiken. Sie schillern in immer neuen Farben, je nachdem, von welcher Seite wir sie betrachten und wie wir den damit verbundenen Nutzen und Schaden für uns selbst einschätzen. Bis heute gilt es als erkenntnisfördernd, unterschiedliche Risiken in Zahlen zu fassen und dann miteinander zu vergleichen. »Wir sollten versuchen, Risiko quantitativ zu messen«, erklärte etwa Richard Wilson, ein Pionier der Risikoanalyse.[51] »Dann können wir Risiken miteinander vergleichen und entscheiden, welche wir akzeptieren oder ablehnen wollen.« Ergebnisse dieser Einstellung sind Gefahrenkataloge, in denen wir etwa nachlesen können, dass eine Stunde Motorradfahren so gefährlich ist, wie eine Stunde lang 75 Jahre alt zu sein.[52] Solche Vergleiche verwirren oft mehr, als sie helfen. Bereits der Vergleich Flugzeug-Auto-Bahn zeigt, wie schwer selbst Risiken gegeneinander abzuwägen sind, die echte Alternativen darstellen. Ist es also erkenntnisfördernd, wenn uns Kritiker vorrechnen, dass die jährliche Teilnahme am Mammographie-Screening »ungefähr die gleiche Wirkung auf die Lebenserwartung« habe, »als wenn man mit dem Auto pro Jahr etwa 500 Kilometer weniger fährt«?[53] Das erinnert an die Werbekampagne des Tabak-Giganten Philip Morris, der erklärte, dass Passivrauchen ein kleineres Gesundheitsrisiko darstelle, als ein paar Kekse am Tag zu essen und chloriertes Wasser zu trinken.

Je nachdem, welchen Akkord wir auf der Klaviatur der Heuristiken anschlagen, können wir eine epidemiologische Mücke zum Elefanten oder zur Mikrobe machen. Manche mag es beruhigen, dass eine einzige Landung im Passagierflugzeug ihre Lebenserwartung um 15 Minuten sinken lässt, andere könnten davon völlig entsetzt sein. Und beide sind es zu Unrecht, denn entweder verunglücken wir bei einer Landung oder eben nicht. »Risiko im Einzelfall ist ein Konzept, das nicht so einfach zu definieren ist«, warnt der Epidemiologe Steven Goodman von der John Hopkins School of Medicine. »Eine Möglichkeit, darüber nachzudenken, ist, dass jeder von uns eine kleine tickende Bombe in sich hat, ein Risikometer.« Es zeige, dass jeder von uns Risiken ausgesetzt sei und dass Gewohnheiten das Risiko vergrößern oder verkleinern könnten. Die andere Art, darüber zu denken, komme jener näher, wie Menschen Risiko erfahren: »Das Risiko ist nicht in ihnen, sondern jeder Einzelne hat sein Schicksal. Am Ende des Tages werde ich entweder leben oder sterben. Ich werde diesen Krebs überleben oder nicht. Wahrscheinlichkeiten sind Unsicherheiten des Doktors darüber, was mit uns geschieht.«[54] Diese Art, über Risiko nachzudenken, ist nicht so naiv, wie sie scheint: Je näher wir an einen Menschen heranzoomen, desto weniger können wir mit statistischen Methoden über ihn sagen. Risiko ist ein Konstrukt, das wir uns zurechtgelegt haben, um die wunderbaren Regelmäßigkeiten zu beschreiben, die großen Mengen von Menschen und Dingen innewohnen. Auf welche Seite der Würfel beim nächsten Wurf fällt, verrät das Gesetz der großen Zahl nicht. Schlimmer noch: Jeder Würfel ist am Ende individuell und einzigartig, und das Schicksal der anderen sagt längst nichts alles über das Schicksal des einen.

Das Leben besteht aus Risiko-Tauschgeschäften. Indem wir eine Gefahr verringern, vergrößern wir meist eine andere. Erste Bürgerpflicht in der Risikogesellschaft ist es deshalb, selbständig zu denken. Kein Experte darf uns die

Warum immer ich?

Entscheidung abnehmen, ob wir zur Vorsorge gehen, ein Flugzeug besteigen, rauchen, Gen-Food essen oder im Berliner Zentrum wohnen. Experten sind nicht dazu da, unser Leben zu leben. Sie können uns mit Informationen versehen. Wenn wir Glück und Verstand haben, erleichtern diese Informationen unsere Entscheidung.

Wie also leben?

Blickt man über die Risikolandschaft, die unser Alltag ist, so erheben sich zwischen all den Mikro-, Binnen- und Partikularrisiken nur wenige Gefahrengebirge, die wir in Eigenarbeit abtragen können. Alles in allem gibt es im 21. Jahrhundert für den Durchschnittsmenschen erstaunlich wenig zu tun, was die allgemeine Sterberate nachhaltig senken könnte. Wohl deshalb hören sich die Handreichungen hervorragender Risikoexperten an wie das, was Mutter schon immer gesagt hat. Nehmen wir einen aktuellen, 500 Seiten dicken »praktischen Führer, um zu entscheiden, was in der Welt um Sie herum wirklich sicher und wirklich gefährlich ist«[55]. Er ist verfasst von Experten des angesehenen Center for Risk Analysis an der angesehenen Harvard School of Public Health. Die Autoren haben sich durch das derzeitige Wissen über Alltagsrisiken gearbeitet, von Airbag über Gen-Food und Kernkraft bis Wasserverschmutzung. Ihre wichtigeren Tipps lesen sich in etwa so:

Rauche niemals im Bett. – Lasse niemals kochendes Essen unbeaufsichtigt. – Trinke wenig Alkohol. – Trinke keinen Alkohol auf leeren Magen. – Koche Eier, bis sie hart sind. – Brate Fleisch. – Wasche deine Hände. – Wasche dein Essen. – Benutze Kühlschrank und Gefriertruhe. –

Trink nicht so viel Kaffee. – Fahre nicht Auto, wenn du nicht aufmerksam genug bist. – Lasse dich beim Fahren nicht ablenken. – Trage einen Sicherheitsgurt. – Beachte die Geschwindigkeitsbegrenzung. – Achte auf eine vereiste oder nasse Fahrbahn. – Rauche am besten gar nicht. – Bleibe bei starker Sonne im Schatten, wenn du kannst, besonders zwischen 11 und 14 Uhr. – Benutze Sonnencreme mit einem Lichtschutzfaktor von mindestens 15. – Trage Hut und dichte Kleidung gegen die Sonne. – Ernähre dich ausgewogen, iss Früchte und Gemüse und nicht zu viel Fleisch. – Gehe regelmäßig zum Arzt. – Treibe regelmäßig Sport. – Frage beim Arzt nach, wenn du etwas nicht verstehst. – Reduziere dein Übergewicht langsam und in Maßen. – Sei monogam oder benutze Kondome.

Sollte es das gewesen sein? Hatte Mutter Recht? Beruht intelligentes, individuelles Risikomanagement auf erdigen Sekundärtugenden wie gesunder Ernährung, zurückhaltendem Drogenkonsum, Körperhygiene und Monogamie? Im Groben und Ganzen: ja. Bereits ein Blick in die Sterbezahlen des Statistischen Bundesamtes lehrt, dass auch heuer voraussichtlich nur 4,5 Prozent aller Menschen an Unfällen sterben, fast die Hälfte jedoch an einem Herz-Kreislauf-Problem und ein weiteres Viertel an Krebs. Die Tatsache, dass immer mehr Menschen diesen typischen Altersleiden erliegen, ist auch ein Zeichen dafür, dass wir viele andere Gefahren, denen wir in jüngeren Jahren zum Opfer fallen könnten, immer besser im Griff haben – unter den 15- bis 24-Jährigen geht noch mehr als die Hälfte aller Todesfälle bei Frauen und fast drei Viertel bei Männern auf Unfälle zurück.[56]

Schon warnt die World Health Organization vor einer »Epidemie der chronischen Krankheiten«. Herz-Kreislauf- und Atemwegserkrankungen, Krebs, Diabetes und Fettleibigkeit stellen weltweit bereits fast 60 Prozent der Todesursachen.[57] Diese Leiden aber, wetterte 2003 die damalige WHO-Generaldirektorin Gro Harlem Brundtland, seien mit trivialen Maßnahmen zu bekämpfen. »Die Hauptgründe chronischer Krankheiten sind hoher Blutdruck und hohe Cholesterinwerte, Rauchen, Fettleibigkeit und Alkohol. Der größte Schaden könnte vermieden werden durch einfache Änderungen der Ernährung, durch mehr Aktivität und Nichtrauchen.«

Was wird wohl werden, wenn der »Killer Nummer 1«, der Herzinfarkt, erst besiegt ist, wie die Nobelpreisträger Michael Brown und Joseph Goldstein bereits 1996 für den Anfang dieses Jahrhunderts prophezeiten? Was, wenn auch Krebs in 50 Jahren seinen Stachel verloren hat? Was schließlich, wenn die Hauptursachen eines »unnatürlichen« Todes – Straßenverkehr und Selbstmord – dank Sicherheitssystemen und Glückspillen kaum noch ins Gewicht fallen? Andere Gründe, die heute so selten sind, dass wir sie uns kaum vorstellen können, mögen dann an ihre Stelle treten. Immer mehr von uns werden all die absurden Tode sterben müssen, von denen sich heute nur Pathologen erzählen oder Internetnutzer mit dem Hang zum Abseitigen. Die Geschichte von der 71-jährigen Japanerin etwa, die ihren Kimono so eng schnürte, dass eine darin vergessene Nadel ihr Herz tamponierte. Oder die vom Baptisten-Pastor, dem, bei der Taufe knietief im Wasser watend, sein Mikrophon ins Becken fiel.[58] Die Geschichte vom australischen Kung-Fu-Schüler, dessen Lehrer ihm versicherte, er sei nun gut genug, um selbst wilde Tiere mit der bloßen Hand zu töten, und dessen Überreste man kurz darauf in einem Löwenkäfig entdeckte. Vom brasilianischen Farmer, der beim Entfernen eines Bienenstocks erstickte, weil er sich zum Schutz vor Stichen eine Plastiktüte über den Kopf gezogen hatte. Die Geschichte von den beiden US-Bergsteigern, die sich zum Spaß von einer nur selten befahrenen Eisenbahnbrücke abseilten und ihre Sicherheitsleinen direkt um die Schienen schlangen. (Und just kam doch ein Zug.) Oder die vom britischen Baumchirurgen, der im Wipfel saß und die abgeschnittenen Zweige direkt in ein Feuer warf, das er der Einfachheit halber gleich unter seinem eigenen Baum entfacht hatte.[59] Wie dumm wir uns auch immer anstellen – statistisch gesehen liegt die Sterbequote des Menschen bei nahe 100 Prozent.[60] Die Wahrscheinlichkeit ist also groß, dass ich irgendeinen Tod sterben werde. Angesichts mancher Umwege, aus dem Leben zu scheiden, ist es fast tröstlich, dass der Herzinfarkt noch nicht völlig besiegt ist.

»Zu viel essen, zu viel rauchen, zu viel trinken – viel mehr bleibt nicht übrig.« Das ist auch das Resümee des Statistikers Walter Krämer und des Journalisten Gerald Mackenthun, die auf 360 Seiten unsere heutigen Alltagsrisiken analysiert haben.[61] »Die moderne Aufregung um alle möglichen Gefahren und der Aufwand zu ihrer Beseitigung sind fast immer umgekehrt proportional zu den Gefahren selbst.« Die Sorge um allerlei Teilaspekte steht in keinem Verhältnis zu ihrer Bedeutung. Introvertierte Feuerwehrmänner und die Bewohner des Berliner Zentrums, Menschen mit wenigen Orgasmen und tagsüber müde Frauen brauchen sich nicht zu sorgen, jedenfalls nicht um ihre Lebenserwartung. (Wer hätte nicht gerne mehr Orgasmen, möglichst außerhalb des grauenhaften Berliner Zentrums, und wäre dennoch tagsüber frisch?)

Die Mikro-, Binnen- und Partikularrisiken wurden nur entdeckt, uns das Leben schwer zu machen. Allein 300

Faktoren für die Herz-Kreislauf-Prognose haben Epidemiologen ausgemacht, darunter solche Geißeln der Menschheit wie Schnarchen, Kahlköpfigkeit, Mangel an Mittagsschlaf, außerehelicher Geschlechtsverkehr, das Nichteinhalten von Terminen, Makrelenmangel im Speiseplan, Englisch als Muttersprache, Nicht-Mormone sein, langsamer Bartwuchs, knoblaucharme Ernährung, zu viel oder zu wenig Milchkonsum sowie: eine intelligente Ehefrau haben.[62] Ignorieren wir, dass hier wieder einmal Kausalitäten und Korrelationen wild durcheinander purzeln, und stellen uns einen Mann mit minimalem Herzinfarkt-Risiko vor. Der Mediziner Gordon Myers hat ihn vor einigen Jahrzehnten so charakterisiert: »ein verweichlichter städtischer Angestellter oder Bestatter ganz ohne körperliche oder geistige Wachheit und ohne Schwung, Ambition oder Konkurrenzdenken, der nie versucht hat, irgendeinen Termin einzuhalten; ein Mann mit schlechtem Appetit, der sich von Früchten und Gemüse ernährt, das mit Getreide und Lebertran versetzt ist; der Tabak verabscheut, den Besitz von Radio, Fernsehen und Automobil verachtet, volles Haar besitzt, aber eine dürre, unathletische Erscheinung, und der dennoch beständig seine mickrigen Muskeln trainiert. Arm an Einkommen, Blutdruck, Blutzucker, Harnsäure und Cholesterin, nimmt er regelmäßig Vitamin B_2 und B_6 sowie Blutverdünnungsmittel, seit er sich prophylaktisch hat kastrieren lassen.«

Offensichtlich ist es weise, nicht aus jeder wissenschaftlichen Erkenntnis, die gerade durchs globale Dorf getrieben wird, gleich eine Handlungsmaxime abzuleiten. Schon mit wenigen Jahrhunderten oder nur Jahrzehnten Abstand, das lehrt auch die Medizingeschichte, erscheinen manche Risiken in ganz neuem Licht. Pflegte man im 18.

Jahrhundert Teenagern eine tägliche Flasche Portwein gegen die Gicht zu verschreiben, so gilt Alkohol neben übermäßigem Fleischkonsum heute als Risikofaktor für dieselbe. Rauchen hielt man einst für ein probates Mittel gegen die Pest, und im aufgeklärten 19. Jahrhundert waren die Zöglinge der britischen Eliteanstalt Eton bei Androhung von Prügelstrafe gehalten, täglich ordentlich zu quarzen; noch 1942 empfahl ein bekanntes Lehrbuch Tabakqualm gegen Asthma. Bis in die fünfziger Jahre des 20. Jahrhunderts versuchten Mediziner, die Theorie zu belegen, dass Leibesübungen die Lebenszeit verkürzen.

Auch das Idealbild des antriebslosen, lebertrangetränkten, kardiovaskulär kerngesunden Kotzbrockens hat man wieder aufgegeben. Die Epidemiologen, die ihn mit ihren statistischen Daten erschaffen hatten, waren offensichtlich so erschreckt, dass sie bald darauf einen ganz anderen Menschenschlag mit geringem Herzinfarkt-Risiko auftrieben. Eine Vergleichsstudie in sieben Ländern hatte auf Kreta Männer gefunden, für die Herz-Kreislauf-Probleme kaum zu existieren schienen. Ihr erfülltes Leben zeigt, dass ein langes Menschendasein keinen Sinn ergibt, wenn es alleine um die Minimierung aller möglichen Risiken kreist. Die Kunst des Lebens mag darin bestehen, bei all den Risiko-Tauschgeschäften für möglichst wenig Verlust an Lebenszeit möglichst viel Lust herauszuschlagen.

So also beschrieb der amerikanische Epidemiologe Henry Blackburn in den siebziger Jahren den »echten Mann mit niedrigem Herzinfarkt-Risiko«, der auf Kreta lebt:

Er ist ein Schäfer oder Kleinbauer, ein Imker oder Fischer, ein Oliven- oder Weinhändler. Er geht täglich zu Fuß zur Arbeit und verrichtet sein Tagwerk im sanften Licht seiner grie-

chischen Insel, inmitten von Grillenzirpen und den fernen Schreien von Eseln, inmitten seines friedlichen Landes. Nach seinem Morgenwerk gesellt er sich zu den Menschen im örtlichen Café unter Weinranken und feiert den Tag mit einem kühlen Glas Limonade und einer einzigen, handgerollten, selbst getrockneten Zigarette aus langblättrigem mazedonischen Tabak. Zu Hause setzt er die Siesta mit einem Mahl und einem Mittagsschlaf fort und kehrt erfrischt zurück, um sein Tagwerk zu vollenden. Sein Mittagsmahl besteht aus Auberginen, Pilzen, knackigem Gemüse und Landbrot, gestippt in den Nektar goldenen kretischen Olivenöls. [...] Ein saurer örtlicher Wein rundet diese reiche und schmackhafte Küche ab. Das Muster wiederholt sich sechs Tage lang und findet seinen Höhepunkt in einem fröhlichen Samstagabend. Dem rituellen Familienmahl folgt eine entspannte Zeit mit Freunden. Das Fest gipfelt in einem leidenschaftlichen Mitternachtstanz auf dem Feld unter strahlendem Mond, dort, wo das Getreide gedroschen wird. Unser Kreter ist, in Gesellschaft von Freunden, die ihn bewundern, ein Mann von würdevoller, fröhlicher Haltung, anmutig im Tanz. Sonntags spaziert er mit Frau und Kindern zum Gottesdienst. [...] Er ist stattlich, robust, gütig – und viril. Sein ist das niedrigste Herzinfarkt-Risiko, die geringste Sterberate und die größte Lebenserwartung in der westlichen Welt. Am Ende, obwohl gesund, ist er bereit, zu sterben.

Solcher Schäferlyrik ist nichts hinzuzufügen, außer: Nach jüngsten Untersuchungen der Universität Kreta[63] ist heute, Jahrzehnte später, mehr als die Hälfte der erwachsenen Kreter wegen übermäßigen Fleischkonsums fettleibig. Der Mensch mit dem niedrigsten Herzinfarkt-Risiko der westlichen Welt stirbt aus.

8. Psyche, Mond und Sterne
Über die Schicksalsindustrie und die seltsame Strahlkraft von Zufall und Notwendigkeit

Selbst Wilde halten fest an einer örtlichen Gottheit ihres Stammes oder Dorfes.
Ralph Waldo Emerson, *Schicksal*

Die Welt ist manchmal wie verzaubert. »Heute ist Freitag. Wir haben Fisch zum Mittagessen«, verzeichnet das Tagebuch des großen Therapeuten C. G. Jung am 1. April 1949. »Jemand erinnert beiläufig an den Gebrauch des ›Aprilfisches‹. Am Vormittag habe ich mir eine Inschrift notiert: ›Est homo totus medius piscis ab imo.‹ [Jung übersetzt: »Der ganzheitliche Mensch ist von unten bis zur Mitte ein Fisch.«] Nachmittags zeigt mir eine frühere Patientin, die ich seit Monaten nicht gesehen habe, einige ungemein eindrucksvolle Fischbilder, die sie in der Zwischenzeit gemalt hat. Abends wird mir eine Stickerei gezeigt, die fischartige Meerungeheuer darstellt.« Später erzählt eine Patientin Jung von einem Traum, in dem es – erraten! – um einen Fisch geht.

Derart intensives Fischeln beeindruckte den Schüler des großen Freud, doch wäre er zu beruhigen gewesen: Solche Muster entstehen ganz von selbst in einer Welt, in der Zufall existiert, und manchmal denken wir uns noch welche dazu. Jahre später kommt Jung zur gleichen Diagnose: »Häufungen und Serien, welche aus öfter vorkommenden Dingen zusammengesetzt sind, müssen bis auf weiteres als

zufällig gelten«, schrieb er 1952 in einem inzwischen berühmten Aufsatz[1] – um dann trotzdem eine Theorie vom
Stapel zu lassen, die bis heute den Geist mancher gestan-
dener Psychologen verwirrt. Nach Jung gibt es nämlich
auch »sinnvolle Koinzidenzen«, die als »Zufallstreffer«
(Jung) nicht mehr zu erklären sind, die aber dennoch nicht
kausal zusammenhängen. Derartige Ereignisse der dritten
Art taufte er »Synchronizitäten«.

Unheimliche Ereignisse der dritten Art

Eine kapitale Synchronizität, fand Jung, habe etwa jener
Monsieur Deschamps erlebt, der im Laufe seines Lebens
immer wieder von Plumpuddings heimgesucht wurde.
Oder auch die Frau, die auf ihrem neu erworbenen Film
Fotos wieder findet, die sie selbst vor Jahren an einem völlig anderen Ort zum Entwickeln gab (Kapitel 1). Auch die
folgende Begebenheit aus seiner Praxis erschien dem See-
lenforscher bedeutsam: »Eine junge Patientin hatte in einem entscheidenden Moment ihrer Behandlung einen
Traum, in welchem sie einen goldenen Skarabäus zum Ge-
schenk erhielt.« Prompt fliegt ein Insekt gegen das Fenster – ein »gemeiner Rosenkäfer«, der zu den Scarabaeiden
gehört. »Ich muss schon sagen«, gründelt der Psychiater,
»dass mir ein solcher Fall weder vorher noch nachher je
vorgekommen, ebenso wie auch der damalige Traum meiner Patientin ein Unikum geblieben ist.« Solche Zufälle mit
Bedeutung, vermutete Jung, stellten sich besonders in
»ausweglosen Situationen« ein, um unserem Denken eine
neue Richtung zu geben – sei es, dass die Therapie einer Patientin nicht so recht vorankomme, sei es im Zusammen-

hang mit dem Tod eines vertrauten Menschen. So ist Jungs »Synchronizität« ein vornehmer Ausdruck für den sprichwörtlichen »Wink des Schicksals«.

Der illustre Ausflug eines vornehmen Vertreters der Psychotherapie ins Parawissenschaftliche wäre längst vergessen, würde sein Theoriegebäude im derzeitigen, irrationalen Geistesklima nicht an Popularität gewinnen. So sammelt der Psychotherapeut Robert Hopcke in seinem Buch »Zufälle gibt es nicht« die erstaunlichen Wendungen des Alltags und bastelt eine kleine Seelentheorie daraus. Die Psychotherapeutin Elisabeth Mardorf berichtet in ihrem Buch »Das kann doch kein Zufall sein!«[2] von »negativen synchronistischen Erlebnissen« wie dem »Zerplatzen von Wasserrohren in einer kritischen Lebensphase«. Wem dies nicht genügt, der kann bei den Psychotherapeuten Theodor und Angelika Seifert nachlesen, Synchronizitäten seien »sozusagen der ›Mausklick‹ in die kosmische Ordnung, wenn ich das ›große Wissen‹ an meinem Lebenscomputer mitspielen lasse«. Was auch immer das bedeuten mag.

Selbst die Zeitschrift »Psychologie heute« entblödet sich nicht, zu erklären, »sinnvolle Zufälle« seien »Winke des Schicksals«[3]. Das behaupteten schließlich »nicht irgendwelche esoterischen Taschenspieler, sondern seriöse Wissenschaftler und Psychotherapeuten«. Der Beitrag gipfelt in der Frage: »Kommt Gott durch die Hintertür zu den Ungläubigen?«

Wer kann das widerlegen? (Wir halten eine Gedenkminute für Karl Popper.) Nur eines scheint sicher: Zufall und Notwendigkeit sind Humus, auf dem »Cargo Cult Science« prächtig gedeiht. Zahlenblindheit und Mustersehen öffnen unsere Seele für allerlei Schmu – und unseren Geldbeutel für allerlei Scharlatane. Ein Schuss Parawissenschaft hilft beim Verkaufen.

Jung selbst hatte sich aufrichtig bemüht, seine Thesen wissenschaftlich zu untermauern – mit Hilfe eines erstaunlichen Sammelsuriums: Das zu seiner Zeit noch rätselhafte Schwarmverhalten des Palolowurmes diente ihm dazu ebenso wie nichts sagende Experimente zur Telepathie, fehlerhafte Statistiken zur Astrologie (dazu gleich) oder die tatsächlich ganz erstaunlichen Grundannahmen der Quantenphysik (dazu später). Man müsse sich »in die obskursten Winkel wagen und den Mut aufbringen, die Voreingenommenheit unserer gegenwärtigen Weltanschauung zu brüskieren«, schrieb er – und nannte im nächsten Satz Galileo Galilei, dem schließlich auch niemand glauben wollte. Im Gegensatz zu Galileis Theorien aber entziehen sich die C. G. Jungs auf immer aller Wissenschaft: Synchronizitäten sind schließlich »akausal« und damit weder wiederholbar noch widerlegbar. Auch das Messer des William von Occam schneidet durch sie wie durch Butter: Die Erklärung, dass es sonderbare Zufälle gibt, ist wohl einfacher und damit wahrscheinlicher als die Hypothese, das Universum gebe den Menschen versteckte Hinweise.

Manchen von Jungs Wiedergängern, die sich gerne eines wissenschaftlichen Vokabulars bedienen, ist das Fundament letztlich egal: »Ich bin davon überzeugt«, schreibt Elisabeth Mardorf, »dass wir mit noch so viel empirischer Forschung, psychologischen Versuchen, Psi-Experimenten und physikalischen Abenteuern die Geheimnisse der Synchronizität nie vollständig entschlüsseln werden.«

Derart wabernde Aussagen suggerieren unergründliche Tiefe. Magier, Alchemisten oder Wahrsager dürften einst ähnlich argumentiert haben, um auf Jahrmärkten die

Kundschaft ins Zelt zu locken. Heute funktioniert auf diese Weise eine ganze Industrie.

Die Schicksalsindustrie: Mond ...

Alleine die deutsche Astrologie-Branche erwirtschaftet 150 Millionen Euro im Jahr. Weitere 250 Millionen Euro fließen der Esoterik zu – einem Konglomerat unterschiedlicher Heilslehren mit angeschlossenem Handel für Duftöl, Edelsteine und Erdstrahlen-Absorber sowie einem florierenden Dienstleistungsgewerbe, vom Ayurveda-Lehrer über den Wurzelchakra-Analysten bis zum Engel-Deuter. Auf esoterisches Gedankengut stößt zwangsläufig, wer sich mit Zufall und Notwendigkeit beschäftigt. Sei es, dass eine Kartenlegerin von ihren Erlebnissen berichtet (»Alles Zufall oder was?«[4]), jemand über »Numerologie und Schicksal« nachsinnt (»Ihr Leben ist berechenbar«[5]) oder astro-psychologische Tipps gibt (»Die Gesetze des Schicksals«[6]). Auch der Auflage dieses Buches hätte ein wenig metaphysisches Munkeln sicher gut getan, Erzeugnisse mit den Vorsilben »Astro« und »Eso« laufen wie verrückt. Stattdessen sei die Auflage in den Keller getrieben: Die 400 Millionen Euro im Jahr sind schlecht angelegt! (Sie sollten lieber in Wissenschaftsbücher investiert werden.) Befassen wir uns stellvertretend mit jener Schnittstelle zwischen Wissenschaft und Kult-Wissenschaft, die mit Abstand am besten untersucht ist: mit dem Einfluss von Sonne, Mond und Sternen auf unser Schicksal.

Ich war gerade vom kleinen Bonn ins große München gezogen. Bei meinem neuen Friseur im Stadtteil Schwabing sah ich solch ein Schild zum ersten Mal: »Haare schneiden bei Vollmond nach Terminabsprache«. Eine vernünftige Erklärung dafür wollte mir auf Anhieb nicht einfallen, in meiner Phantasie verwandelten sich die Schwabinger bereits in Werwölfe, so wäre das bei Vollmond gesteigerte Haarschneidebedürfnis zu erklären. Hunderte Friseure wären ein Mal im Monat beschäftig, mit ihren silbernen Scheren den sprießenden Pelz all der Medienmanager, Versicherungsfachleute und Autoingenieure bis zum Beginn des nächsten Bürotages wieder zurechtzustutzen.

Inzwischen weiß ich, dass eine Thüringer Friseurin für ihre Überzeugung, dass Haare in Vollmondnächten zu schneiden seien, wegen Missachtung des Ladenschlussgesetzes im Gefängnis saß[7]. Das Schild meines Friseurs ist lediglich die Fußnote zu einem unüberschaubaren Korpus, der sich nicht nur mit dem Einfluss des Mondes auf den Haarwuchs beschäftigt, sondern auch ganz allgemein mit den Auswirkungen auf Gemüt und Gesundheit. Für alles gibt es einen passenden Termin im Mondkalender: »Versöhnung«, »Zahnarztbesuche«, »Haare waschen«, »Zärtlichkeit«, »Operation an Kopf, Gehirn, Augen, Nase« oder »Telefonate führen«. Das steht nicht nur auf Tausenden von Hobby-Seiten im Internet und in Hunderten esoterischer Bücher, sondern auch im Online-Angebot einer stockseriösen Tageszeitung: »Ob wir es glauben oder nicht«, heißt es beim Berliner Tagesspiegel, »der Mond hat nicht nur was die Gezeiten des Meeres angeht einen starken Einfluss auf unser Leben. Im meinberlin-Mondkalender erfahren Sie jeden Tag aktuell, wie der Mond steht und was das für Sie zu bedeuten hat.«[8]

Klingt das nicht plausibel? Der Mond ist für die Gezeiten verantwortlich und deshalb auch für das Auf und Ab meiner Gefühle, meines Schlafes oder Schmerzempfindens. Frauen, so heißt es, wissen das am besten, sie ticken von Natur aus nach dem Mond, ein Menstruationszyklus dauert schließlich ähnlich lange wie ein Mondumlauf von 29,53 Tagen.

Bereits im 17. Jahrhundert studierte der Pfarrer Caspar Neumann die Geburten- und Sterbestatistiken von Breslau, um »gewisse gängige Vorstellungen des Aberglaubens hinsichtlich der Auswirkungen von Mondphasen und den so genannten klimakterischen Jahren auf die Gesundheit« zu widerlegen[9]. Dumm nur: Im Gegensatz zu Neumann scheinen bis heute Dutzende von Studien einen Zusammenhang zwischen Mond und Mensch gefunden zu haben. Sie zeigten eine Häufung von Gewalt, Verbrechen und Unfällen bei Vollmond, von Notrufen, Herzattacken und Einweisungen in die Psychiatrie, von Vergewaltigungen, Selbstmordversuchen, Vergiftungen und Trunkenheit – sowie einen Anstieg der Geburtenrate. Eine Untersuchung der Georgia University in Atlanta fand, dass Menschen bei Vollmond mehr essen, aber weniger Alkohol trinken[10]. Eine tschechische Untersuchung entdeckte einen Zusammenhang mit Verkehrsunfällen[11], eine russische einen mit epileptischen Anfällen[12]. Die Studie eines amerikanischen Frauenforschungsinstituts demonstrierte, dass bestimmte Frauen vorzugsweise bei Vollmond menstruieren[13]. Dann ist da noch ein promovierter Chemiker aus Brüssel, der signifikante Zusammenhänge zwischen den Geburtstagen von »anthroposophischen Pionieren« mit der Mondphase errechnet hat[14]. Und: Experten der British Telecom entdeckten einen 29-Tage-Zyklus im Verkehrsaufkommen ihrer Datennetze[15]. Und nun?

Nähern wir uns dem Phänomen nach den Regeln der Kunst: Haben wir mehr als schwache statistische Zusammenhänge in der Hand, nämlich eine kausale Erklärung für die Wirkung des Mondes auf den Menschen? Die gängigen Theorien sind schwach. Da gibt es die These des »biologischen Tidenhubs«: Der Mensch besteht zum Großteil aus Wasser, und das werde je nach Mondphase unterschiedlich beeinflusst, ganz wie die Meere. (Natürlich ist auch der Rest des menschlichen Körpers der Gravitation unterworfen, aber dann klingt das Argument nicht mehr so eingängig.) Dumm nur, dass der Tidenhub sein Maximum zwei Mal täglich erreicht und mit der Mondphase nicht allzu viel zu tun hat. Zudem übertreffen die Beschleunigungen, denen unser Körper täglich ausgesetzt ist, die durch den Mond hervorgerufenen bei weitem. Wenn wir einfach nur herumgehen, erfährt unser Körper viel stärkere Kräfte, als sie Sonne und Mond gemeinsam ausüben[16]. »Was macht der Mond mit unserem Körper?«, fragt der Physiker Paul Quincey vom britischen National Physical Laboratory. Er kalkuliert die Gezeitenkräfte und findet: »So gut wie gar nichts«[17]. Auch der Einfluss des Mondes auf das Wetter, welches wiederum den Menschen beeinflusst, scheidet als universelle Erklärung aus – die Wirkung des Erdbegleiters auf das meteorologische Geschehen ist minimal. So fanden Forscher dank modernster Messmethoden eine Variation der globalen Temperatur, die mit der Mondphase korreliert ist[18]: Sie beträgt 0,02 Grad und damit deutlich weniger als ein Prozent der sonstigen monatlichen Fluktuationen. Bleibt noch das Mondlicht, das unseren Tag-Nacht-Rhythmus verwirren könnte, wie manche vermuten[19]. Doch im Vergleich zur elektrischen Beleuchtung, die unsere Zivilisation erhellt, ist selbst der Vollmond für den Großteil der Bevölkerung vernachlässigbar. Sind also all die Korrelationen nur statistische Kunstprodukte, die sich nicht reproduzieren lassen?

Sehr wahrscheinlich. Denn passend zu allen Untersuchungen, die einen bestimmten Zusammenhang zwischen Mensch und Mond herstellen, gibt es weitere, die für dieselbe Variable einen ganz anderen Zusammenhang finden – die meisten aber finden überhaupt keinen. So wie jene Studie, die fast 1 300 spontane Geburten in einem dänischen Krankenhaus analysierte[20]. Auch bei 3706 spontanen Geburten im New Yorker Long Island College Hospital fand sich nichts[21]. Nichts bei 12 000 Geburten in einem Krankenhaus in Los Angeles, bei einer halben Million Geburten in New York [22] oder bei allen Geburten Österreichs zwischen 1970 und 1999, insgesamt 2 760 362[23]. So geht es mit allen Mond-Mirakeln: Die meisten Studien finden keinen Zusammenhang mit Depressionen, Ausbrüchen von Aggression, Autounfällen, Notaufnahmen oder Alkoholkonsum[24]. Eine Gesamtschau aus dem Jahr 1996, die über 100 Arbeiten berücksichtigte, konnte keine ausreichenden Hinweise entdecken[25]. Ausnahmestudien bestätigen, wie so oft in der Statistik, die Regel.

Fast alles spricht dafür, dass der Mond unser Schicksal nicht beeinflusst – jedenfalls dann, wenn wir an keinen geheimnisvollen Zusammenhang glauben. Selbst Profis fällt das schwer, wie Umfragen zeigen. Als man etwa Gynäkologen einer Klinik in Grenoble Statistiken vorlegte, die keinerlei Zusammenhang zwischen dem Mond und den Geburten auf ihrer eigenen Station zeigten, wollten das sechs von sieben Ärzten nicht wahrhaben.[26]

Den schönen, aber unpraktischen Kalender meines Weinhändlers, der nur die Mondphasen zeigt, werde ich dennoch in der Küche hängen lassen. Ich werde meine Zerzaustheit im Büro auch künftig lieber mit einer durchwachten Vollmondnacht entschuldigen als mit einer durchzechten, um weiterhin verständnisvolles Nicken zu ernten. Und sollte meine nette Friseurin dies jemals anbieten, lasse ich mir von ihr vielleicht in einer lauen Vollmondnacht die Haare schneiden.

... und Sterne

Den folgenden Abschnitt hat ein führender deutscher Astrologe formuliert. Für den zukünftigen Besitzer dieses Buches, nämlich Sie, hat er computergestützt ein individuelles Persönlichkeitsprofil erstellt. Das Astro-Programm haben wir dann einfach mit dem Drucksystem gekoppelt, und so können Sie – Wunder der Technik – in den nächsten Zeilen erfahren, was wir über Sie ganz persönlich herausgefunden haben:

Sie haben ein starkes Bedürfnis danach, dass andere Menschen Sie mögen und bewundern. Sie sind oftmals ausgesprochen selbstkritisch. Sie haben einige charakterliche Schwächen, doch in aller Regel gelingt es Ihnen, diese zu kompensieren. Sie verfügen über manche Talente, die Sie bisher noch nicht ausgeschöpft haben. Nach außen wirken Sie diszipliniert und kontrolliert, sind aber innerlich oft voller Sorge und Unsicherheit. Gelegentlich haben Sie ernsthafte Zweifel, die richtige Entscheidung getroffen zu haben. Sie lieben ein gewisses Maß an Veränderung und Vielfalt und werden unzufrieden, wenn man Sie in ein allzu starres Korsett zwingt. Sie sind stolz darauf, eigenständig zu denken und nicht einfach die Urteile anderer ungeprüft zu übernehmen. Aber Sie haben auch erkannt, dass es nicht vernünftig ist, sich anderen allzu schnell zu offenbaren. Manchmal sind Sie extrovertiert, freundlich und gesel-

lig, doch manchmal auch introvertiert, vorsichtig und reser-
viert. Einige Ihrer Hoffnungen sind gelegentlich etwas un-
realistisch.

Fühlen Sie sich gut getroffen? Wie viele Punkte würden
Sie der Beurteilung auf einer Skala von fünf (»hervorra-
gend«) bis null (»trifft überhaupt nicht zu«) geben?

Natürlich haben Sie den Blödsinn mit dem Astrologen
nicht geglaubt. Und zweifellos haben Sie den obigen Text
sofort als ein Sammelsurium von Plattitüden durchschaut,
die fast alle Menschen unterschreiben könnten. Die Pointe dabei ist: Die Menschen tun genau das, seit Jahrzehnten,
und sind immer wieder erstaunt über die Treffsicherheit ihres persönlichen Profils. Der Text ist mehr als ein halbes
Jahrhundert alt und entstammt einem Zeitungshoroskop.
Bertram Forer, ein amerikanischer Psychologe, ließ seine
Studenten 1948 einen vermeintlichen Persönlichkeitstest
ausfüllen und gab allen Teilnehmern als Auswertung das
Horoskop aus der Zeitung[27]. Die Probanden bewerteten es
im Schnitt mit 4.2 Punkten, also mit »gut«. Seither wurde
das Experiment viele Male wiederholt, der Durchschnitt
blieb stets auf diesem Niveau.

Unter dem Namen »Forer-Effekt«[28] ist dieses »Verifikationsphänomen« in die Wissenschaft eingegangen: Menschen empfinden vage Aussagen über ihre Persönlichkeit
oft als zutreffend. Vielen Skeptikern dient dieser Umstand
als Erklärung, dass die Astrologie auf so viele zufriedene
Kunden verweisen kann. Fast drei Viertel der Deutschen
lesen Horoskope, und die Hälfte von ihnen ist der Meinung, dass die Aussagen der Sterndeuter zumindest »ab
und zu« stimmen[29].

Den makabersten Versuch zum Forer-Effekt erlaubte
sich der französische Psychologe und Statistiker Michel

Gauquelin. In der Zeitschrift »Ici-Paris« bot er im Jahr 1979 kostenlose persönliche Horoskope an. Wie bei Forer erhielten alle Interessenten dasselbe Horoskop und einen Fragebogen, der darum bat, die Treffsicherheit zu bewerten. 141 der 150 Menschen, die als Erste antworteten, fanden sich bestens charakterisiert. Gauquelins Pointe: Das Horoskop war für einen Massenmörder erstellt worden, Marcel Petiot. Als die WDR-Forschungssendung »Quarks & Co.« das Experiment 1997 mit einem Horoskop des Massenmörders Fritz Haarmann wiederholte, fanden sich immerhin drei Viertel der Interessenten »korrekt beschrieben«, weitere 15 Prozent erklärten gar: »Perfekt, es stimmt alles.«[30]

Natürlich ist unsere kleine seelische Sehschwäche kein Beleg dafür, dass Astrologie nicht funktioniert. Das Problem ist diffiziler: Es ist schwer, an der Astrologie irgendetwas außer dem Forer-Effekt zu finden, was funktioniert. Dennoch meint mehr als die Hälfte der Europäer, sie enthalte »einige wissenschaftliche Wahrheiten«[31]. Die verwinkelten Theoriegebäude der Astrologen erleichtert nicht gerade die Suche danach. So werden *Astronomen* nicht müde, darauf hinzuweisen, dass das von den abendländischen *Astrologen* verwendete System der Sternbilder längst nicht mehr mit dem Zustand des Firmaments übereinstimmt. Ich bin am 9. Dezember geboren und nach Lesart der Astrologen somit ein »Schütze« – ins Sternbild »Sagittarius« aber tritt die Sonne heutzutage erst im späten Dezember. Innerhalb der mehr als 2000 Jahre, die das Sternzeichen-System existiert, sind alle Positionen am Himmel grob um eine weitergerückt[32]. Schuld daran ist die langsame, so genannte Präzession der Erde (eine Bewegung der Rotationsachse, wie sie auch Kreisel vollführen, wenn man sie von der Seite anstupst).

Zu allem Überfluss berichtete die britische Tageszeitung »The Daily Telegraph« im Jahr 1995 von der Entdeckung eines 13. Sternzeichens – »Ophiuchus« – durch die Royal Astronomical Society. Dadurch kämen alle Sternzeichen ganz plötzlich noch mehr durcheinander. Die Weltpresse war in Aufruhr. »Der Zwilling, der angeblich zur Leichtfertigkeit neigt, wird plötzlich zum ernsthaften Stier«, berichtete auch das Magazin »Der Spiegel«, »die Jungfrau (sorgenvoll) zum Löwen (selbstgefällig) und der Wassermann (provozierend) zum Steinbock (kompliziert).«[33]

Dass die Astronomen irgendwann einmal weit mehr als die zwölf von den Astrologen verwendeten Sternzeichen als bloße Namen für Konstellationen festgelegt haben, so auch »Ophiuchus«, ist freilich von ebenso großem Nachrichtenwert wie die Präzession der Erdachse oder die Erkenntnis, dass die Sterne am Himmel nicht nur brennende Fackeln sind: Die Sache ist seit ein paar Jahrtausenden bekannt – übrigens auch den *Astrologen*, wie diese ihrerseits nicht müde werden zu betonen. Die Babylonier und später die alten Griechen hatten sich nun einmal auf zwölf Sternbilder geeinigt, um die Abschnitte ihres Jahreskalenders zu benennen. Dass die damals verwendeten Zeichen längst nicht mehr an ihrem Platz sind, darf den meisten zeitgenössischen Sterndeutern egal sein. Sie behaupten gar nicht, dass die tatsächlichen Sternenkonstellationen bei der Geburt eines Menschen etwas mit dessen Schicksal zu tun hätten. Stattdessen beziehen sie sich alleine auf die immer gleichen Jahreszeiten und den Lauf der Sonne – auch wenn sie viel Aufhebens um nicht aktuelle Sternbilder und Himmelsmechanik machen (»Saturn ist im Transit durch das 7. Haus«). Die astrologischen Bezeichnungen sind letztlich nur Hausnummern eines astronomischen Wolkenkuckucksheims, das nirgendwo mehr existiert. Um die Verwirrung komplett zu machen: Das alles gilt natürlich nicht für so genannte vedische Astrologen, die den aktuellen Stand der Gestirne sehr wohl für ausschlaggebend halten.

Am Ende ist es auch egal, mögen Wissenschaftsmüde einwenden, wie astrologische Profile und Prognosen zustande kommen. Hauptsache, sie funktionieren. Tun sie aber nicht. Wer einen Sterndeuter um seine Einschätzung bittet, sei es zum eigenen Charakter, zur persönlichen Zukunft oder zum Schicksal der Welt, der könnte wohl genauso gut seinen Friseur konsultieren – oder würfeln. In der Vergangenheit gab es über 70 Experimente, bei denen Vertreter der Zunft echte Persönlichkeitsprofile den dazugehörigen Menschen zuordnen sollten, immer wieder ohne messbaren Erfolg. Im Jahr 1994 etwa bekamen 44 holländische Astrologen die Aufgabe gestellt, sieben anonyme Probanden anhand des Geburtsdatums zu identifizieren. Die Testpersonen hatten zuvor Bögen ausgefüllt, deren Fragen von den Astrologen selbst zusammengetragen worden waren. Der erfolgreichste Astrologe konnte gerade drei dieser Fragebögen korrekt zuordnen. 22 Astrologen, also die Hälfte von ihnen, schafften nicht einen Treffer. Die durchschnittliche Quote lag bei 0,75[34].

Bereits in den 80er Jahren hatte ein Psychologe der University of California 30 in der Schicksalsindustrie hoch angesehene Astrologen aus den USA und Europa in einer »Doppelblindstudie« getestet. Auch damals sollten die Sterndeuter Persönlichkeits-Fragebogen anhand der Geburtsdaten den Personen zuordnen. Auch sie waren so gut wie der Zufall – ebenso wie ihre 45 Kollegen, die der australische Wissenschaftsjournalist Geoffrey Dean 1987 einer Prüfung unterzog. Mit Hilfe eines psychologischen Standardtests ermittelte er 60 besonders introvertierte und 60 besonders extrovertierte Menschen. Ihre Geburtsdaten übergab er den Astrologen. Die Trefferquote beim Sortieren der extremen Charaktere lag bei 50,2 Prozent. Ganz ähnlich fiel auch das Ergebnis der jüngsten Untersuchung aus, die der deutsche Religionssoziologe und Astrologie-Experte Edgar Wunder im Jahr 2003 abgeschlossen hat. Wunder hatte ganz besonderen Aufwand getrieben, um es sowohl Skeptikern als auch Astrologen recht zu machen. Doch die beteiligten 26 Astrologen schafften bei den über 200 sorgfältig ausgewählten Testpersonen wieder nur einen Zuordnungsschnitt, der nicht signifikant über der erwarteten Zufallsverteilung lag.

Im Gegensatz zu solchen astro-psychologischen Analysen sind waschechte Vorhersagen aus der Mode gekommen – sie gelten mittlerweile selbst in der Szene als unseriös. Dennoch konnte Edgar Wunder seit 1990 mehr als 1 200 Voraussagen von »Wahrsagern und Astrologen« sammeln. Er berücksichtigte nur solche, die nicht trivial waren, die etwas prophezeiten, was sich auch überprüfen ließ, und deren Chance einzutreffen schlechter war als 50 Prozent.

Die gesammelten Vorhersagen erreichten eine Trefferquote von vier Prozent[35]. Ob die Astrologen damit nur so gut waren wie der Zufall oder vielleicht doch ein Quäntchen besser, lässt sich mit solchen Daten nicht entscheiden – es ist schließlich kaum zu sagen, welche Eintrittswahrscheinlichkeit die einzelnen Prophezeiungen hatten. Eines aber ist sicher: Ihre Lebensplanung sollten Sie bei diesen Quoten besser dem eigenen Verstand überlassen.

Mars Attacks!

Womöglich sind unsere zeitgenössischen Astrologen einfach nicht begabt genug. An der Grundannahme der Sterndeuterei, einem Zusammenhang zwischen Geburtszeitpunkt und Persönlichkeit, könnte ja dennoch etwas dran sein, auch wenn die Überlegungen in Sachen Mond dies bereits zweifelhaft erscheinen lassen.

Ganz wie beim Mond existieren dazu zahlreiche Untersuchungen. Ganz wie beim Mond finden die meisten keinen Zusammenhang. Einige schon. Und die haben meist handwerkliche Fehler. Selbst Therapeut C. G. Jung mühte sich mit statistischen Berechnungen zu den Sternbildern von Ehepaaren, »um zu sehen, was für Zahlen bei derartigen Untersuchungen herauskommen«. Tatsächlich entdeckte er, »dass ausgerechnet die von der astrologischen Tradition hervorgehobenen Konjunktionen in höchst unwahrscheinlicher Weise zusammengekommen sind«. Kein Wunder: Jung hatte die Daten der Paare nicht selbst erhoben, sondern sich von Astrologen zuschicken lassen.

Zu besonderer Bekanntheit in Deutschland haben es die astrologischen Rechnungen des ehemaligen Mathematik-Studenten Gunter Sachs gebracht. Der respektierte Künstler, bewunderte Lebemann und angesehene Industrie-Erbe gründete eigens ein »Institut zur empirischen und mathematischen Untersuchung des möglichen Wahrheitsgehaltes der Astrologie in Bezug auf den menschlichen Charakter (IMWA)«. Ausgangspunkt der sachsschen Ausführungen war eine amüsante Analyse einschlägiger Literatur: Bei einer Buchreihe des Heyne-Verlags, die individuell auf einzelne Tierkreiszeichen zugeschnitten ist, fand Sachs »Abweichungen von bis zu zwanzig Prozent (!) beim Verkauf der einzelnen Sternzeichenbücher«[36]. Sein Fazit: Menschen mit bestimmten Tierkreiszeichen sind stärker an Astrologie interessiert als andere. Fertig ist der Nachweis eines realen Effekts der Tierkreiszeichen.

Die kreative Beweisführung mag dem Mathematiker Sachs selbst nicht ganz geheuer gewesen sein. Jedenfalls ließ er zur Untermauerung riesige Datenberge nach anderen Zusammenhängen zwischen Geburtszeitpunkt und *irgendetwas* durchforsten. Wie bei solchen Datenmengen fast nicht anders zu erwarten, fand er auch *irgendwelche* signifikanten Zusammenhänge (Kapitel 5). Ergänzend gab er eine Analyse beim Meinungsforschungsinstitut Allensbach in Auftrag.

Die in seinem Bestseller »Die Akte Astrologie« zusammengetragenen Erkenntnisse sind erstaunlich: Eheschließungen etwa seien ganz und gar nicht unabhängig vom Sternzeichen (»Wahrscheinlichkeit der Nullhypothese 1 : 55 000«). »Hoch signifikant« seien Ehen zwischen Steinbock-Männern und Steinbock-Frauen oder zwischen Wassermann-Männern und Wassermann-Frauen. Bei acht von zwölf Sternzeichen entdeckte Sachs diese seltsame Gleich-und-Gleich-Geselligkeit, von der kein Astrologe je berichtet hat. Er fand heraus, dass manche Sternzeichen häufiger studieren als andere. Zwillinge seien selten Arbeiter, dafür oft leitende Angestellte, ganz im Gegensatz zu Skorpionen. Widder hätten eine Tendenz zum Landwirt, Waagen zum Bäckerhandwerk, Löwen seien ungern Unternehmer. Sachs war angetan: »Am Ende unserer Arbeit […] steht so der statistische Nachweis, dass Sternzeichen in allen von uns untersuchten Bereichen einen gewissen Einfluss auf das Verhalten von uns Menschen ausüben.«

So einfach ist es nicht. Erstaunliche statistische Zusammenhänge in großen Datenmengen entstehen allenthalben, wenn sie nicht mit großer Vorsicht analysiert werden. Ohne die geringste Theorie, wie die Effekte zustande gekommen sind, ist solch eine Erkenntnis wenig wert. »Irrelevant, an der Sache vorbei«, kommentiert selbst der Astrologe Peter Niehenke die Sachs-Forschung. »Aus sozialwissenschaftlicher Sicht dilettantisch«, meint der Soziologe Edgar Wunder[37]. Zieht man andere als die von Sachs betrachteten Datenpools heran, findet man teilweise völlig andere Zusammenhänge. Hinzu kommen »schwere, durchgängige handwerklich-methodische Fehler«[38], die der Würzburger Statistik-Professor Herbert Basler aufgedröselt hat.

Während viele die – von angesehenen externen Gutachtern zertifizierten – Ergebnisse hinnahmen, hat Basler selbst nachgerechnet: Bei vier von fünf Sternzeichen etwa, die laut Sachs signifikant häufiger Selbstmord begehen, scheint sich das Team schlicht verrechnet zu haben. Basler findet auch grundsätzliche Unregelmäßigkeiten und vermutet, dass »praktisch uninteressante Effekte« fälschlich zu spektakulären Interpretationen führten – »insbesondere astrologischen«. Wieder andere, durchgängige Fehler stellen auch »prinzipiell sämtliche in der Allensbach-Studie aufgeführten Auswertungen und ausgewiesenen Signifikanzen in Frage«. Und schließlich diagnostiziert Basler bei Sachs »ein bizarres Missverständnis von ›Signifikanz‹«.

So bleibt es ausgerechnet das Verdienst eines heimtückischen Skeptikers, die für Skeptiker verstörendsten Sternen-Statistiken entdeckt zu haben. Der Psychologe Michel Gauquelin war als Astrologie-Kritiker angetreten und hatte den didaktischen Scherz mit den Massenmörder-Horoskopen ersonnen. Dennoch glaubte er zeit seines Lebens, selbst einem mächtigen astrologischen Phänomen auf der

Spur zu sein. Unter 570 besonders erfolgreichen französischen Sportlern, so entdeckte Gauquelin in den 50er Jahren, waren besonders viele dann geboren, wenn der Mars ganz bestimmte Himmelssektoren passierte. Später fand Gauquelin diesen Effekt auch bei anderen »außerordentlich erfolgreichen Leuten«, Schriftstellern etwa, Politikern oder Künstlern – und je nach Berufsgruppe auch im Zusammenhang mit anderen Planeten.

Um seine Theorie zu verdeutlichen, teilte er den Himmel in 12 gleiche Sektoren, vom »Aufgang« (1) bis zum »Untergang« (6) des Mars, analog die Zone der »Mars-Nacht« (7 bis 12 – der Mars steht hier unterhalb des Horizonts). Die Sektoren 1 und 4 erwiesen sich als kritisch: 22 Prozent der erfolgreichen Sportler waren in ihnen geboren, nicht etwa, wie statistisch zu erwarten, ungefähr 16,6 Prozent, nämlich ein Sechstel.

»Nie wieder werden Wissenschaftler gegenüber einer der grundlegenden Wahrheiten über das Verhältnis des Menschen zum Kosmos ihre Augen verschließen können«, frohlockte der britische Astrologe John Addey – in seiner Euphorie den Umstand ignorierend, dass auch Gauquelins statistische Entdeckung den Annahmen der klassischen Astrologie komplett widersprach. Sein Kollege Robert Hand meinte zufrieden, es gebe für den Mars-Effekt »keine mechanistische Erklärung«, ein anderer, John West, fand Gauquelins Ergebnisse schlicht »unsinkbar«. Auch skeptische Wissenschaftler wie der bekannte Psychologe Hans Jürgen Eysenck räumten ein, Gauquelins Ergebnisse seien die einzigen, die überhaupt einen Grund dafür böten, die Astrologie nicht komplett zu verwerfen: »Ich glaube, wir müssen zugeben, dass hier etwas ist, was einer Erklärung bedarf.«

Zahlreiche Studien versuchten diese Erklärung zu finden, mit unterschiedlichem Erfolg. Eine belgische Untersuchung kritischer Wissenschaftler etwa, an der Gauquelin indirekt beteiligt war, fand in den 60er Jahren ebenfalls einen deutlichen Mars-Effekt. Die Skeptiker weigerten sich jedoch acht Jahre lang, dieses beunruhigende Ergebnis zu veröffentlichen. Eine einfache Erklärung wäre, dass die Geburtenrate in den Sektoren 1 und 4 für die gesamte Bevölkerung (aus welchen Gründen auch immer) allgemein erhöht ist. Gauquelin überprüfte dies nochmals unter der Aufsicht anderer Wissenschaftler, fand aber die von ihm angenommene Basisrate von grob 17 Prozent. Manche Skeptiker bezweifelten daraufhin die Auswahl »erfolgreicher« Sportler, die den Mars-Effekt – bewusst oder unbewusst – künstlich herbeiführen könnte. Nicht nur zwischen Befürwortern und Gegnern, sondern selbst innerhalb der Skeptiker-Gemeinde kam es darüber zu einem heftigen Streit.

Schließlich wurde in den USA von führenden Vertretern der Skeptiker-Bewegung um den Philosophie-Professor Paul Kurtz eine neue Studie angestrengt. (Kurtz war Mitbegründer des »Komitees zur wissenschaftlichen Untersuchung der Behauptung paranormaler Phänomene« – »Committee for the Scientific Investigation of Claims of the Paranormal«, kurz CSICOP). Die Studie fand bei über 400 erfolgreichen US-Sportlern eine »Mars-Rate« von gerade einmal 13,5 Prozent. Sie lag somit mehr als drei Prozent *unter* dem Bevölkerungsdurchschnitt und damit allerdings ebenfalls beunruhigend weit entfernt von der zu erwartenden Verteilung. War der positive Mars-Effekt also ein rein französisches Phänomen? Der deutsche Psychologie-Professor Suitbert Ertel analysierte Jahre später die

Rohdaten der Amerikaner – und fand den von Gauquelin erwarteten Effekt. Es folgte eine weitere Studie in Frankreich. Sie entdeckte eine nur kaum erhöhte Rate von 18,6 Prozent.

Was also bleibt vom Mars-Effekt? Der holländische Skeptiker Jan Willen Nienhuys hat Gauquelins Sportler-Daten nochmals analysiert und auch mit denen der französischen Untersuchungskommission verglichen[39]. Er meint, zeigen zu können, dass Gauquelin die Statistik bewusst oder unbewusst zugunsten seiner Theorie beeinflusste. Sportler etwa, deren exakter Geburtszeitpunkt zweifelhaft war, seien von Gauquelin eher dann weggelassen worden, wenn sie die Mars-Rate nicht erhöhten. Suitbert Ertel kam zum genau gegenteiligen Ergebnis: »Der Effekt wurde stärker, wenn man die von Gauquelin aussortierten Datensätze mit berücksichtigte.« Nienhuys hingegen resümiert: »Die Beweise für systematische Auswahlfehler von Gauquelin sind zwingend.«

Eine neue Sicht auf die Daten glaubte schließlich der australische Wissenschaftsjournalist Geoffrey Dean gefunden zu haben – mehr als zehn Jahre nach Michel Gauquelins Tod, der sich 1991 umgebracht hatte. Nicht etwa der redliche Gauquelin, meint Dean, sondern die Menschen selbst hätten ihre Daten systematisch gefälscht. Die meisten Datensätze Gauquelins stammten aus dem 19. und vom Anfang des 20. Jahrhunderts, als sich viele Menschen mit Astrologie beschäftigten und populäre Handbücher über Sternenkonstellationen kursierten. In einer Art selbst erfüllenden Prophezeiung könnten Menschen mit einem bestimmten Geburtshoroskop dieses als ihr Schicksal angenommen und verwirklicht haben. Für den beobachteten Effekt genügt es, so rechnet Dean vor, wenn sich in einem von 30 Fällen das Horoskop gleichsam selbst verwirklichte.

Auch ehrgeizige Eltern könnten Teil des Spiels sein: Wer wollte sie davon abhalten, jene Geburtszeit anzugeben, die am ehesten ihren Wünschen entsprach? Die meisten Geburten in jener Zeit fanden zu Hause statt, sie wurden den Behörden erst Tage später gemeldet. Tatsächlich fand Dean dramatische Unregelmäßigkeiten in Gauquelins Datensätzen: An astrologischen »Glückstagen« oder christlichen Festen verzeichneten sie zwischen 10 und 15 Prozent mehr Geburten als im Durchschnitt, an »Unglückstagen« 13 bis 20 Prozent weniger. Die Geburtszeiten waren ebenfalls betroffen: Zu Mitternacht etwa, der »Geisterstunde«, wurden weniger Geburten verzeichnet, als zu erwarten war. Und schließlich fand Dean Hinweise darauf, dass Eltern versuchten, die Geburtszeiten ihrer Kinder den eigenen anzupassen – eine mögliche Erklärung für die bereits von Gauquelin gefundene »Vererbung« des Mars-Effekts. »Dies bedeutet, dass die Daten im Prinzip genügend verfälscht sind, um alle bisherigen Erklärungen als vorschnell zu kennzeichnen«, resümiert Geoffrey Dean vorsichtig, »seien sie nun für oder gegen Gauquelins Thesen.«[40]

Natürlich sind auch Deans Argumente umstritten. Der stichhaltigste Einwand stammt wiederum von Suitbert Ertel: Wie hätten die Eltern Geburtsdaten zu Gunsten einer Theorie fälschen können, die es noch gar nicht gab? Denn schließlich war »diese ›neo-astrologische‹ Lehre vor 1955 völlig unbekannt«, so Ertel. »Tatsächlich überraschte Gauquelins Entdeckung selbst professionelle Astrologen.«[41]

Dennoch sind Gauquelins schlechte Daten womöglich der springende Punkt. Schließlich ist der Stand des Mars am Himmel zu einer ganz bestimmten Zeit in einem ganz bestimmten Sektor eine Sache von wenigen Stunden. Dem gegenüber stehen Zeitangaben aus dem 19. Jahrhundert, bei denen ein paar Stunden hin oder her bestenfalls niemanden interessierten. Schlimmstenfalls war der Wunsch Vater der Geburtszeit. In anderen Kulturkreisen und in Daten aus den Jahren nach 1950 wurde der Effekt bisher nicht gefunden.

Gauquelin oder nicht: Die Astrologie mit ihren antiquierten astronomischen Bezügen, blümeranten Prognosen und wohlfeilen Charakteranalysen ist kein geeignetes Mittel, um das eigene Schicksal auszuloten. »Wenn – worauf alles hinweist – kein Fünkchen Wahrheit in all dem ist, was Astrologen so profitabel veranstalten, dann sollte das [...] ernst genommen und nicht nachsichtig trivialisiert werden«, schimpfte der Wissenschaftler und Publizist Richard Dawkins im britischen »Guardian«. »Wissenschaft ist zu schön, um sie seichter Unterhaltung zu opfern oder Geld. [...] Wir sollten lernen, es als Verbrechen anzusehen, wenn Wissenschaft im Dienste des Profits verhunzt wird.«

Wer sich dennoch einen Zusammenhang zwischen Geburtsdatum und Charakter wünscht, muss deshalb noch lange nicht enttäuscht sein. Zwei Kommunikationswissenschaftler der Hochschule für Musik und Theater in Hannover haben sich vor Jahren den Spaß gemacht, in einer Umfrage zur Europawahl von 1984 nach einer Korrelation zwischen »Lebensfreude« und Geburtsdatum zu suchen[42]. Und tatsächlich: Menschen, die im Sommer geboren sind, scheinen etwas glücklicher als solche, deren erste Lebensmonate in den unwirtlichen Winter fallen. Die Korrelation war schwach. Aber sie war da. Kein Wunder, bin ich als Schütze manchmal traurig.

9. Nicht einmal Elvis' Hüften
Warum die Gene nicht unser Schicksal sind

Für jeden, der aus der Gebärmutter kommt,
schließt sich das Tor der Gaben. Lass ihn
seine Hände und Füße taxieren, er hat nicht
mehr als je ein Paar. So hat er auch nicht
mehr als eine Zukunft, und sie ist bereits in
seinen Hirnwindungen festgeschrieben, und
in dem kleinen Speckgesicht, den
Schweinsaugen, dem gedrungenen Äußeren.
Alle Bevorzugung und Gesetzgebung der
Welt kann aus ihm keinen Dichter oder
Prinzen mehr machen.
Ralph Waldo Emerson, *Schicksal*

Gerade will es sich Homer Simpson mit einem Sixpack in der Hängematte hinterm Haus gemütlich machen, um »etwas kostbare Zeit weit weg von meiner Familie zu verbringen«. Weil wir aber in einer Folge der erfolgreichsten US-Zeichentrickserie aller Zeiten sind, spürt ihn dort seine gestrenge Gattin Marge auf und verliest eine Liste zu erledigender Aufgaben (»Scheinwerfer auswechseln«, »Abfluss reinigen«). Homer trägt es mit Fassung – bis Marge den dritten Punkt vorträgt: »Hochzeits-Dankeskarten schreiben«. Von unbändigem Schrecken geschüttelt, kracht Homer, seit Jahrzehnten verheiratet und mit dieser Aufgabe immer noch nicht zu Rande, mitsamt der altersschwachen Hängematte zu Boden. Wie es der Zufall will, kommt just in diesem Moment ein fliegender Hängematten-Händler vorbei. Homer ersteht eine neue, etwas seltsam aussehende Matte. Der Händler warnt ihn noch, diese sei zwar komfortabel, aber des Bösen, Simpson jedoch schlägt die Warnung in den Wind, springt in die Matte, die sich sogleich wie wild zu drehen beginnt, und am Ende entsteigt dem Wirbel ein Klon, eine exakte genetische Kopie von Simpson.

Homer erkennt sogleich die einzigartige Chance und trägt seinem Zweit-Ich auf, Marges Liste abzuarbeiten. Dummerweise stirbt der Klon bei einem Stromunfall (während er versucht, einen neuen Scheinwerfer vor dem Haus zu installieren). Homer muss einen weiteren Klon erschaffen, der ihm dabei hilft, die Leiche des ersten zu entsorgen (in Nachbars Garten). Bald hat Simpson eine ganze Klon-Brigade unter seiner Fuchtel. Doch als einer der Helfer aufgrund einer missverständlichen Dienstanweisung den Kopf des Nachbarn mit der Kettensäge entfernt, lädt Homer alle in einen Lastwagen und setzt sie mitsamt der Hängematte auf einem entlegenen Feld aus.

Der Plot mag befremdlich wirken. Das allerdings gilt für viele »Simpsons«-Sendungen, und ganz besonders für jene, die, wie die zitierte, zum Geister-Fest Halloween ausgestrahlt werden[1]. Wirklich bemerkenswert an der Folge aus dem Jahr 2002 ist deshalb vielleicht nur, dass alle Genkopien des Homer Simpson im Film gleich aussehen und sich auch völlig gleich verhalten[2]: Nachdem sie das Geheimnis der Zauber-Hängematte entdeckt und sich millionenfach weiterkopiert haben, fällt die Horde der Homers in ihre Stammkneipe ein und trinkt ein kollektives Kühles, wie es die genetische Vorlage stets zu tun pflegt. Dann gehen Millionen Klone um die Ecke und pinkeln homeresk an die Hauswand. Zum Glück bereitet die US-Armee dem Wüten bald ein Ende –Tochter Lisa gibt den Tipp, dass Homer Marmeladen-Doughnuts über alles liebt, und tatsächlich können die Soldaten alle Klone mit Hilfe von Marmeladen-Doughnuts, die an Helikoptern hängen, in einen Abgrund locken. Wie sich später herausstellt, war unter ihnen auch der Ur-Homer. Ehefrau Marge, die keinen Unterschied feststellen kann, lebt seither glücklich mit einem Klon zusammen.

Kein Klon ist wie der andere

»Haben Klone individuelle Persönlichkeiten?«, fragte sich Theodore Friend, Zoologe an der Texas A&M University – oder: »Verhalten sie sich alle wie kleine Homer Simpsons?«[3] Steht in den Genen geschrieben, ob jemand träge und dumm ist? Ob er gerne Bier trinkt (und vielleicht sogar, in welcher Kneipe)? Ob er einem anständigen Marmeladen-Doughnut einfach überallhin folgt? Hat sich das »Tor der Gaben« bei unserer Geburt bereits geschlossen, wie Ralph Waldo Emerson meinte? Steckt das Schicksal fest verdrahtet in unseren Erbanlagen?

Neun Schweine führten Professor Friend zu einer vorläufigen Antwort. In einem Experiment erzeugte er neun Klone mit identischen Erbinformationen aus einer einzigen Zelle[4]. Als die Tiere herangewachsen waren, unterzog er sie allerlei Persönlichkeitstests: Er legte sie auf den Rücken und beobachtete genau, wie sehr sie sich dagegen wehrten. Friend warf ihnen ein Tuch über den Kopf oder packte sie an den Hinterbeinen und maß, wie lange sie sich das gefallen ließen.»Es gab eine Menge Variation innerhalb eines geklonten Schweinewurfs«, berichtet er.»Ein Schwein schüttelte das Tuch sofort ab, immer wieder. Ein anderes saß einfach da, mit dem Tuch auf dem Kopf.«[5] Er entdeckte »sehr unterschiedliche Persönlichkeiten« unter den Klonen, die zumindest nach dem Klischee doch identisches Verhalten zeigen sollten.»Ein Klon spielte sehr gerne mit meinem elfjährigen Sohn, tollte mit ihm über die Weiden und jagte ihn, wie es ein Hund tun würde. Und die anderen Schweine wollten nichts mit ihm zu tun haben.« Friend untersuchte sogar die Vorlieben der Schweine für Futter – auch die fielen unterschiedlich aus.

»Wenn ich Elvis klone, wird er zurückkehren und singen?«, lautet nun Theodore Friends nächste Frage. Seine Antwort:»Wahrscheinlich nicht. Er hätte wohl nicht einmal Elvis' Hüften.«[6]

Diese profunde wissenschaftliche Erkenntnis dürften Friends Kollegen von der Texas A&M University teilen, denen es gelungen ist, die erste Hauskatze der Welt aus der Körperzelle eines erwachsenen Spendertiers zu klonen. Das Experiment war eigentlich nur eine Fingerübung für höhere Aufgaben – es wurde finanziert von einem Multimillionär, der sich eine exakte Kopie seines treuen, aber hinfälligen Mischlingshundes wünschte. Weil Hunde klonen kompliziert ist, übten die Forscher mit Katzen. Schließlich gelang ihnen nach 87 Versuchen das Kunststück. Mit befremdlichem Resultat: Die Klon-Katze namens »Carbon Copy« war grazil und grau-weiß gescheckt, ihre Zellspenderin hingegen von fülliger Gestalt und außerdem braun-weiß, obwohl das Erbmaterial der beiden Tiere nachweislich identisch war. Prompt versiegten die Fördergelder. Welcher Haustierhalter kauft schon eine exakte Kopie seines Lieblings, die aussieht wie Nachbars Lumpi?

Projektleiter Mark Westhusin zeigte sich geknickt. Das sei »das Schlimmste, was uns passieren konnte«[7]. Dabei war das Ergebnis vorhersehbar. In einer Veröffentlichung in der Wissenschaftszeitschrift »Nature« jedenfalls beschwichtigte Westhusins Forschungsgruppe: »Das Muster der Pigmentierung in mehrfarbigen Tieren [wird] nicht nur durch genetische Faktoren, sondern auch durch Faktoren im Laufe der Entwicklung festgelegt.«[8] Die Gene sind längst nicht alles, und selbst schlichte Äußerlichkeiten wie eine Fellmaserung müssen nicht programmiert sein, sondern sind dem Zufall überlassen.

Alles Leben besitzt ein fast schon magisches Zufallselement, wie Untersuchungen am schlichten Fadenwurm *Caenorhabditis Elegans* nahe legen. Sein Körper ist einem besonders strikten Bauplan unterworfen: Alle Würmer besitzen exakt 959 Zellen, die sich nach festen Regeln aufreihen. Forscher haben genetisch absolut identische Würmer gezüchtet, hervorgegangen aus der Inzucht zigtausender Generationen, und sie unter penibel konstant gehaltenen Laborbedingungen großgezogen. Und doch sterben die Würmer irgendwann, einfach so. Manche segnen bereits nach zehn Tagen das Zeitliche, andere leben drei Mal so lange. »Die Quelle der Variationen in *Caenorhabditis* ist unbekannt«, wundern sich die Altersforscher Caleb Finch und Thomas Kirkwood, die diesem Phänomen ein ganzes Buch gewidmet haben[9]. Ihr Fazit: Der Zufall als völlig eigenständige Kraft hat große Auswirkungen auf unser Leben. Auch, wenn wir versuchen, alle nur denkbaren Faktoren zu kontrollieren.

Vielleicht hat Klon-Elvis nicht einmal die Hüften des

King. Vielleicht ist meine Gen-Doublette dem Briefträger ähnlicher als mir selbst. Womöglich hat die Kopie Adolf Hitlers, die die durchgeknallte Raëlianer-Sekte herstellen will, um ihn endlich vor Gericht zu bringen, das Gemüt der Mutter Teresa. Für manche mag das eine erstaunliche Erkenntnis sein, gelten die Gene doch als die hervorragendsten Statthalter des festgeschriebenen Schicksals hienieden. Was also steht überhaupt in ihnen geschrieben?

Höheres Wesen mit drei Milliarden Buchstaben

»Das Genom in der Hand zu haben wird fast sicher als eine der krönenden Errungenschaften des neuen Jahrhunderts gesehen werden.« So frohlockte das Magazin »Time« im Jahr 2000, nachdem Forscher eine erste Rohversion des menschlichen Gen-Buchstabensalats angefertigt hatten[10]. Einige Medien gerieten in einen regelrechten Gen-Rausch. Die nie wieder so beschwingte »Frankfurter Allgemeine Zeitung« druckte in ihrem Feuilleton gleich einen Auszug aus dem »Buch des Lebens«: »CTCGTAACGTCC«[11], und so weiter, über mehrere Zeitungsseiten, die Abfolge der vier Buchstaben des Gen-Alphabets – chemisch gesehen, Basen mit den Namen Adenin, Cytosin, Guanin und Thymin. Paare dieser chemischen Buchstaben bilden die Sprossen einer Art verdrillter Molekül-Strickleiter, vornehm: »Doppelhelix«. Die Stricke der Leiter, die alles zusammenhalten, bestehen aus Zucker- (»Desoxyribose«) und Phosphatmolekülen. Alles in allem heißt das Gebilde »Desoxyribonukleinsäure«, kurz DNS, oder englisch, mit »Acid« statt »Säure«: DNA.

Die DNA umfasst beim Menschen über drei Milliarden

Buchstaben. Es bräuchte 10 000 Bücher wie dieses, um sie zu fassen, und neun Jahre, um sie laut vorzulesen. Zusammengenommen ist die DNA ein mehrere Meter langer Molekülfaden, der aufgezwirbelt ist und geschürzt zu 46 Chromosomen. Als Kopie liegen die Chromosomen im Kern der meisten unserer zig Billionen Körperzellen[12]. Ihre Information wird von Zellteilung zu Zellteilung weitergegeben und ebenso von Generation zu Generation. Ein nahezu perfekter Kopiermechanismus soll sicherstellen, dass dabei kein Jota verloren geht. (Fehler: einer in zehn Milliarden.)

»Es muss ein Meilenstein in der menschlichen Historie sein, wenn du zum ersten Mal einen Blick in deine Betriebsanleitung werfen kannst.« Das sagte anlässlich der gelungenen Genom-Kartierung Nobelpreisträger James Watson, der ein halbes Jahrhundert zuvor gemeinsam mit Francis Crick die Strickleiter-Struktur der DNA entdeckt hatte. »Dieses Buch zu besitzen wird die Welt verändern.«[13] Bisher hat der Besitz des Buches vor allem eines bewirkt: Zehntausende Wissenschaftler raufen sich die Haare bei dem Versuch, herauszufinden, was es eigentlich enthält.

Was genau die endlosen Buchstabenfolgen der DNA zu erzählen haben, ist nicht nur FAZ-Lesern ein gewisses Rätsel geblieben. Die drei Milliarden A, C, G und T sind nicht gerade eine aufschlussreiche »Betriebsanleitung« für unseren Organismus. Die Basenfolgen entsprechen eher dem grundlegenden, fest eingebrannten Maschinencode eines Computers mit all den verwirrenden Folgen von Einsen und Nullen. Selbst Experten fällt es schwer, diese Zahlenreihen einfach so zu interpretieren. Was ein Computer aus seinen Bits macht, hängt schließlich ganz von seinen Prozessoren ab, vom Zusammenspiel der Register, Speicher, Platinen und Schnittstellen, der Festplatten, der Ein- und Ausgabegeräte – und der zusätzlich installierten Software-pakete.

Gene sind die Kapitel im Buch des Lebens, die größeren Sinnabschnitte im Wust der DNA-Buchstaben, und mit ihnen ist es noch deutlich vertrackter. Sie enthalten nicht nur das Programm für den Betrieb des Systems Mensch, sondern zugleich den Bauplan für die gesamte Hardware. Nur einige menschliche Gene bestimmten über klar auszumachende Eigenschaften. Es gibt ein Gen, das dafür verantwortlich ist, dass wir seekrank werden, und eines, das uns die Fähigkeit verleiht, mit den Ohren zu wackeln; ein Gen, das dazu führt, dass Wasser süß schmeckt, nachdem wir eine Artischocke verspeist haben; ein Gen für die netten Grübchen um den Mund und eines, das für jene Wirbel in meinen Haaren verantwortlich ist, die meine Friseurin zum Wahnsinn treiben.[14] (Mein Sohn hat sie von mir geerbt.)

Schon im 19. Jahrhundert hatte der Augustinerpater Johann Gregor Mendel entdeckt, dass Organismen solche fest umrissenen, unveränderlichen »Faktoren« an ihre Nachkommen durchreichen. Mendel unternahm eine statistische Untersuchung unter 12 980 Erbsenpflänzchen, die durch Kreuzung auseinander hervorgegangen waren. Ob sie grüne oder gelbe Samen bildeten, ob sie rot oder gelb blühten, so fand Mendel, übertrug sich nach festen Regeln von den Eltern auf die Kinder. Die Eigenschaft »grüner Samen« etwa ging niemals verloren, sie wanderte durch die Generationen, kam in manchen zum Vorschein, in anderen blieb sie unterdrückt. Gene seien deshalb nichts anderes als ein Datenstrom, der seit Jahrmillionen durch die

Zeit reist, erklärt heute der Evolutionsbiologe Richard Dawkins[15]. Leben sei nicht mehr und nicht weniger, als »in DNA codierte Texte in die Zukunft [zu] tragen«. In diesem Bild wären alle Lebewesen nichts weiter als billige Einmal-Speicher für die kostbaren Texte. Nach Gebrauch wegzuwerfen.

Ein Spielplatz für den Zufall

Stimmt schon: Es gibt wohl kaum einen Mechanismus in der Natur, der so Ehrfurcht einflößend komplex und determiniert ist wie die Weitergabe der Gene. Und doch bilden diese mit ihrer »diamantharten Identität« (Dawkins) keine Zwangsjacke für ein armseliges Dasein mit fest gefügten Regeln, wie es das Klischee will, für eine Existenz als Uhrwerk, dessen Ablauf beim ersten Ticken bereits für alle Zeit festgelegt ist, für ein Leben an imaginären Fäden, die uns marionettengleich an Häuserwände pinkeln lassen oder Doughnuts blind verfolgen.

Die Gene eröffnen einen eingezäunten Spielplatz für den Zufall. Sie errichten feste, aber großzügig ausgelegte Käfige für den bizarren Zoo wandlungsfähiger, hoch vernetzter Moleküle, der unser Körper ist. In der deterministischen Maschinerie des Lebens gibt es dicke Dehnfugen für Unvorhersehbares, Einfallschneisen für den Rest der Welt, Millionen Antennen nach draußen. Und das kommt so.

In fast allen meinen Zellen liegt ein doppelter Satz von zwei Mal 23 Chromosomen. Die eine Hälfte stammt von meinem Vater, die andere von meiner Mutter. Alle vererbten Eigenschaften sind damit doppelt vorhanden, nur unterschiedlich interpretiert von Pa und Ma. Grundlegende

Regeln dafür, welche nun tatsächlich zum Tragen kommen, hat Pater Mendel als Erster gefunden: In manchen Fällen unterdrückt ein Gen das andere völlig. (Mendel taufte einen solchen Faktor deshalb »dominant«. So hat mein Sohn die dominante Fähigkeit meiner Freundin geerbt, mit den Ohren zu wackeln. Ich kann es nicht.[16]) In anderen Fällen mischen sich die Informationen zweier gleichwertiger Gene, wie etwa bei der japanischen Wunderblume. Kreuzt man eine rote mit einer weißen, werden die Blumenkinder rosa.

Nur für die wenigsten unserer Eigenschaften aber gelten Mendels einfache Regeln, denn für sie ist längst nicht nur ein einzelnes Gen zuständig. Ob ich sehr groß bin oder meine Freundin ausnehmend hübsch, ob mein Freund Frank hohen Blutdruck hat oder Kollege Giesbert zur Nachdenklichkeit neigt, ob meine Schwester Eva sich etwas gut merken kann oder Nachbar Christian intelligent ist – das haben wir alle nicht dem einen Gen, sondern höchstens einem Netzwerk Dutzender, Hunderter, manchmal Tausender Erbfaktoren zu verdanken. Selbst für vermeintlich messerscharf umrissene Attribute ist in vielen Fällen kein bestimmtes Gen aufzutreiben: »Genetiker haben es bisher zum Beispiel nicht geschafft, einzelne Gene zu finden, von denen man sicher sagen kann, dass sie Schizophrenie, Autismus oder manische Depressionen verursachen, obwohl diese Zustände substanziell vererbbar sind«, betont der Neuropsychologe Steven Pinker vom Massachusetts Institute of Technology[17]. »Wenn wir aber nicht einmal das Gen der Schizophrenie finden, ist es noch unwahrscheinlicher, ein Gen für Humor, Musikalität oder Beliebtheit zu finden.« Wenn also selbst Wissenschaftler hin und wieder locker von Genen »für« Neurotizismus,

Schwulsein oder Fettleibigkeit reden, dann ist das laxer Sprachgebrauch. Er verschleiert nicht nur, dass fast alles an uns »multigen« ist, sondern auch aus einem wunderbar komplizierten Wechselspiel zwischen Genen und Umwelteinflüssen folgt.

So wartet in der Genetik selbst auf eine einfache Frage meist eine komplizierte Antwort. Zum Beispiel auf die Frage, auf die uns Verwandte, Freunde, Kollegen, Kneipenbekanntschaften und der Bäcker an der Ecke gerne ungefragt ihre unumstößliche (und täglich wechselnde) Antwort geben: Ist unser Sohn meiner Freundin ähnlicher oder mir? Das ist auf Anhieb schwer zu sagen. Die spezielle Mischung seiner Gene ist das Ergebnis eines Glücksspiels von kaum vorstellbarem Ausmaß. Jedes der vielen zehn Millionen Spermien in einem Kubikzentimeter Samenflüssigkeit und jede Eizelle haben ihre individuelle Genkombination in einer Lotterie gewonnen, bei der so gut wie nie dieselbe Zahl gezogen wird. Bevor aus Spermium und Ei unser Sohn hervorging, haben wir unser Erbgut noch einmal ordentlich gemischt. Mein Spermium zum Beispiel bekam nicht alle 46, sondern nur 23 Chromosomen mit auf den Weg, und zwar je eines der 23 Paare *meiner* Eltern. Ob nun aber in einem der zig Millionen Spermien ein bestimmtes Chromosom ausgerechnet von meinem Vater oder meiner Mutter stammt, ist dem Zufall überlassen. Und es gibt mehr als acht Millionen Möglichkeiten, zwei Mal 23 Chromosomen zu kombinieren. Schlimmer noch: Während der Bildung des Chromosomensatzes tauschen einzelne Vater- und Mutter-Chromosomen gerne auch noch mal mehr oder weniger große Datenstücke aus. Am Ende erbt das Kind kein Chromosom, das bei Vater oder Mutter exakt so zu finden wäre.

Hinzu kommen all die Mutationen, die unsere ach so diamantharten Erbanlagen immer wieder durchpflügen und die im schlimmsten Fall zu Erbkrankheiten führen: Manche Menschen besitzen zu wenige oder zu viele Chromosomen, wie etwa jene mit »Trisomie 21«, bei denen Chromosom Nr. 21 dreifach vorhanden ist. Bei anderen fehlen ganze DNA-Abschnitte, oder die Gene haben nicht die richtige Reihenfolge, oder ein Gen ist verkehrt herum eingefügt, oder eine Sequenz hat sich vervielfacht. Selbst ein einziger falscher Buchstabe an entscheidender Stelle kann einem Gen-Abschnitt eine völlig neue Bedeutung verleihen. »Hass« oder »Hase«? »Man bohrt nicht in der Nase« – »Max bohrt nicht in der Nase«?

Kaum auszudenken also, wie unwahrscheinlich es war, dass unter Millionen ausgerechnet das eine Spermium mit *dieser* speziellen Genkombination bei der Eizelle meiner Freundin mit genau *jener* Genkombination Einlass fand. (Dieses Roulettespiel wird beim Klonen umgangen – ein Klon sollte einfach die identische Kopie der Gen-Daten des Zellspenders besitzen.)

30 000? Herr Venter belieben zu scherzen!

Lebende Organismen sind die komplexesten Systeme, die wir kennen, und der Mensch ist das komplexeste unter ihnen (zumindest nach seiner etwas beschränkten Kenntnis und seiner etwas humanozentrischen Einschätzung). Umso erstaunlicher war das zentrale Ergebnis seiner Genom-Inventur: Der Mensch besitzt gerade so viele Gene wie eine Maus, verkündeten die Gen-Buchstabierer, als sie nach ihrer Jahrhundertanstrengung aus den Labors kamen. Statt der über 100 000 Gene, die viele Experten erwartet hatten, fanden sich im Erbgut des Homo sapiens sapiens nur um die 30 000 bis 40 000[18]. Der französische Genetiker Jean-Michel Claverie, der die Ehre hatte, die Veröffentlichung des Buchstabensalats im Journal »Science« zu kommentieren, fand das »ziemlich aufregend«. Gemessen an der reinen Gen-Zahl, seien Menschen damit nur »fünf Mal so komplex wie ein Bakterium«[19]. Viele Wissenschaftler zeigten sich regelrecht schockiert: »Wir glauben, wir seien höhere Wesen«, gründelte Mani Subramanian von der Firma Celera, die (parallel zum internationalen, öffentlich finanzierten »Humanen Genom-Projekt«) den Gencode des Menschen entschlüsselt hatte. »Aber wir haben so viele Gene wie eine Pflanze.«[20] Womöglich noch provozierender für die Sieger der Schöpfung: Unsere DNA unterscheidet sich um kaum mehr als ein Prozent von der eines Schimpansen[21]. (Und die Geninformation der ach so unterschiedlichen Menschen ist zu 99,9 % identisch.)

Celera-Gründer und Chef-Buchstabierer Craig Venter zog daraus seinen ganz persönlichen Schluss: »Die Alltagsweisheit sagte, dass, weil wir offensichtlich komplexe Organismen sind, es für jede menschliche Charaktereigenschaft, Äußerlichkeit und Krankheit ein Gen geben muss. Als Gesellschaft sehen wir das Leben in genetisch-deterministischer Weise. Die Menschen wollen, dass ihnen ihre Gene Absolution erteilen für alle ihre Fehler und Unzulänglichkeiten. Aber mit nur 30 000 Genen können wir nicht nur die Summe unserer Gene sein.«[22]

Ein paar zehntausend hin oder her: Das Wesen des Menschen liegt nicht alleine im Erbgut. Es basiert offensichtlich auf dem ganz besonderen Zusammenspiel aller Bauelemente unseres Körpers, auf einem Puzzle, von dem noch nicht einmal die Anzahl der Teile bekannt ist. Denn einen zentralen Punkt haben Forscher, Journalisten und Politiker beim Tanz um die goldenen Gene, der zu Beginn des neuen Jahrtausends ausbrach, geflissentlich übersehen: Die DNA selbst, der bloße Code, bewirkt gar nichts. Sie macht weder Augen blau noch Gehirne schlau oder gar Viren zur Sau.[23] So gleicht die Sequenzierung des Genoms dem Schnappschuss von einer Ballerina. Er sagt nichts über das Ballett[24].

»Erst das Proteom ist der wirkliche Schlüssel für das Verstehen menschlichen Lebens«, erklärt der Biochemiker Hanno Langen vom Biotechnologie-Giganten Roche in Basel[25]. Für ihn sind die Gene nur eine Art »Datenbank des Lebens«. Die eigentliche Software, die ständig umgeschrieben werden kann und alle Aufgaben im Körper erledigt, bildeten hingegen Eiweiße (Proteine). Sie sind die Endprodukte des Erbguts, die beim Ablesen und Übersetzen entstehen. Ein DNA-Schnipsel wird dabei zunächst in so genannte RNA (Ribonukleinsäure) kopiert, die ganz ähnlich aufgebaut ist wie ihre Vorlage. Nach ein paar Verarbeitungsschritten wandert die RNA aus dem Kern in die Fabriken der Zelle und dient dort als Bauanleitung für Proteine.

Nicht die statischen Gene, sondern die irrlichternden Proteine bauen das Wunder des Lebens. Proteine transportieren Stoffe oder liefern Energie, sie bilden Gewebe, Haare, Haut, Horn oder Herz. Die Proteine Myosin und Aktin kontrahieren und strecken die Muskeln, Kollagenfasern stützen das Bindegewebe, Insulin regt den Abbau von Blutzucker an, Hämoglobin transportiert Sauerstoff auch in die entlegensten Winkel des Organismus. Andere Proteine übermitteln Botschaften zwischen weit entfernten

Zellen, wieder andere steuern chemische Reaktionen. Und Proteine schalten die Gene an und aus. »Insofern ist die Entschlüsselung der 30 000 bis 40 000 Gene, die [...] weltweit gefeiert wurde, nur ein erster Schritt«, betont Hanno Langen. 98 Prozent aller Krankheiten würden von Proteinen gesteuert, nur ein verschwindender Teil direkt durch die Gene. »Ob Viagra oder Aspirin, 90 Prozent aller Medikamente wirken deshalb an Eiweißen«, erläutert Langen.[26]

Die Pointe dabei: Proteine besitzt der Mensch mehr als zehn Mal so viele wie Gene, denn aus einem einzigen Gen können Dutzende unterschiedlicher Eiweiße entstehen. Und während das Genom immer gleich bleibt, verändert sich die Zusammensetzung der Proteine mit dem Alter, aufgrund von Umwelteinflüssen, unter Stress, durch Arzneimittel oder Krankheiten. Womöglich geht die Zahl der verschiedenen menschlichen Eiweiße über ein ganzes Leben hinweg sogar in die Millionen[27]. Selbst die Gen-Buchstabierer von Celera jagen deshalb nun nach Proteinen. Auch der mächtigste Supercomputer der Welt, der »Earth Simulator« nahe Tokio, beteiligt sich an der Hatz. Geballte Rechnerleistung ist nötig, denn die genetisch vorgegebene Abfolge der Bausteine eines Proteins sagt noch wenig über seine Aufgabe. Entscheidend ist die komplizierte, dreidimensionale Form, in die es sich zusammenfaltet – in einigen Fällen kann man sie heute am Computer errechnen. Ob die Eiweiße schließlich als Knäuel, Spirale, Plättchen, Helix oder Faltblatt daherkommen, entscheidet darüber, ob sie für den Rest ihres Lebens Bakterien bekämpfen oder Nahrung zersetzen, Hormone einfangen oder selbst welche sind, ob sie uns glücklich, traurig, nervös oder ruhig machen. Eine falsch gefaltete Protein-

Struktur kann fatale Folgen haben – wie bei den BSE-Erregern, den Prionen.

Nachdem der spätere Nobelpreisträger Max Perutz zwanzig Jahre lang an der – im Vergleich zu anderen Arten im Protein-Zoo – einfachen Struktur des Hämoglobins getüftelt hatte, seufzte er angesichts des Gewurstels, das er schließlich fand: »Konnte die Suche nach einer grundlegenden Wahrheit wirklich zu einem so scheußlichen und wie Gedärm aussehenden Ding geführt haben?«[28] Und selbst wenn wir eines Tages die vertrackten Strukturen aller Proteine verstanden haben, sind wir noch nicht fertig. Beim Studium der schlichten Bäckerhefe etwa stellten Wissenschaftler fest, dass deren Eiweiße so gut wie nie alleine arbeiten – sondern im Team mit bis zu 82 Partner-Proteinen. So kann es gut und gerne noch ein Jahrhundert dauern, ehe wir die Proteine des Menschen und ihre Funktionen wirklich kennen[29].

Und dann? »Selbst wenn sie die ganze Chemie überblicken, ist es schwer, zu verstehen, wie eine Zelle arbeitet«, sagt der Physikochemiker Adam Arkin vom kalifornischen Lawrence Berkeley National Laboratory[30]. Arkin versucht, das Räderwerk des Lebens am Computer zu simulieren – indes: »Wenn wir eine bestimmte Komplexitätsschwelle des Netzwerks erreichen, verstehen wir seine Funktionsweise überhaupt nicht mehr.« Bereits die Frage, wie ein simples, unbelebtes Virus entscheidet, wann es aus seinem Schlaf erwacht und losschlägt, hat Arkin und seine Kollegen Jahre aufwändiger Experimente gekostet. Wie es scheint, sind daran fünf Gene beteiligt – die wiederum von sechs anderen gesteuert werden. Arkins Computersimulationen ergaben, dass bereits auf dieser fundamentalen Ebene der Zufall eine entscheidende Rolle spielt. Würden sich

alle Viren unter gleichen Bedingungen immer gleich entscheiden, könnte das bei einem einzigen Fehler zu ihrer
kompletten Ausrottung führen.[31]

Du bist, was Großvater isst

Als wäre die Sache mit dem Leben bis hierhin nicht schon
kompliziert genug, finden Forscher in letzter Zeit weitere
Datenspeicher abseits der Gene, die ebenfalls vererbbare
Informationen bergen. Da sind einerseits die gigantischen
Mengen von DNA, die nicht zu einem klassischen Gen gehören, die also nicht für das Codieren eines Proteins zuständig sind. Lange dachte man, es handele sich dabei vor
allem um Müll der Evolution, um Datenreste vergangener
Zeiten, die bis heute mitgeschleppt werden. Weil die bisher
identifizierten menschlichen Gene weniger als zwei Prozent des Buchstabensalats der DNA beanspruchen, wären
damit mehr als 98 Prozent unseres Erbguts Abfall. Mittlerweile aber finden sich immer mehr DNA-Abschnitte, die
zwar kein Protein codieren, aber dennoch auf die eine oder
andere Weise lebenswichtig sind für unseren Organismus.
Sie sind viel schwerer zu finden als »echte« Gene. »Tatsächlich könnte sich das, was man bisher als Abfall verdammt
hat, weil man es nicht verstand, als die eigentliche Basis
menschlicher Komplexität erweisen«, meint John Mattick,
Molekularbiologe von der australischen University of
Queensland[32].

Auch Svante Pääbo, Direktor des Max-Planck-Instituts
für Evolutionäre Anthropologie in Leipzig, ist auf der Suche nach der molekularen Wiege der Menschheit. »Mich
interessiert nicht, was ich mit der Maus gemein habe«, wit-

zelt er, »mich interessiert, wie ich mich von unserem engsten Verwandten unterscheide, dem Schimpansen.«[33] Nicht unsere eigentliche Erbinformation, die nur minimal vom Schimpansen abweicht, macht uns zu etwas Besonderem. Wohl aber, so hat Pääbo herausgefunden, die spezifische Aktivität der Gene an verschiedenen Stellen im menschlichen Körper – und zwar vor allem im Gehirn, auf dessen Leistungsfähigkeit sich unsere Spezies zu Recht etwas einbildet. »Im Gehirn sind die Ausdrucksprofile von Schimpansen und Makaken einander ähnlicher als die von Schimpanse und Mensch«, stellte Pääbo fest[34]. In der Leber oder im Blut gab es zwischen Menschen und Affen hingegen weniger Unterschiede. Wie die dafür verantwortlichen Schalter funktionieren, beginnen Forscher gerade erst zu verstehen.

Woher weiß etwa eine Muskelzelle, dass sie eine Muskelzelle ist und mich beim Jogging unterstützen soll – und nicht etwa Dienst in einer Darmzotte schieben und den gerade verspeisten Burger resorbieren? Schließlich besitzt sie den vollständigen Datensatz und könnte wahlweise mit verdauen, mit joggen, mit denken oder mit fühlen. Wie wächst aus einer Hand voll embryonaler Zellen ein Mensch heran? Wer sagt den Genen, wann und wo sie ihren Auftritt haben?

Antwort: nicht wieder nur andere Gene, sondern auch ein zusätzlicher Code, noch viel komplexer als die DNA. Er steckt in einem System molekularer Schalter, die das An und Aus der Erbinformation regulieren. Dieser Mastercode hat womöglich auch die Fähigkeit, die Geschichte einer Zelle zu speichern und an die nächste Generation zu überliefern – ohne dass dabei die diamantharte DNA selbst verändert würde. Solche »epigenetischen« Informationen werden durch molekulare Siegel weitergegeben, die sich an die DNA heften. So genannte Methylgruppen aus Wasser- und Kohlenstoff etwa, die sich an den Gen-Buchstaben Cytosin anlagern, können ein Gen verschließen.

Die zentrale Schaltstelle für das An und Aus des Gencodes sind aber wohl die Histone – molekulare Garnrollen, auf die die ellenlange DNA aufgewickelt ist, um Platz zu sparen. Sie sind offensichtlich mehr als profaner Verpackungsstoff. Auch die Histone (und mit ihnen ein ganzer Rattenschwanz weiterer Steuermoleküle) können Gene regulieren. Manche Forscher glauben sogar, dass sie die zentrale Schnittstelle bilden, an der Erbgut und Umwelteinflüsse sich miteinander verzahnen – das epigenetische Einfallstor, durch das Ernährung, Gifte oder Stress auf unseren Organismus wirken. So könnte unsere Lebensführung die Aktivität der Gene beeinflussen – und der Spieß wäre umgedreht: Wir wären nicht die Marionetten unserer Gene, sondern die Gene Marionetten unserer Lebensweise.

Ein Beispiel: Nicht nur du bist, was du isst, sondern womöglich auch noch deine Enkel. Schwedische Mediziner jedenfalls wollen erste Anzeichen dafür gefunden haben, dass sich die Ernährungsgewohnheiten der Ahnen auf die Gesundheit ihrer Nachfahren auswirken – ein Effekt, der Grundannahmen der Genetik über den Haufen wirft und, wenn er sich bewahrheiten sollte, epigenetisch zu erklären wäre. Gunnar Kaati von der Universität von Umeå sammelte die Gesundheitsdaten von 240 Schweden, die zwischen 1890 und 1920 geboren wurden[35]. Aus den damaligen Erntebüchern schloss er, wie die Ernährungssituation der heutigen Großväter kurz vor der Pubertät gewesen sein muss. Wie sich herausstellte, hatten Enkel, deren Großväter in ihrer Pubertät wohlgenährt waren, ein vierfach erhöhtes Risiko, an den Folgen von Diabetes zu sterben. Kinder wiederum, deren Väter in der Jugend hungern mussten, hatten ein verringertes Herzinfarkt-Risiko.

Vielleicht haben die Lebensgewohnheiten eines Vaters zwar nicht die Gene selbst, wohl aber ihre Aktivitätsmuster beeinflusst. Wenn sich während der Pubertät die ersten Spermien bildeten, könnte in ihnen das An-aus-Muster weitervererbt werden. Hätte Gunnar Kaati Recht, wären die Folgen dramatisch: »Ich frage mich zum Beispiel«, warnt er, »was es für zukünftige Generationen bedeutet, wenn zurzeit eine ganze Generation übergewichtiger Kinder heranwächst.«[36] Schon meint der britische Genetiker Marcus Pembrey herausgefunden zu haben, dass sich sogar die Rauchgewohnheiten der Väter auf die Schalterstellung in den Genen der Kinder auswirkt – wenn sie vor der Pubertät zu rauchen begannen. »In dem Alter, in dem Spermien heranreifen«, glaubt Pembrey, »registrieren sie offenbar Signale aus der Umwelt.«[37]

Solche schwachen, rein statistischen Hinweise werfen mehr Fragen auf, als sie beantworten. Immerhin: Im Tierversuch haben Forscher bereits einen direkten Hinweis gefunden, dass die Ernährung der Eltern auf ihr genetisches Erbe durchschlagen kann. Forscher der Duke University im amerikanischen Durham gaben Mäusen während der Schwangerschaft einen Cocktail ganz gewöhnlicher Nahrungszusätze (Vitamin B_{12}, Folsäure, Cholin, Betain). Wie sich zeigte, hatten die Kinder dieser Mäuse nicht nur ein geringeres Risiko, an Fettleibigkeit, Diabetes und Krebs zu erkranken – ihre (in diesem Fall) genetisch festgelegte Fellfarbe veränderte sich zu braun, während eine Kontrollgruppe ohne Sonderernährung gelbes Fell bekam.[38] »Wir haben zum ersten Mal genau gezeigt, wie Nahrungsergänzungen für die Mutter die Genexpression ihrer Nachkommen ändern kann, ohne die Gene selbst zu verändern«, sagt Randy Jirtle, Leiter der Studie. Jirtle entdeckte, dass die Nahrungszusätze tatsächlich Auswirkungen auf die Methyl-Siegel an einem bestimmten Gen hatten und seine Aktivität verminderten.

Angesichts des Lehrbuchdogmas, dass alle Erbinformation vom Gen ausgehe und durch die Lebensweise nicht beeinflussbar sei, sind solche Forschungsergebnisse revolutionär. »Nichts, was ein Lebewesen während seines Lebens tut«, predigte Evolutionsbiologe Richard Dawkins noch Mitte der 90er Jahre, »hat auf die Gene auch nur die geringsten Auswirkungen.«[39] Heute ist damit nicht mehr alles gesagt.

Der epigenetische Über-Code ist wahrscheinlich auch ein Grund dafür, dass ein Klon nie so richtig nach seinem Zellspender kommt – und dass die allermeisten Klon-Experimente so erschütternd schief gehen. Um ein identisches Klon-Schaf zu erzeugen, genügt es nicht, dem Spendertier irgendeine erwachsene Zelle zu entnehmen. Der epigenetische Code der Spenderzelle hat die bisherige Historie gespeichert und ist womöglich dafür verantwortlich, dass das berühmte Klon-Schaf Dolly im Gegensatz zu seiner Zellspenderin früh an Arthritis erkrankte und eingeschläfert werden musste.

Die wenigsten von Menschen erzeugten Säugetier-Klone kommen überhaupt lebend zur Welt. Und wenn, dann leiden sie, wie Dolly, an allerlei Krankheiten und sterben allzu früh. Sie sind fettleibig wie Klon-Mäuse; sie kommen als Riesenbabys auf die Welt, haben eine Schrumpfleber oder flackernde Hormonpegel wie manche Klon-Rinder;

oder sie quälen sich mit Herz- und Lungenproblemen wie einige Katzenklone[40]. Den Klonen von Primaten fehlen regelmäßig wichtige Proteine, die für die Zellteilung entscheidend sind. Sie schaffen es bisher nicht zur Geburt[41].

Das aus einer meiner erwachsenen Zellen hergestellte Zweit-Ich, das meine ungeliebte Hausarbeit mit mir teilt, dürfte noch etwas auf sich warten lassen. Bis die Kopien von Adolf Hitler, Marilyn Monroe oder Elvis Presley auf Erden wandeln, können wir aber schon mal die besten Klon-Experimente studieren, die es gibt. Die Natur selbst stellt sie an.

Amöben vervielfältigen sich durch schlichtes Kopieren ihrer Gene, ebenso der Löwenzahn oder manche Würmer. Trennt man einen Teil vom Knoblauch ab, von einer Bananenstaude oder einem Apfelbaum, so wächst er weiter, auch aus abgeschnittenen Weidenzweigen wachsen neue Bäume – »Klon« geht auf das altgriechische Wort für »Zweig« zurück[42]. (Viele Obstbäume und Weinreben sind gewissermaßen Halb-Klone: Sie entstehen, indem ein Veredelungszweig auf die wild-kräftige, aber wirtschaftlich unbrauchbare Basis gepfropft wird.)

Auch eineiige Zwillinge sind nichts anderes als Klone. Zweieiige Zwillinge entstehen, wenn zugleich mehrere Eizellen heranreifen, die mit verschiedenen Spermien des Mannes (selten auch: mit den Spermien verschiedener Männer) befruchtet wurden. Die Kinder, die daraus entstehen, haben – wie alle Geschwister – durchschnittlich nur die Hälfte ihrer Gene gemeinsam. Wie viele und welche im Einzelfall, das ist der großen Gen-Lotterie überlassen. Eineiige Mehrlinge aber sind das Ergebnis einer bis heute etwas mysteriösen, ungeschlechtlichen Vermehrung: Ein bereits befruchtetes Ei teilt sich in mehrere Kopien mit identischem Datensatz, die als eigenständige Lebewesen heranwachsen. An ihnen lässt sich besonders gut studieren, was wir aus der Betriebsanleitung des Lebens mit ihren Milliarden Buchstaben vielleicht niemals direkt herauslesen werden: welchen Anteil die Gene wirklich an unserem Schicksal haben. (Alle Angaben bitte möglichst in Prozent.)

Was wir ererbt haben und wie stark wir erst in unserer Entwicklung geprägt werden, das ist vielleicht das zentrale Politikum unserer Tage. Es wird nie im Bundestag debattiert, hat aber weitreichende Auswirkungen auf unsere Gesellschaft. Eine zumindest diffuse Ansicht dazu liegt jedem Bildungs- und Erziehungsmodell zugrunde. Jede Gesellschaftstheorie, jede Idee von Gerechtigkeit und Fürsorge, jedes Rechtssystem oder Rentenmodell beantwortet insgeheim die Frage, inwieweit der Einzelne Schmied seines Glückes und Herr seiner selbst ist, wie viel er von der Gesellschaft, den Umständen, der Umwelt zu erwarten hat, und welche Grenzen ihm sein natürliches Erbe setzt.

Zwei Männer namens James mit zwei Hunden namens Toy

Nehmen wir Robert Shafran, der sich am Sullivan County Community College im Staat New York einschrieb, um Hotel- und Restaurantmanagement zu studieren. [43] Kurz nach seiner Ankunft begannen wildfremde Menschen, ihn freundlich zu grüßen, manche von ihnen nannten ihn »Eddy«. Dabei war Shafran nicht ganz einfach zu verwechseln. Er hatte kein Dutzendgesicht, sondern dunkle Augen, ein markantes Kinn und schwarzes, lockiges Haar. Und doch lebte in der Gegend offensichtlich eine verblüffende Kopie seiner selbst. »Jemand, der Eddy gut kannte, der wusste, dass Eddy adoptiert worden war, fragte mich schließlich nach meinem Geburtsdatum und ob ich ebenfalls adoptiert worden sei«, erinnert er sich[44]. Als Robert Shafran dies bejahte, lag die Vermutung nahe, dass er zufällig auf einen Zwillingsbruder gestoßen war, von dem er bisher nichts wusste. Noch am selben Abend traf er sich mit Eddy Galland.

Zur Medienfolklore solcher Geschichten über wiedervereinte Zwillinge gehört eine Liste von Gemeinsamkeiten, die sich bei der ersten Begegnung der beiden zwangsläufig herausstellt. Obwohl beide in völlig getrennten Lebensräumen, mit unterschiedlichen Eltern, Schulen und Freunden aufgewachsen sind, haben sie – neben ihrem Aussehen – meist viel mehr gemeinsam, als durch bloßen Zufall zu erklären wäre. So auch im Fall Shafran/Galland, der im September 1980 die Weltmedien beschäftigte. Robert und Eddy waren beide begeisterte Ringer und bevorzugten dieselbe Kampftechnik. Sie hatten dieselben Filme gesehen und konnten daraus dieselben Zeilen rezitieren. Nachdem die Story auf vielen Titelseiten gestanden hatte, bekam sie einen zusätzlichen Dreh: Ein dritter junger Mann, David Kellman, sah das Bild der beiden in der Zeitung und erkannte sich darin wieder. Die drei telefonierten, und verglichen ihre Leben. »Es ist alles gleich! Es ist alles gleich!«, soll Eddy immer wieder gerufen haben. Wie sich herausstellte, waren die drei seit ihrer Geburt Teil eines fragwürdigen Experiments. Nur die Wissechschaftler, die die Drillinge regelmäßig besuchten, wussten von der Existenz der anderen Geschwister. Später eröffnete David ein Restaurant in New Yorker Stadtteil SoHo mit dem Namen

»Triplets« (Drillinge). Robert studierte Jura. Und Eddy hat sich mittlerweile umgebracht.

Immerhin einige hundert der seltenen Fälle eineiiger, getrennt aufgewachsener Zwillinge sind mittlerweile dokumentiert[45]. Für die Forschung sind sie besonders spannend: Anhand der Persönlichkeit, Intelligenz und Vorlieben, der Lebens- und Krankheitsgeschichten solcher Klone mit unterschiedlichen Lebensbedingungen lässt sich die Macht der Gene besonders gut abschätzen. Und die Übereinstimmungen sind zum Teil bizarr. Als sich etwa die eineiigen Zwillinge James Springer und James Edward, 1939 geboren in Piqua, Ohio, und in getrennten Familien aufgewachsen, nach vier Jahrzehnten wieder trafen, regten sie an der University of Minnesota gleich ein ganzes Forschungsprogramm an. Die beiden James hatten längst nicht nur – zufällig! – den Vornamen gemein, den ihnen ihre neuen Adoptiveltern in Unkenntnis des anderen Zwillings gegeben hatten.

Beide James hatten eine Linda geheiratet. Um sich danach von ihr scheiden zu lassen und eine Betty zu ehelichen. Ihre erstgeborenen Söhne nannten sie James Alan Lewis und James Allen Springer. Beide besaßen einen Hund namens Toy. Beide hatten in einem Teilzeitjob bei der Polizei gearbeitet und Urlaub am selben Strand in Florida gemacht. Beide waren 1,80 Meter groß und wogen 90 Kilo. Sie schätzten beide »Miller Light«-Bier und kettenrauchten »Salem«-Zigaretten. Jeder von ihnen lebte in einem frei stehenden Haus mit einer weißen Holzbank, die um einen Baum im Garten gezimmert war. Beide hatten eine Heimwerkstatt; der eine bastelte darin Miniatur-Picknicktischchen, der andere Miniatur-Schaukelstühlchen. Beide interessierten sich für Autorennen und verabscheuten Baseball. Beide schrieben ihren Frauen kleine Zettelchen mit Liebesbotschaften. Beide knirschten nächtens mit den Zähnen und kauten tagsüber Fingernägel. Beide hatten Bluthochdruck, Hämorrhoiden und Migräne. Auch ihre Persönlichkeitsmerkmale und ihre Intelligenz, mit Standardtests gemessen, glichen sich, als hätte ein und dieselbe Person die Fragebögen zu unterschiedlichen Zeiten ausgefüllt[46].

Derart beeindruckende Fälle lassen Wissenschaftler bis heute rätseln, wie stark die Gene unser Schicksal in all seinen Details bestimmen. Wie lässt sich feststellen, welche Übereinstimmungen bloße Koinzidenzen sind und welche ein Konstrukt des Erbmaterials? Was, wenn fast jeder in Ohio Salem raucht und Miller trinkt? Noch erstaunlicher als eine derartige Häufung von Zufällen im Leben zweier Personen wäre wohl eine genetische Veranlagung für bestimmte Bier- und Zigarettenmarken oder das Zimmern von Miniaturmöbeln.

Viele haben Bluthochdruck, Hämorrhoiden und hassen Baseball. Wie viel davon mag genetisch bedingt sein?

Es gibt eineiige Zwillinge, die getrennt aufgewachsen sind und es dennoch beide lieben, bei Konzerten oder in Aufzügen laut und künstlich zu niesen. Andere tragen gerne je sieben Ringe an den Fingern, wieder andere Gummibänder ums Handgelenk. Die Hirnströme mancher getrennt aufgewachsener eineiiger Zwillinge sehen aus, als kämen sie von ein und derselben Person. Ein getrenntes Zwillingspaar stippt gerne Buttertoast in den Kaffee, ein anderes bevorzugt eine besonders ausgefallene Sonnenbrillenform und trägt Hemden mit Epauletten. Ein getrenntes Paar arbeitet als Telefontechniker und besitzt je einen Foxterrier namens Trixie. Ein anderes hat identische Albträume davon, als Fisch an einem Angelhaken zu zappeln. Manche Paare schweigen grundsätzlich, sobald die Diskussion auf Politik kommt. Wieder andere sind schwul[47]. (Und, ja, es gibt auch getrennt aufgewachsene Zwillingspaare, bei denen ein Zwilling homosexuell ist und der andere heterosexuell.) Gibt es also wirklich ein »Schwulen-Gen« (dessen Entdeckung die Weltmedien 1993 feierten) oder nicht? Ein Buttertoast-in-Kaffee-Gen? Das Gen der sieben Ringe?

Weil die komplexen Mechanismen, die der Maschine Mensch zugrunde liegen, noch größtenteils rätselhaft sind, muss wieder einmal die Statistik herhalten, um das Mischungsverhältnis von Zufall und Notwendigkeit abzuschätzen. Je nach Datenlage ist das nicht so einfach. Nehmen wir die Wahrscheinlichkeit, dass James und James als zweiten Namen ihrer Söhne Allen/Allan wählten. Wie viele Eltern in Ohio tauften ihre Kinder seinerzeit genauso? »Wir leben in einer großen Welt mit einer Menge Möglichkeiten«, meint Thomas Bouchard von der University of Minnesota, der die James-Zwillinge untersuchte. »Wir wissen, dass Namen nicht zufällig verteilt sind. Sie kommen in Wellen. [...] Deshalb kann die Wahrscheinlichkeit, dass zwei Menschen den gleichen Namen haben, nicht so einfach gegen den Zufall abgeglichen werden. Was Sie brauchen, ist eine Population von Ehepaaren im selben Alter wie die Zwillingspaare mit ihren Kindern, und dann müssen Sie die Häufigkeit all dieser Namen ermitteln. Denken Sie mal darüber nach, wie viel Arbeit es ist, an diese Art von Information zu kommen – und dann müssen Sie das für einfach alles machen! Für das Auto, das sie besitzen! Für den Strand, an den sie gegangen sind! Den Namen ihres Hundes! Sie müssten diese Daten für jedes Paar sammeln. Und dann? Was sagen sie Ihnen?«[48] Forscher haben bis heute Hunderttausende Zwillinge untersucht. Weltweit existieren mittlerweile mehr als 40 größere Zwillingsregister, eines davon mit alleine mehr als 150 000 Paaren[49].

Aus diesen gigantischen Datenpools filtern Wissenschaftler mit immer feineren statistischen Methoden die erstaunlichsten Zusammenhänge. Der einfachste Test vergleicht ein- und zweieiige Zwillinge. Wird eine Eigenschaft in mendelscher Reinkultur vererbt, wie etwa die Blutgruppe, dann muss sie bei allen eineiigen Zwillingspaaren übereinstimmen. Zweieiige Zwillinge (und gewöhnliche Geschwister) haben wegen der Gen-Lotterie hingegen nur mit einer Wahrscheinlichkeit von 50 Prozent dieselbe Blutgruppe. Die Umwelt spielt dabei überhaupt keine Rolle, und man spricht deshalb von einer »Erblichkeit« von 100 Prozent. Sie ist ein Maß dafür, wie viel von den Unterschieden zwischen Menschen den Genen zugeschrieben werden kann.

Anderes Beispiel: die Anfälligkeit für Depressionen. Sicher gibt es kein einzelnes Depressionsgen, sondern viele, die zu solch einer Erkrankung beitragen, und auch die Umwelt ist am Ausbruch ganz bestimmt beteiligt. So finden Studien selbst unter eineiigen Zwillingen, die gemeinsam aufgewachsen sind und damit den gleichen Umweltbedingungen unterworfen waren, gerade eine Übereinstimmung von 40 Prozent (Statistiker arbeiten mit speziellen Maßen für diese Ähnlichkeit, der »Konkordanz« und der »Korrelation«). Man kann auch sagen: Wenn ein eineiiger Zwilling unter Depressionen leidet, besteht eine Wahrscheinlichkeit von 40 Prozent, dass auch der andere betroffen ist. Wie groß ist also der Einfluss der Gene? Eine Möglichkeit, das abzuschätzen, ist wieder der Vergleich mit zweieiigen, ebenfalls gemeinsam aufgewachsenen Zwillingen. Bei ihnen beträgt die Korrelation sogar nur 20 Prozent[50]. Die Erblichkeit beträgt damit 40 Prozent, denn sie lässt sich aus der *doppelten* Differenz beider Ähnlichkeiten abschätzen – der Unterschied zwischen ein- und zweieiigen Zwillingen entspricht – grob gesagt – der Differenz zwischen 100 und 50 Prozent gleichen Genen, also nur der »halben Erblichkeit«. (Ganz so einfach ist die Rechnung nicht immer.)

Was bedeutet solch eine Zahl? Was bedeutet es für mich, wenn in der Zeitung steht, die Körpergröße unter Europäern sei »zu 90 Prozent erblich«? Sicher nicht, dass meine 1,91 Meter zu 90 Prozent genetisch bedingt sind und ich den Rest Mutters wunderbaren Hackfleischtaschen zu verdanken habe. »Erblichkeit« beschreibt nur die Schwankungen innerhalb einer Gruppe von Menschen. Etwas besser ist vielleicht folgendes Bild: Ich bin zehn Zentimeter größer als der Durchschnitt meiner Altersgruppe. Wahrscheinlich habe ich neun Zentimeter davon meinen Genen zu verdanken, den Rest der Umwelt. Selbst dieses Bild ist aber schief, denn schließlich macht die Statistik nur Aussagen für die gesamte Bevölkerung, nicht für mich persönlich.

Auch der Einfluss der Familie lässt sich mit Zwillingsstudien grob abschätzen. So betragen die Übereinstimmungen für ein- und zweieiige Zwillinge, die gemeinsam aufgewachsen sind, beim Faktor »Rauchen« erstaunliche 90 und 70 Prozent. Während die Erblichkeit damit nur 40 Prozent beträgt, spielt das gemeinsame Umfeld offensichtlich eine größere Rolle. Sein Anteil errechnet sich aus der Differenz zwischen der Zwillingsübereinstimmung und der (halben) Erblichkeit, also 90 Prozent minus 40 Prozent bei eineiigen Zwillingen (bei zweieiigen 70 Prozent minus 20 Prozent), damit: 50 Prozent[51]. Die Familie scheint für die Rauchgewohnheiten also wichtiger als die genetische Veranlagung.

Die alte, eigentlich zu allen Zeiten obsolete Debatte, ob die Gene unser Schicksal seien oder die Umwelt, ist spätestens mit solchen Ergebnissen hinfällig. Sie ist etwas für Leute, die darüber streiten können, ob die Tasse halb voll oder halb leer ist. Bei fast allen menschlichen Eigenschaften, die einigermaßen interessant sind, macht's die Mischung. (Es sei denn, man findet Ohrwackeln und Blutgruppen wirklich wichtig fürs Lebensgefühl.) Und doch hat in den vergangenen hundert Jahren das Pendel der wissenschaftlichen Lehrmeinung gleich mehrfach extrem auf die eine und andere Seite ausgeschlagen. Der illustre Cousin Darwins, der Erbsenzähler Francis Galton, der bereits in Kapitel 5 seinen Auftritt hatte, erforschte als Erster systematisch den Einfluss von Erbanlagen bei eineiigen Zwillingen. Zwar konnte er die genetischen Zusammenhänge noch nicht genau kennen, unterschied aber »sehr ähnliche« von weniger ähnlichen Zwillingen. Galton meinte unter anderem, dass die natürliche Vorherrschaft der britischen Oberschicht durch die Erblichkeit ihrer Intelligenz begründet sei, und fasste im Jahr 1875 seine Ergebnisse bündig zusammen: »Nature is far stronger than nurture«, die Erbanlagen seien viel stärker als die Einflüsse der Umwelt.

Die Menschheit sei deshalb vor allem durch Zuchtwahl zu verbessern, folgerte Galton, und begründete die von ihm so genannte Eugenik, die nicht nur in Großbritannien und später in den USA Anhänger fand. Die Nationalsozialisten trieben sie zum bizarren Extrem. Zuchtwahl wurde Staatsziel, eine »arische« Über-Rasse sollte herbeigemendelt werden. Otmar von Verschuer vom Frankfurter Institut für Erbbiologie und Rassenhygiene, danach Leiter des

Kaiser-Wilhelm-Instituts für Anthropologie, menschliche Erblehre und Eugenik, war ein international hoch angesehener Zwillingsforscher. 1935 schrieb er im »Journal of the American Medical Association«, die Arbeit mit Zwillingen sei »absolut notwendig«, um so auch »die Zusammenhänge zwischen Krankheit, Rassentypen und Rassenmischungen« zu erkennen[52]. Einer seiner begabtesten Assistenten war Josef Mengele, der später als KZ-Arzt von Auschwitz die Neuankömmlinge für Sklaverei oder Tod selektierte. Mengele suchte unter ihnen auch nach Menschen mit genetischen Anomalien, um mit ihnen zu »experimentieren«, ganz besonders aber nach Zwillingen. Von etwa 1 500 Zwillingspaaren, genannt »Mengeles Kinder«, überlebten weniger als 200 Menschen.

Zumindest eine Folge hatten Mengeles Foltern und Morden für die Wissenschaft: Nach dem Zweiten Weltkrieg waren genetische Theorien und Zwillingsstudien tabu. Stattdessen kam Behaviorismus in Mode, der nahezu alle Unterschiede der Menschen durch Umwelteinflüsse zu erklären suchte. Sein Begründer, der Psychologe John B. Watson von der Columbia University, wurde mit folgendem Ausspruch unsterblich:

Geben Sie mir ein Dutzend gesunder, wohlgeratener Kinder und meine eigene, spezifizierte Welt, um sie aufzuziehen, und ich garantiere Ihnen, dass ich eines davon zufällig herausgreifen und zu irgendeinem Spezialisten machen kann, den ich wähle – Doktor, Jurist, Künstler, Großkaufmann und, ja, sogar Bettler und Dieb, ganz egal, welche Talente, Vorlieben, Tendenzen, Begabungen und Rassen seine Vorfahren hatten.

Watson schrieb ein Erziehungshandbuch, das dazu riet, Kindern möglichst wenig Aufmerksamkeit zu schenken, denn das Belohnen eines schreienden Kindes mit Zuwendung erziehe es zu noch mehr Schreien. Ein Schüler Watsons war Burrhus Frederic Skinner (aus Kapitel 3), der nicht nur Tauben mit Futtergaben zum Aberglauben erzog oder versuchte, Ratten mit den Grundprinzipien der Ökonomie vertraut zu machen. Skinner glaubte zwar an eine genetische Basis des Verhaltens, aber nicht an spezielle Gene für so etwas Spezifisches wie Kriminalität oder Altruismus. Menschen, meinte auch Skinner, ändern ihr Verhalten, wenn sich ihr Umfeld ändert.

Manche Anthropologen jener Tage versuchten sogar das unterschiedliche Aussehen der Menschen durch bloße Unterschiede in ihrer Kultur zu erklären. Derartige Ideen passten gut zur politischen Aufbruchsbewegung jener Tage, die endlich den Erblichkeitswahn überwinden wollte, der nicht nur als ideologische Basis für den Holocaust gedient hatte, sondern auch für Rassenverfolgung und -trennung, für die Unterdrückung der Frau oder für die Absonderung gesellschaftlicher Eliten.

Wie viel IQ hätten's denn gern?

Heute ist an die Stelle des oberflächlichen Gene-Umwelt-Streits ein oberflächliches Feilschen um Prozentpunkte getreten. Schließlich variiert die Erblichkeit von Studie zu Studie, wie so oft, wenn Statistik im Spiel ist. So lange die Zahlen kaum politischen Zündstoff bergen, sind sie schnell hingeschrieben: Unterschiede im musikalischen Gehör der Menschen sind zu drei Vierteln erblich (danke, Mama), Anfälligkeit für Langeweile zur Hälfte (*danke*, Papa) und Humor überhaupt nicht (Gott sei Dank).

Viele der ermittelten Erbfaktoren aber haben dramatische Folgen für unsere Gesellschaft. Legte man früher den Autismus von Kindern ihren gefühlsarmen »Kühlschrank-Müttern« zur Last, so zeigten Zwillingsstudien, dass er zu 90 Prozent genetisch bedingt ist. Glaubt man diesen Studien, dann liegt die Erblichkeit von Homosexualität irgendwo zwischen 40 und 50 Prozent, für die Zahl pro Tag gerauchter Zigaretten (ausschließlich unter Rauchern) rangiert sie bei über 80 Prozent[53]. So scheint die bloße Wahrscheinlichkeit, Raucher zu werden, deutlich weniger durch die Gene beeinflusst als das Verhalten der Raucher.

Besonders weitreichende politische Folgen zeitigte das Ringen um jene Prozentzahl, die mit den kognitiven Fähigkeiten des Menschen verbunden ist. Sie werden gerne vereinfachend im »Intelligenzquotienten« zusammengefasst, dem IQ. Eine Studie des seinerzeit sehr renommierten britischen Psychologen Sir Cyril Burt mit 35 getrennt aufgewachsenen Zwillingen stellte im Jahr 1966 fest, dass der IQ zu phantastischen 80 Prozent erblich sei. Unabhängig vom Umfeld schienen seine Zwillinge sehr ähnliche Fähigkeiten aufzuweisen. Folgte man Burt, dann hätte sich das »Tor der Gaben« für den modernen Menschen hinsichtlich der heutzutage wohl begehrtesten Eigenschaft bereits bei Zeugung geschlossen.

Drei Jahre später diente Burts Arbeit als eine der Grundlagen für eine Attacke gegen das US-Bildungssystem. Arthur Jensen von der University of California in Berkeley wandte sich gegen die Gleichbehandlung von schwarzen und weißen US-Bürgern, denn Schwarze schnitten in IQ-Tests seit je deutlich schlechter ab als Weiße. Ein Bildungssystem, das alle gleich behandele, folgerte Jensen, sei somit fragwürdig. Eine bessere Bildung könne schließlich nur an den 20 Prozent Umwelteinfluss etwas ausrichten. Eine Art neue Rassentrennung im Unterricht schien Jensen die beste Lösung – in einer Zeit, in der in den USA gerade die letzten Rassenschranken fielen. Zu ähnlich provokanten Thesen fühlte sich auch der Psychologe Richard Herrnstein hingerissen, ausgerechnet ein Schüler des Behavioristen Skinner. Herrnsteins bekanntestes Werk ist – gemeinsam verfasst mit James Murray – »The Bell Curve«, dessen Titel auf die Normalverteilung des IQ in der Bevölkerung verweist, eine »Glockenkurve«.

Mitten in den erbitterten Streit um die Erblichkeit der Intelligenz und die genetischen Unterschiede von »Rassen« in den 70er Jahren platzte die Nachricht, dass der einst so renommierte Sir Cyril Burt offensichtlich geschummelt hatte. Seine Zahlen konnten bei genauer Betrachtung einfach nicht stimmen. Selbst die in seinen Arbeiten genannten Koautorinnen waren erfunden. Auch Arthur Jensen, Freund des mittlerweile verstorbenen Burt, musste nach Prüfung der Daten zugeben, dass sie offensichtlich aus weltanschaulichen Gründen zusammengezimmert worden waren. Eine neue Analyse des damals vorhandenen Materials, unter Ausschluss des von Burt, ließ die IQ-Erblichkeit abrupt von 80 auf 60 Prozent fallen.[54] (Sollte der Begriff der menschlichen »Rasse« jemals Unschuld besessen haben, so hat er sie mit dem Wüten von allerlei Rassenfanatikern längst verloren. Wie weit die Unterschiede, anhand derer wir im Alltag Asiaten, Afrikaner oder Europäer auseinander halten, tatsächlich auch unter die Haut gehen, wird noch erforscht. Ganz offensichtlich gibt es bestimmte »Cluster« – unterscheidbarer Gruppen von Menschen mit sehr ähnlicher Gen-Ausstattung. Sie fallen mit den »Rassen« jdoch nicht unbedingt zusammen[55].)

Bis zum heutigen Tag ist das Thema Gene und IQ besonders in den USA Anlass für gehörigen Streit. Neuere Zwillingsstudien finden bei Erwachsenen meist eine erstaunlich ausgeprägte Erblichkeit der »allgemeinen kognitiven Fähigkeit« von 50 bis 60 Prozent. Je nach Studie, Forschungsmethode (und Weltanschauung der Forscher) ergeben sich jedoch Werte zwischen 30 Prozent[56] und 80 Prozent.[57] Auch das Alter der Probanden spielt eine Rolle: Der Einfluss der Gene nimmt mit den Lebensjahren zu.

Der Behaviorist Leon Kamin, der seinerzeit die Fälschungen in Burts Daten entdeckte, arbeitet heute an der Universität von Cape Town, Südafrika. Er ist immer noch skeptisch, wenn es um Zwillingsstudien und IQ geht: »Der heutige Konsens ist nicht so sehr eine Funktion der ›Power‹ dieser Studien, sondern der vorherrschenden Ideologie«, schimpft er[58]. Kamin fürchtet, dass IQ-Analysen zur Erblichkeit nur als Vehikel dienen, um elitäre Bildungsprogramme für eine vermeintliche genetische Oberschicht zu rechtfertigen.

Auch mit wissenschaftlichen Argumenten wird um den IQ gestritten: Was, wenn eineiige Zwillinge deswegen so frappierend ähnliche Werte produzieren, weil sie nun einmal sehr ähnlich aussehen und von ihrem Umfeld deshalb gleich behandelt (eingekleidet, gefördert, geliebt) werden? Auf diese Weise könnte ihre genetische Ausstattung über Bande spielen, ohne dass etwas so Komplexes wie die Intelligenz gleich Gen-gegeben wäre. Zahlreiche Studien bestätigen immerhin eine erstaunliche Gleichbehandlung von getrennt aufwachsenden Zwillingen durch ihr Umfeld.

Und was, wenn gewichtige Umweltfaktoren unter den Tisch fallen, die selbst getrennt großgezogene Zwillinge teilen? Bereits die Bedingungen im Mutterleib haben auf unser gesamtes späteres Leben deutliche Auswirkungen. Ein solcher Gebärmutter-Effekt könnte die Daten verfälschen und den Einfluss der Gene bei Zwillingen zu groß erscheinen lassen. »Es ist unwahrscheinlich, dass die Zwillingsmethode irgendetwas anderes misst als den größeren Unterschied in der Umwelt von eineiigen und zweieiigen Zwillingen«, sagt der radikale US-Kritiker Jay Joseph, der ein Buch über die »Gen-Illusion« geschrieben hat[59].

Und was schließlich, wenn die genetische Komponente des IQ überschätzt wird, weil sich die Gene eine Umwelt suchen, die ihre Wirkung erst so richtig verstärkt? Auch dafür gibt es deutliche Hinweise. Als etwa der Psychologe James Flynn Ende der 80er Jahre die allgemeine Entwicklung des IQ untersuchte, entdeckte er, dass der innerhalb einer einzigen Generation überall auf der Welt zwischen neun und 20 Punkte gestiegen war. »Größe und Geschwindigkeit dieser IQ-Zugewinne verlangen nach einer Erklärung durch Umwelt-Effekte«, folgert Flynn, »weil Gene sich so schnell einfach nicht ändern.«[60] Neue statistische Modelle zeigen, dass bereits kleine Vorteile in der Gen-Ausstattung zu einem großen Vorsprung werden können. »Die Gene werfen den mächtigen Motor der gegenseitigen Verstärkung zwischen Fähigkeit und Umwelt an«, erklärt Flynn. »Es beginnt damit, dass Sie etwas besser in der Schule sind und davon ermuntert werden, während andere, die etwas ›langsam‹ sind, entmutigt werden. Sie lernen mehr (was Ihren geistigen Fähigkeiten zusätzlich zugute kommt), ernten Lob für Ihre Noten, beginnen, die Bibliothek zu durchforsten, kommen in einen Aufwind, und so weiter.«

Flynns Theorie kann erklären, warum der weltweite IQ so dramatisch gewachsen ist – seit der industriellen Revolution hat sich die Qualität der Schulbildung ständig verbessert, ebenso die Ernährung und das Gesundheitswesen, im 20. Jahrhundert dann wuchsen Kinder zunehmend in einem Umfeld auf, in dem das Lösen abstrakter Aufgaben nötig war und gefördert wurde. Auch die Unterschiede zwischen den vermeintlichen »Rassen« könnten auf solchen Rückkopplungen beruhen. Und die bizarren Zwillings-Koinzidenzen. Wenn eineiige Zwillinge sich nach langer Zeit treffen, sagt Robert Plomin vom Institute of Psychology in London, einer der angesehensten Verhaltensgenetiker, seien sie selbst am meisten überrascht, wie sehr sich ihre persönliche Lebensumgebung gleicht: »Möbel, Dekoration, Farben, Materialien sind so ähnlich, dass der eine sich in der Wohnung des anderen sofort wohl fühlt.« Es sei eben nicht nur so, dass uns Umwelt und Gene beeinflussen. Vielmehr suchten sich die Gene auch eine Umwelt, die zu ihnen passt, und verstärkten so noch ihren Einfluss[61]. Ein unentwirrbares Wechselspiel, in dem es kein Biermarken-Gen braucht. Es genügt, dass Zehntausende von Faktoren, die in dieser Konstellation auf der Welt kein drittes Mal zu finden sind, exakt übereinstimmen. Keine Statistik kann Licht in die feineren Zusammenhänge bringen, die sich daraus ergeben, denn es gibt nur den einen Fall. Und doch führt die individuelle Gen-Konstellation womöglich fast wie von selbst zu »Miller Light« und »Salem«.

Wir basteln uns ein Maxi-Me

Es wird nie einen Gentest geben, der meine Intelligenz exakt bestimmt, meine Lebenserwartung, meine Ungeduld, oder gar meine Liebe für Zigarren der Marke »Romeo y

Julieta«. Einen vollständigen, individuellen DNA-Scan, in einer Woche erstellt und gebrannt auf eine Daten-CD, verkauft Ober-Buchstabierer Craig Venter neuerdings angeblich zu 700 000 Euro das Stück. Solch eine Scheibe mit meinem ganz persönlichen Buch des Lebens sagt womöglich lächerlich wenig über mich, was ich nicht schon wüsste. »Wenn Sie wissen, dass Sie wegen Ihres genetischen Codes ein um 30 Prozent erhöhtes Risiko für Darmkrebs haben, dann können Sie sich im Laufe des Lebens viel öfter testen lassen«, wirbt Venter. Ein Gen-Scan gebe den Menschen also »Macht und Kontrolle über ihr Schicksal«[62] Mit relativen Risikovergleichen ist das freilich so eine Sache (siehe Kapitel 7). Und eher selten tragen einzelne »Krankheits-Gene« dramatisch zum Gesamtrisiko bei.[63]

Folgenreiche Entdeckungen wie die der berühmten Brustkrebs-Gene BRCA-1 und BRCA-2 scheinen eher die Ausnahme. Von 100 Frauen, bei denen eine Veränderung in einem der beiden Gene festgestellt wird, erkranken 50 bis 80 irgendwann im Laufe ihres Lebens an Brustkrebs. Im Allgemeinen liegt diese Rate bei 7 bis 10 von 100 Frauen – das ohnehin große Risiko ist also noch einmal deutlich erhöht. Und doch rät die Deutsche Gesellschaft für Humangenetik selbst in diesem Fall bisher von einem Screening ab: »In der überwiegenden Zahl der Fälle würde eine solche Untersuchung keine Aussage über das individuelle Erkrankungsrisiko erlauben«, erklärt sie in einer Stellungnahme.[64] Was eine der vielen möglichen Mutationen eines Brustkrebs-Gens im Einzelfall bedeutet, scheint noch nicht klar genug. Bei einer holländischen Studie entschied sich die Hälfte der Frauen, deren Mütter Brustkrebs haben, gegen einen Gentest.[65]

»Vielleicht sollten wir die Gene auch gar nicht nach unserem Schicksal befragen«, meint der Genetiker Andreas Busjahn vom Max-Dellbrück-Zentrum für Molekulare Medizin in Berlin-Buch. »Sondern nach so trivialen Dingen wie: Welches Blutdruck-Medikament wirkt bei mir am ehesten? Und vielleicht müssen wir in unserer Ich-bezogenen Zeit lernen, zu akzeptieren, dass die Genforschung nicht jedem Einzelnen eine personenbezogene Risikobewertung liefert, aber allen eine größere Chance für Prävention und Behandlung.«

Das Leben bleibt der entscheidende Test, um herauszufinden, welches Schicksal sich für mich verwirklicht. Wie immer, so ist das Schicksal auch bei Genen und Umwelt ein rechter Flickenteppich aus Zufall und Notwendigkeit. Kann ich dieses Gespinst eines Tages mit der großen Geste des Modeschöpfers umgestalten? Selbst wenn meine Genkonstellation irgendwann diesen latenten Hang zur Grübelei verrät – Wolfgangs Gen-Shop an der Ecke wird ihn meinem geplanten Designer-Sohn nicht mal eben austreiben. Allzu folgenreich könnte ein derart tiefer Eingriff in das Geflecht der Gene sein, das auf vielfältige Weise zusammenhängt, und dem Kleinen womöglich auch gleich noch eine Tendenz zur Religiosität einpflanzen oder eine Liebe für Junkfood. Den zurechtgemendelten »Menschenpark« aus optimierten Staatsbürgern, von dem der Philosoph Peter Sloterdijk träumt, wird es vorerst nicht geben. Paradewissenschaftler dürfen dennoch davon träumen.

Der Genetiker Dean Hamer etwa, Entdecker des »Schwulen-Gens«, malte sich neulich in einem Aufsatz schon einmal aus, wie ein lesbisches Paar im Jahr 2250 »Babybauen spielt«[66]. Auf der Website eines fiktiven »Instituts für gesellschaftlich-ethische Technik« klicken sich die beiden durch die Bastelanleitung. Schön schlank und groß soll ihre Tochter werden. Beim Charakter wird es schon schwieriger: »Erfahrung und Umwelt würden die Persönlichkeit ihrer Tochter vielfältig prägen, und ihr Lebenslauf würde größtenteils von Glück und Pech abhängen«, sieht Hamer voraus, denn »noch immer schlugen sich die Wissenschaftler mit der Frage herum, auf welche Weise Billionen möglicher Gen-Kombinationen zusammenwirken, um das gesamte Spektrum menschlicher Verhaltensweisen zu beeinflussen«. (Immerhin: Im Webformular lässt sich die Wahrscheinlichkeit dafür programmieren, ob das Kind öfter verschläft oder eine Vorliebe für seltsame Speisen hat.)

Über die Hälfte der Gene, so haben die Wissenschaftler in Kamens Zukunft erkannt, wirken am Verhalten eines Menschen mit. Schlimmer noch: »In den letzten 250 Jahren mussten die Forscher erfahren, dass der Zusammenhang von Erbgut und Intelligenz unglaublich verwickelt ist. Über 11000 verschiedene Gene wurden identifiziert, die zur Intelligenz beitragen. Und während es zweifellos viele einfache Möglichkeiten gab, den IQ drastisch zu senken, hatte man mit keiner einzelnen Gen-Veränderung eine Steigerung um mehr als einen Punkt erzielt – und in den meisten Fällen nicht einmal das.«

Diese Vision entspricht ganz dem, was Forscher bisher über die genetische Basis des IQ und auch des Charakters wissen. Drei Viertel der Gene, glaubt Verhaltensgenetiker Plomin, seien irgendwie am Aufbau der Intelligenz beteiligt. Das menschliche Gehirn sei »kein Sack voller Charakterzüge, zu denen sich jeweils ein bestimmtes Gen gesellt«, predigt der Neurobiologe Steven Pinker. Von den Genen lasse sich nicht so einfach auf die Eigenschaften oder das Verhalten des Einzelnen schließen[67]. Die zentralen Eckpfeiler unserer Persönlichkeit sind zu 30 bis 70 Prozent erblich. Wer als Faustregel annimmt, dass Gene und Umwelt etwa zu gleichen Teilen unseren Charakter formen, der liegt so falsch nicht.

Völlig irrig sei die Vorstellung, dass ein Gen direkt zu einem bestimmten Verhalten führe, betont auch der Persönlichkeitspsychologe Jens Asendorpf von der Berliner Humboldt-Universität[68]. Die Gene unterbreiten dem Leben nur Angebote. Es ist wie beim IQ: Extrovertierte Menschen gehen lieber auf Partys, wo sie sich weiter sozialisieren, Introvertierte bleiben zu Hause und verstärken noch ihre Zurückgezogenheit.

»Wir bringen unsere Welt in Harmonie mit unserer Persönlichkeit, indem wir ein Umfeld schaffen, das persönlichkeitsverstärkend ist«, meint auch Avshalom Caspi vom King's College in London. »Um dich zu ändern, musst Du die Welt ändern, die du geschaffen hast.« Ein Forscherteam um Caspi gelang es 2002 erstmals, eine Gen-Umwelt-Interaktion in der Persönlichkeitsentwicklung bis ins Detail aufzuklären. Sei zeigt, wie diffizil Gene selbst unseren Charakter beeinflussen können, ohne ihn festzulegen. Die Daten lieferte ein Großexperiment, das seit 1972 im neuseeländischen Dunedin läuft: Dort wurden fast alle Kinder erfasst, die binnen eines Jahres geboren wurden. Gut 1 000 Biographien stehen seitdem unter wissenschaftlicher Dauerbeobachtung.

Die Studie ergab, dass Männer, die in einem Alter zwischen drei und elf Jahren misshandelt wurden, nur bei einer bestimmten genetischen Ausstattung eine deutlich erhöhte Neigung zu antisozialem Verhalten entwickeln: Die 55 Männer, bei denen das so genannte MAOA-Gen eine ungewöhnliche Bauweise aufwies, wurden als Erwachsene drei Mal so häufig verurteilt wie die 99 Männer, deren MAOA-Gen normal gebaut war. Auch Hirnphysiologen konnten dieses Ergebnis nachvollziehen. Denn das MAOA-Gen reguliert über Umwege die Ausschüttung von Botenstoffen, die aggressives Verhalten beeinflussen.

Obwohl die Sache heute noch allzu verwickelt scheint, fürchtet der renommierte Persönlichkeitspsychologe Asendorpf den Zugriff auf unseren Charakter über das Genom. »Das Problem wird kommen. Die Horrorvision einer Gesellschaft genormter, durch einen genetischen TÜV geprüfter Menschen ist keine notwendige, aber eine mögliche Konsequenz gentechnischer Maßnahmen.« Asendorpf predigt deshalb den evolutionären Sinn von Persönlichkeitsunterschieden. »Eine Gesellschaft braucht mutige und schüchterne Menschen: Die Mutigen sind die Entdecker, die Schüchternen überlegen länger.«

So richtig schlagend aber ist sein zweites Argument: »Dieter Bohlen mag ja ganz lustig sein. Aber stellen Sie sich vor, in der Fußgängerzone würden Ihnen nur Dieter Bohlens begegnen.«

10. Die Welt ist verrückt
Warum es *die* Realität vielleicht nicht gibt

> *Das Buch der Natur ist das Buch des*
> *Schicksals. Sie wendet die gigantischen*
> *Seiten – Seite um Seite – und blättert*
> *niemals zurück.*
> Ralph Waldo Emerson, *Schicksal*

Angenommen: Ein Fan schleicht sich allwöchentlich in die Kulissen des Aktuellen Sportstudios. Dort lauert er hinter der Torwand, bis die anwesenden Ballkünstler ihre traditionellen Schüsse auf die beiden Löcher abgeben. Penibel bestimmt er dann, wo genau die Bälle auf der dahinter liegenden Studiowand auftreffen, nachdem sie ein Loch passiert haben. Zu Hause trägt er alle Treffer-Koordinaten auf einer Karte ein. Eines Tages schließlich ruft er bei der Redaktion in Mainz an und erzählt erregt, dass sich auf der Trefferkarte, wie von Gottes Hand geordnet, wunderschöne, regelmäßige Muster zeigen – und nicht einfach ein zufälliges Gewirr von Punkten. Beim Aktuellen Sportstudio würde man mit der Einschätzung kaum eine Sekunde zögern: ein Irrer!

Würde der Mann bei einem Institut für Quantenphysik anrufen, könnte die Schrecksekunde etwas länger ausfallen. Denn Quantenphysiker müssen an ganz ähnliche Geisterphänomene glauben, um ihre tägliche Arbeit erledigen zu können. Freilich spielen sie nicht mit Fußbällen, sondern eben mit Quanten, den kleinsten Bausteinen unserer Welt. In den letzten Jahren sind sie mit immer feinerer Technik am Werk und bringen Photonen, Elektronen, Protonen, Atome und sogar ganze Moleküle dazu, sich zu verhalten wie die Bälle eines genialen Irren. Quanten sind, wenn sie sich unbeobachtet fühlen, überall und nirgends. Quanten scheinen etwas über entfernte Objekte zu wissen, ohne sie besucht zu haben. Quanten reisen scheinbar rückwärts in der Zeit. Und: Geschehnisse mit Quanten lassen sich nicht genau vorhersagen, die kleinsten Teilchen sind die Statthalter des reinen Zufalls im Universum – und damit jener Geschmacksrichtung des Schicksals, deren erkenntnistheoretischen Gaumenkitzel wir nur mit Wahrscheinlichkeitsrechnung ein wenig mildern können.

Die Quantenphysik wirft unser klassisches Weltbild fröhlich über den Haufen. Das Prinzip von Ursache und Wirkung gilt in ihr nur noch zur Hälfte. Weil aber das ganze Universum aus kleinsten Teilchen aufgebaut ist, hat das weitreichende Folgen für den Lauf der Welt. Selbst Albert Einstein empfand »Unbehagen« gegenüber den Quanten-Prinzipien. »Wenn die Quantenphysik Recht hat«, meinte er einmal, »ist die Welt verrückt.« Einstein, so zeigen immer neue Experimente, hatte Recht: Die Welt ist verrückt.

Mit den absurden Details der Quantenwelt konnte der Physiker sich zeit seines Lebens nicht abfinden. Dabei erhielt er seinen Nobelpreis für die Aufdeckung eines Quantenphänomens: Die Energie des Lichts, so bestätigte er die Vorarbeit von Max Planck, wird nur in einzelnen Stücken transportiert, den Photonen. Ein jahrhundertealter Streit darum, ob Licht aus »Teilchen« oder »Wellen« besteht, hatte damit eine neue Wendung genommen. Weil es sich im Physiker-Alltag ganz »wie eine Welle« verhält, musste es wohl irgendwie beides zugleich sein. Schlimmer noch: Sogar massive, mit Ruhemasse versehene Teilchen wie Elektronen oder Protonen verhalten sich manchmal »wie Wellen«.

Wie Teilchen vermeintlich Welle spielen, offenbart sich am einfachsten, wenn man sie auf eine winzige Torwand schießt. Physiker nennen das ein »Doppelspalt-Experiment«. Schleudert man Dinge unserer Alltagswelt, also etwa Fußbälle, ganz zufällig verteilt gegen ein Hindernis mit zwei Löchern und kartiert die Treffer dahinter, so ergibt sich eine unspektakuläre Verteilung: ein einziger, schlichter Höcker in der Mitte hinter den beiden Löchern.

Anders zum Beispiel bei Elektronen oder Photonen. Schießt man sie auf eine passend dimensionierte Wand mit zwei Spalten, zeigen ihre Trefferkarten ein sehr seltsames Muster: Viele kleine Trefferhügel liegen nebeneinander, zwischen den Hügeln aber schlägt niemals ein Teilchen auf. Auch diese Muster kennt man aus dem Alltag. Sie entstehen, wenn eine Wasserwelle solch ein Doppelloch-Hindernis passiert. (Ganz ähnliche Muster zeigen sich, wenn man etwa zwei Steine in einen ruhigen See wirft und die beiden Wellen sich überlagern.) Hinter dem Hindernis »interferieren« die beiden Teilwellen, die durch die Löcher laufen: Wellentäler und -berge löschen sich an manchen Stellen aus und verstärken sich an anderen zu Intensitätshügeln. Wasserwellen zeigen genau die Struktur, die auch die Elektronen- oder Photonentreffer hinter einem Doppelspalt bilden.

Um solche Muster produzieren zu können, müssen die einzelnen Teilchen ganz wie eine Welle beide Löcher gleichzeitig passiert und dahinter mit sich selbst interferiert haben. »Die Quantentheorie erlaubt nicht zu sagen, was sie ›wirklich‹ machen. Das regt viele Leute bis zum heutigen Tag auf«, sagt Werner Martienssen von der Universität Frankfurt am Main[1]. »Aber das ist ganz gut so. Schon Nils Bohr meinte, dass jemand, den die Quantenphysik nicht verwirrt, sie nicht richtig verstanden hat.« Nobelpreisträger Richard Feynman wurde deutlicher: »Ich denke, ich kann mit Sicherheit sagen, dass niemand die Quantenmechanik verstanden hat.«

Bloße Wahrscheinlichkeitswellen seien es, so die Interpretation der meisten Physiker, die mit allen Dingen verknüpft sind und die sich etwa auf den Weg durch den Doppelspalt machen. Wahrscheinlichkeit war ursprünglich nur ein Konzept, mit dem Menschen den Grad ihres Unwissens beschrieben. Erst durch die Quantenphysik wurde sie zu einer fundamentalen Größe. Den mit ihr verbundenen Zufall können wir nicht überlisten. Wenn wir einen Münzwurf nur genau genug vermessen, verschwindet der Zufall – wir können vorhersagen, ob die Münze Kopf oder Zahl zeigen wird. Nicht so bei Quantenphänomenen. Wir werden niemals vorausberechnen können, wo genau ein Photon hinter dem Doppelspalt auftrifft. Egal, wie genau wir nachschauen. Nur die Muster der Trefferkarte sind perfekt vorbestimmt, nicht aber die einzelnen Ereignisse, die sie erzeugen.

Der berühmte Mathematiker und Astronom Ferdinand de Laplace, der Ende des 18. und Anfang des 19. Jahrhunderts lebte, hatte deshalb nicht Recht. »Wir müssen den gegenwärtigen Zustand des Universums als Folge seiner Vergangenheit und Ursache seiner Zukunft betrachten«, hatte er geschrieben. »Eine Intelligenz, die zu irgendeinem Zeitpunkt alle Kräfte kennen würde, von denen die Natur belebt ist, und die wechselseitigen Positionen aller Wesen, aus der sie sich zusammensetzt, wenn diese Intelligenz gewaltig genug wäre, dieses Wissen zu analysieren, die Bewegung der größten Körper und des kleinsten Atoms in eine einzige Formel fassen könnte; für solch eine Intelligenz könnte nichts ungewiss sein, und Zukunft wie Vergangenheit lägen klar vor ihren Augen.« Selbst wenn es diese Intelligenz, die man später den »Laplaceschen Dämon« genannt hat, gäbe, könnte sie die Zukunft keine Nanosekunde lang exakt vorhersehen. In der Schicksalsmaschine Universum ist Zufall auf fundamentaler Ebene eingebaut. »I cannot believe that God plays dice with the cosmos«, haderte Albert Einstein. »Ich kann nicht glauben, dass Gott (mit dem Kosmos) würfelt.«

Einstein wollte auch nicht glauben, dass ein Teilchen als Wahrscheinlichkeitswelle einfach so beide Wege durch die Wand nehmen kann, und schlug geschickte Messungen vor, aus denen man schließen sollte, durch welchen Spalt es tatsächlich gekommen sei. Genauere Rechnungen seines Freundes Nils Bohr ergaben, dass solche Messungen durch ihre bloße Ausführung die Welleninterferenz zerstören mussten. Verantwortlich dafür war nicht etwa das brutale Messverfahren, sondern ein weiteres Quantenprinzip: die Unschärferelation.

Bestimmte, so genannte komplementäre Eigenschaften, zum Beispiel der Aufenthaltsort eines Quants und sein Impuls, lassen sich nach der Unschärferelation zur selben Zeit niemals beliebig genau bestimmen – sondern immer nur eine von beiden. So auch beim Doppelspalt: Schaut man genau nach, durch welchen der winzigen Spalte das Teilchen gerade geht, versucht also seinen Aufenthaltsort genauer zu lokalisieren, verschmiert dafür per Naturgesetz seine Bewegung, und die Wellenmuster werden durch die gewöhnlichen Fußballhöcker ersetzt – so, als ob sich Teilchen beim »Wellespielen« nicht beobachten lassen wollten und bei strenger Inspektion zu ihren Teilcheneigenschaften zurückkehrten.

Genau das, so zeigen heutige Analysen, ist das dahinter stehende, fast mystische Prinzip. Kann ein Quantenereignis auf verschiedenen Wegen eintreten, werden wellengleich alle beschritten. Wenn sie sich irgendwo kreuzen, kommt es zu den seltsamen Interferenzen, wie etwa hinter dem Doppelspalt. Gibt es aber die Möglichkeit, irgendwie Information über den »wirklichen« Weg zu bekommen, wird tatsächlich nur einer eingeschlagen. Damit kommen die Teilcheneigenschaften zum Vorschein – selbst, wenn die Unschärferelation gerade keine Rolle spielt. »In dieser Schärfe haben das auch viele Physiker noch nicht akzeptiert«, sagt Berthold-Georg Englert vom Münchner Max-Planck-Institut für Quantenoptik[2]. »Sie glauben immer noch, dass die Unschärferelation alleine ausreicht, um alle Komplementarität zu erklären.« Manche Quantenversuche, so Englert, werden nur ausgeführt, um auch die letzten Zweifler zu überzeugen: »Wir versuchen, auch die Unbelehrbaren noch zu belehren. Das ist ein Kampf gegen Windmühlen.«

Anton Zeilinger von der Universität Wien, selbst ein berühmter Experimentator, nennt einen weiteren Grund für seine Arbeit: »Dank unserer Experimente gehen wir heute viel intuitiver mit der Quantentheorie um. Vielleicht kommen wir so auch der Antwort näher, warum sie unserer normalen Intuition völlig widerspricht.«[3] Zeilinger meint, den Grund zu ahnen: »Wir verstehen die Phänomene nicht gut genug, weil wir nicht gut genug verstehen, was Information ist« – nackte Information, etwa über den Teilchenweg, die in der Quantenwelt wie nirgends sonst die Realität unmittelbar beeinflusst. So werden Physiker zu Philosophen: »Es gibt da eine ungeklärte Spannung zwischen dem beobachteten Objekt und dem Beobachter«, sagt Zeilinger. »Denn der Begriff Information macht eigentlich nur Sinn, wenn da auch jemand ist, der sie verarbeitet.«

Auf die Paradoxien der Quantenmechanik stoße man nur, wenn man sie mit den alten Vorstellungen der klassischen Physik begreifen wolle, versucht Berthold-Georg Englert das Mysterium zu entzaubern. »Sie entstehen zum Beispiel, wenn man davon ausgeht, dass Wahrscheinlichkeitswellen reale Objekte sind« – Wahrscheinlichkeitswellen, die Einstein deshalb spöttisch als »Gespensterfeld« bezeichnete. Auch Anton Zeilinger warnt: »Diese Bilder von Wellen und Teilchen, mit denen selbst viele Experten arbeiten, führen letztlich nur in die Irre. Quantenobjekte sind eben nichts von beidem oder beides in einem.« Ein Altmeister der Quantenphysik, der Bohr-Schüler John A. Wheeler von der Universität Princeton, sah das eigentliche Problem ebenfalls im »schlechten Sprachgebrauch« – was ihn nicht daran hinderte, selbst blumige Worte zu finden: Das Photon, erklärte er, sei »ein großer, rauchiger Drache«. Nur am Maul, wo es den Detektor beißt, der seinen Aufenthaltsort bestimmt, sei es scharf zu erkennen. Über den Rumpf des Drachen lasse sich nichts sagen. »Kein elementares Phänomen ist ein Phänomen, solange es nicht auch ein beobachtetes Phänomen ist«, sagt Wheeler.

In der rauchigen Fachsprache der Quantenphysik ist der Rumpf des Drachen die »kohärente Überlagerung« von Wahrscheinlichkeitswellen, die alle denkbaren Alternativrealitäten beschreiben. Erst, wenn der Drache zubeißt, so glaubte man lange, wird eine davon »Wirklichkeit«. Selbst die Zeit wird dabei scheinbar ausgetrickst: »Die Vergangenheit«, so Wheeler, »hat so lange keine Existenz, bis sie in der Gegenwart registriert wird.« Das sei »alles in allem natürlich beunruhigend«, resümiert Berthold-Georg Englert. »Aber wir müssen lernen, damit zu leben.«

Genau das konnte Einstein nicht. Die neue Realität der Quantenphysik blieb ihm stets fremd und unheimlich. Zusammen mit Boris Podolsky und Nathan Rosen verfasste er Mitte der 30er Jahre eine Kampfschrift gegen jene Forscher, die alle Mysterien akzeptiert und in ihren Alltag integriert hatten. Mit einem besonders schlimmen Beispiel wollten die drei zeigen, dass die Quantenmechanik mit der wirklichen Wirklichkeit kollidiert: Zwei Teilchen, die irgendwann einmal in Wechselwirkung waren, müssten so lange in einer »kohärenten Überlagerung« aller möglichen Ergebnisse dieser Wechselwirkung bleiben, bis ein Experiment den Zustand des einen Teilchens bestimmt. Wäre der Zustand des anderen davon irgendwie abhängig, müsste die Messung es nachträglich ebenfalls beeinflussen, auch wenn es inzwischen in einem Flugzeug auf die andere Seite der Erde gebracht worden wäre. »Keine vernünftige Definition von Realität«, schrieben die Physiker triumphierend am Ende ihrer Kampfschrift, »könnte so etwas zulassen.«

Es sei denn, sie ist eben unvernünftig. Alain Aspect von der Universität Paris-Süd zeigte Anfang der 80er Jahre mit einem legendären Experiment, dass das legendäre, nach den Initialen seiner Erfinder getaufte »EPR-Paradoxon« in seiner größten zu befürchtenden Paradoxheit existiert. Als Teilchen wählte Aspect Photonenpaare, die gemeinsam von einem bestimmten Atom ausgesandt wurden und die nach einer Spezial-Regel der Atomphysik über ihre so genannte Polarisation miteinander verknüpft sind. (Was Polarisation ist, ist fürs Verständnis nicht wichtig.) Für die verschiedenen Photonenpaare schwankt die Polarisation zwar, niemals aber haben zwei Photonen eines Paars dieselbe Polarisation. Und nach Aspects Messungen schienen sich die zunächst unbestimmten Photonenpaare – in der Denkweise klassischer Physiker – über viele Labormeter hinweg mit Überlichtgeschwindigkeit abzusprechen, welche Polarisation sie bei Beobachtung jeweils zeigen mussten.

Gut, dass Einstein solche Zeiten nicht mehr erlebt hat. Heute gilt Aspects Experiment als historischer Startschuss für die neue Generation von Experimenten, die mit Quanten spielen, als seien es die Bälle eines genialen Irren. Mit ihren Apparaturen hauen Physiker Einsteins gemütliche, alte Realität lustvoll in Stücke. Das berühmte Doppelspalt-Experiment etwa wurde inzwischen nicht nur mit Elektronen, Photonen oder Atomen ausgeführt. Selbst riesige Moleküle aus 60 Kohlenstoffatomen, die aussehen wie Fußbälle und liebevoll »Buckyballs« genannt werden, zeigten das magische Interferenzmuster.

Ein genialer Irrer, der beim Aktuellen Sportstudio den Hörer abnähme, hätte indes kein Problem, die Enthüllung des anrufenden Irren als irrig zu entlarven. Auch wenn im Aktuellen Sportstudio die Quantenrealität ausgebrochen wäre – nach dem Nicht-Beobachtungsprinzip können sich die Fußbälle an der Torwand nicht wie Wellen verhalten haben. Da hätten die anwesenden Fußballgötter schließlich mit verbundenen Augen schießen müssen.

In *einer* Welt ist die Katze tot

Spätestens seit den 30er Jahren stehen die seltsamen Grundprinzipien der Quantenphysik einigermaßen fest. Keine andere Theorie war seither so heiß umstritten und wurde zugleich so exakt verifiziert. Kaum eine andere hat der Welt so viele erstaunliche Anwendungen beschert. All die Apparaturen, die auf Quanteneffekten basieren – Computerchips, CD-Player, Kernkraftwerke oder Kernspintomographen –, stellen heute ein Drittel des amerikanischen Bruttoinlandsprodukts[4]. Und doch haben wir den rauchigen Drachen noch nicht erlegt. Zwar können wir sein Verhalten genau beschreiben (wenn wir es schon nicht genau vorhersagen können). Was dieses Verhalten aber für die Realität bedeutet, darüber streiten Physiker bis heute. Sind die Wahrscheinlichkeitswellen auf irgendeine seltsame Weise real oder nur ein Rechenhilfsmittel? Wie wird aus all den sich überlagernden Wellen am Ende die eine Welt, die wir beobachten? Warum sieht diese Welt ganz offensichtlich nicht so verstörend aus, wie die Gesetze der Quantenphysik nahe legen?

Das bedauernswerteste Versuchstier der Wissenschaft illustriert diese Fragen besonders hübsch. Seit Jahrzehnten schwebt es in einem Zustand zwischen Leben und Tod – zum Glück nur in einem Gedankenexperiment. »Man kann auch ganz burleske Fälle konstruieren«, schrieb Erwin Schrödinger, einer der Väter der Quantentheorie, im Jahr 1935[5]. »Eine Katze wird in eine Stahlkammer gesperrt, zusammmen mit folgender Höllenmaschine (die man gegen den direkten Zugriff der Katze sichern muss): in einem geigerschen Zählrohr befindet sich eine winzige Menge radioaktiver Substanz, so wenig, dass im Lauf einer Stunde vielleicht eines von den Atomen zerfällt, ebenso wahrscheinlich aber auch keines; geschieht es, so spricht das Zählrohr an und betätigt über ein Relais ein Hämmerchen, das ein Kölbchen mit Blausäure zertrümmert. Hat man dieses ganze System eine Stunde lang sich selbst überlassen, so wird man sich sagen, dass die Katze noch lebt, wenn inzwischen kein Atom zerfallen ist. Der erste Atomzerfall würde sie vergiftet haben. Die Ψ-Funktion des ganzen Systems würde das so zum Ausdruck bringen, dass in ihr die lebende und die tote Katze zu gleichen Teilen gemischt oder verschmiert sind.«

Zusammengefasst und ohne Quanten-Kauderwelsch: Eine Katze sitzt unbeobachtet in einer Kammer. Eine »Höllenmaschine« könnte sie vergiften – je nachdem, ob ein einzelner radioaktiver Zerfall stattfindet oder nicht. Nach einer Stunde stehen die Chancen dafür fifty-fifty. Ein radioaktiver Zerfall ist ein Ereignis der Quantenwelt, seine Wahrscheinlichkeit lässt sich sehr genau angeben, nicht jedoch, wann er geschieht. So, wie die Photonen alle Wege durch den Doppelspalt beschreiten, wenn sie sich unbeobachtet fühlen, so müsste sich das ganze System deshalb in einer Überlagerung aller möglichen Zustände befinden. Die Katze wäre demnach nach einer Stunde zugleich tot und lebendig. Bis jemand nachschaut. Erst dann zerfällt die Überlagerung und entschließt sich für irgendeine Realität.

Schrödingers seltsame Katze ist ein Ausfluss der so genannten »Kopenhagener Deutung« der Quantenphysik, auf die sich führende Wissenschaftler bereits Ende der 20er Jahre festlegten. Sie erklärt, dass die bloße Beobachtung eines Quantenphänomens etwas ganz Besonderes sei und die seltsamen Überlagerungszustände gleichsam in die Realität hineinkollabieren lasse. Wie dieser Kollaps aber genau stattfinden soll, darüber streitet man noch heute. In den letzten Jahren setzt sich bei immer mehr Theoretikern die Ansicht durch, dass er womöglich gar nicht so mystisch daherkommt wie gedacht. Der Physiker Hans Dieter Zeh von der Universität Heidelberg erkannte als Erster, dass die seltsamen Überlagerungen ganz von selbst verschwinden, wenn ein Quantensystem einfach nur dem Rest der Welt ausgesetzt wird. Die Katze existiert also zu keinem Zeitpunkt in der Überlagerung lebendig/tot.

Es braucht keinen intelligenten Beobachter, der erst die Kiste öffnet, damit die Entscheidung endlich fällt. Die neugierigen Gasmoleküle in der Kiste tun es auch. Als Vertreter des Rests der Welt prasseln sie ständig auf die Katze (und die Höllenmaschine) ein und gewinnen so Information darüber, in welchem Zustand sich das System befindet. Die Realität zwingt sich die ganze Zeit selbst, zu entscheiden, was sie will – es sei denn, wir schaffen es, ein Objekt vom Rest der Realität zu isolieren, wie etwa ein Photon oder einen Buckyball im Vakuum. Es ist unmöglich, erheblich größere Objekte (einen Fußball, ein Auto, einen Menschen, die Erde) so von der Umgebung und von sich selbst abzuschirmen, dass sie lange in Quantenüberlagerungen verharren.

Bleibt nur noch die Frage, wie sich die Welt für eine der möglichen Quantenalternativen entscheidet – ob etwa die Katze überlebt oder nicht. Auch hier bietet sich eine nahe liegende Lösung an, die jedoch selbst vielen Quantenphysikern, weltanschaulich sonst hart im Nehmen, größtes Unbehagen bereitet. Ein Doktorand der Universität Princeton namens Hugh Everett formulierte diese Lösung bereits in den 50er Jahren: Die Welt entscheidet sich gar nicht. Jede Alternative existiert. Alle möglichen Realitäten laufen einfach nebeneinander her. So gibt es eine Welt, in der die Katze tot ist, und eine andere, in der sie noch lebt. Dass wir nicht beide Versionen wahrnehmen, liegt nur daran, dass *wir selbst* nur Teil *einer* der Realitätsalternativen sind. In einer sind wir also glücklich, dass das Versuchstier noch lebt, in der anderen trauern wir um seinen Tod. So absurd diese Vorstellung anmutet: »Die everettsche Quantenwelt definiert eine ›hypothetische Realität‹, die der quantenphysikalischen Konsistenz zuliebe verlangt werden muss«, betont Hans Dieter Zeh[6].

Everetts Realitätskonzept, das unter dem Namen »Vielwelten-Theorie« bekannt ist, hat ein paar weltanschauliche Folgen, die sich gewaschen haben. So mag es eine andere Realität geben, die eine exakte Kopie *dieser* Realität ist, mit einer Ausnahme: Am Ende dieses Satzes fehlt das Ausrufezeichen! Auch mein Gehirn ist, wie die gesamte Welt, nur eine Quantenmaschine, und in einer Realität habe ich mich zufällig entschlossen, das Ausrufezeichen gar nicht zu setzen, in einer anderen eben doch.

Großer Grüner Arkelanfall muss nicht sterben

Im Grunde ist sogar eine andere Realität vorstellbar, in der dieses Buch genauso aussieht, wie es aussieht, aber von einem sechsarmigen Wesen namens Großer Grüner Arkelanfall[7] als Schläger für eine zünftige Partie Hypergolf benutzt wird – wenn sich diese Realität auch nur irgendwie zufällig entwickeln kann. Dass es *alle möglichen* Parallelwelten gibt, legen auch andere Zweige der Physik nahe. Einer davon ist die Astrophysik. Nach Meinung vieler Wissenschaftler ist das Universum unendlich und einigermaßen gleichmäßig mit Materie gefüllt. Sollte das wirklich der Fall sein, dann dürfte in ihm aus rein statistischen Gründen jede mögliche Materienkonstellation zu finden sein – wenn auch unter Umständen ziemlich weit entfernt. In irgendeiner Galaxie *dieser* Realität wird es also ebenfalls einen Doppelgänger von mir geben, der soeben an diesem Kapitel sitzt und ebenso gespannt ist, wie er es enden lassen wird. Schlimmer noch: Ist das Universum wirklich unendlich, gibt es unendlich viele meiner Doppelgänger.

Astrophysiker machen sich einen Spaß daraus, uns vorzurechnen, dass ein Volumen mit hundert Lichtjahren Radius, das aufs Quant unserer eigenen Welt gleicht, statistisch gesehen in einer Entfernung von 10 hoch 10 hoch 92 Kilometern zu finden ist. Diese Wahrscheinlichkeit ist berechenbar, denn in das Volumen passen nun einmal nur endlich viele Teilchen, und diese Teilchen können nur endlich viele Zustände annehmen. In durchschnittlich 10 hoch 10 hoch 92 Kilometern Entfernung sollte es also eine Zivilisation geben, die für die nächsten 100 Jahre genauso aussieht und genau dasselbe beobachtet wie wir – erst danach kann das Licht vom Rest des Universums die 100 Lichtjahre bis zum Zentrum der Kugel vordringen und sie mit anderen Informationen versorgen als die unsere[8].

Es gibt noch weitere Theorien über mögliche Parallelwelten. Kosmologen versichern, es sei nicht auszuschließen, dass andere Universen existieren, die ein paar Dimensionen mehr besitzen, ganz andere Teilchen oder gleich eine völlig andere Form der Naturgesetze und der mathematischen Logik. Wenigstens in einer dieser Welten, da bin ich mir sicher, existiert das sechsarmige Wesen namens Großer Grüner Arkelanfall und spielt mit meinem Buch gerade Hypergolf.

Warum immer ich?

In einer anderen Realität endet dieses Kapitel mit tiefen philosophischen Schlussfolgerungen, die sich aus einem derart befremdlichen Umstand ergeben. In dieser Welt aber endet dieses Kapitel einfach mit dem Punkt am Ende dieses Satzes![9]

11. Wenn Klara Hitler verhütet hätte
Wie die Geschichte sich selbst schreibt und die Zukunft jeden Tag neu entsteht

> *Historie ist Aktion und Reaktion dieser beiden – Natur und Denken; zwei Jungen, die einander vom Bordstein stoßen wollen. Jeder ist Stoßender und Gestoßener: und Materie und Geist sind ebenso in ewiger Schieflage und Balance.*
>
> Ralph Waldo Emerson, *»Schicksal«*

Ein allzu großer Penis zeugte die moderne Demokratie. Waterloo ist Ausfluss einer Diarrhö. Und weil ein Auto falsch abbog, wurde der halbe Globus in einen Unfall namens Erster Weltkrieg verwickelt. Alles Unsinn.

Und doch. Was wäre geschehen, wenn die 1770 geschlossene Ehe des französischen Thronfolgers mit Marie Antoinette *nicht* acht lange Jahre kinderlos geblieben wäre? In dieser Zeit wandte sich das Volk ab von dem anfangs wohl gelittenen, jungen Paar. König Ludwig XVI. galt bald als impotent und deshalb auch als schwacher Potentat. Seine Gattin machte vor allem mit ihrem ausschweifenden Lebensstil von sich reden. Als sie doch noch ein Kind gebar, dem bald drei weitere folgten, war es zu spät. Schmähschriften über die Königsfamilie heizten die Massen in den Jahren vor der Französischen Revolution erst richtig an. Das Liebesleben der beiden war nicht nur auf den Straßen Thema, sondern auch in höchst detailreichen diplomatischen Depeschen und sogar vor Gericht.

Allerlei Experten pilgerten zum königlichen Gemächt, um es zu begutachten. Eine »kleine Deformation« desselben sei schuld daran, dass sich der Vollzug der Ehe derart schwierig gestalte, behauptete Marie Antoinette in Briefen an ihre Mutter, die österreichisch-ungarische Kaiserin Maria Theresia – während der österreichische Botschafter in seinen Depeschen aus Frankreich jedwede fortpflanzungsrelevante Fehlbildung dementierte. Erst in jüngster Zeit, glauben manche Historiker, sind die Details der schmerzhaften Verbindung korrekt rekonstruiert: Ludwig XVI. hatte einfach ein »recht nennenswertes Glied«[1], während seine Gemahlin unter einer Verengung der Vagina litt. Geschlechtsverkehr war für beide bei solch unterschiedlichen Voraussetzungen ein traumatisches Erlebnis.

Ganz andere Missverhältnisse bildeten die Grundlage der Französischen Revolution. Die Frage aber ist legitim, wie und wann sie ausgebrochen wäre, wenn Ludwig XVI. untenherum anders ausgestattet gewesen und die politische Zweckehe etwas glücklicher verlaufen wäre. So aber bewegt sie noch die Medien des 21. Jahrhunderts: »Size did matter to Marie-Antoinette« titelte die vornehme britische Wochenzeitung »The Observer« im Jahr 2002, »Die Größe war für Marie Antoinette wichtig«[2]. Nicht nur für sie: Ihre »Eheprobleme, im Überfluss in der Öffentlichkeit diskutiert, ließen Lächerlichkeit zu den wahren Tugenden Ludwigs XVI. hinzutreten«, glaubt die Biographin Simone Bertière, »während seine nachlässige Haltung ihr gegenüber seinen Ruf besiegelte, schwach zu sein.«[3] Der Rest ist Geschichte: Beide endeten auf der Guillotine, das Zeitalter der modernen Volksherrschaft brach an.

Das Ende der Geschichte

Die Zeitläufte sind gesäumt von solcherlei unscheinbaren Stolpersteinchen. Ihre Bedeutung wird erst klar, wenn die Menschheit wieder einmal auf der Nase liegt[4]. Da gibt es etwa den Fahrer Franz Urban, der einmal falsch abbog und damit die Leben Hunderter Millionen von Menschen vor einen Abgrund führte. Am 28. Juni 1914 verließ er in Sarajevo irrtümlich die Hauptstraße und beförderte seine Passagiere, den österreichisch-ungarischen Thronfolger Franz-Ferdinand und dessen Frau Sophie, in eine enge Gasse – und dort zufällig direkt vor die Füße von Gavrilo Princip. Der junge Mann, ein 19-jähriger serbischer Student, konnte sein Glück kaum fassen, als das verirrte Automobil im Rückwärtsgang langsam an ihm vorbeirollte. Princip war Mitglied der Terrororganisation »Schwarze Hand«. Wenige Stunden vorher hatten seine Mitstreiter vergeblich versucht, Franz-Ferdinand zu töten: Sie hatten einen Sprengsatz auf dessen Auto geschleudert, Fahrer Urban war geistesgegenwärtig aufs Gas getreten, der nachfolgende Wagen war getroffen worden.

Nun zog Princip seine Pistole und erschoss Franz-Ferdinand und Sophie. Österreich benutzte den Mord als Vorwand, um einen Krieg gegen Serbien vorzubereiten, Russland wiederum nahm Serbien in Schutz, während das Deutsche Reich sich auf die Seite Österreichs stellte. Es kam zum Ersten Weltkrieg, in den am Ende 25 Staaten verwickelt waren. Neun Millionen Menschen starben. In den Wirren des Zweiten Weltkriegs, je nach Lehrmeinung eine mehr oder weniger direkte Folge des Ersten, kamen weit mehr als 50 Millionen Menschen um.

Es wäre töricht, dies alles dem Versehen eines Chauffeurs zuzuschreiben. Ebenso fragwürdig aber dürfte es sein, irgendeinen anderen, entscheidenden Kriegsgrund herauszustellen. Der Weg in den Ersten Weltkrieg erinnert eher an die »normalen Katastrophen« des Soziologen Charles Perrow (aus Kapitel 6), in die ein komplexes System irgendwann fast wie von selbst schlittern kann. Auch für vergleichsweise schlichte Ereignisse, wie den Zusammenstoß zweier Flugzeuge oder den Zusammenbruch eines Stromnetzes, ist oft kein einzelner, entscheidender Grund zu finden. Katastrophen resultieren gerne aus einem Geflecht unabhängiger, für sich genommen unscheinbarer Ursachen, die im größten anzunehmenden Unfall münden.

Meistens aber eben nicht, und so erscheint uns die Geschichte oft wie ein langer ruhiger Fluss, der sich träge von Ewigkeit zu Ewigkeit wälzt. Wenn wir morgens aufstehen, ist Gerhard Schröder immer noch Bundeskanzler oder, je nachdem, Wilhelm II. noch immer Kaiser. Die kleinen Kräuselungen der Historie, die jederzeit zu Strudeln werden können, nehmen wir nur selten wahr. Als etwa der Zirkus des Buffalo Bill 1889 Europa bereiste, war die Zugnummer das Flintenweib Annie Oakley, die einem Freiwilligen die Asche von der im bibbernden Mund steckenden Zigarre schoss. Beim Auftritt in Berlin meldete sich zum Entsetzen des Publikums ausgerechnet der anwesende junge Kaiser, Wilhelm II. Oakley machte ihren Job. Die Asche zerstob – nicht: des Kaisers Hirn[5]. Was wäre, wenn? Hätte Wilhelms Nachfolger ebenfalls eine Politik betrieben, die im Ersten Weltkrieg mündete? Solche Fragen erörtern heute Historiker-Workshops.

Dieses Schillern der Ereignisse zu erkennen ist nicht leicht. Wir müssen die Historie aus den Augenwinkeln betrachten, um ihre unscharfen Ränder und schnellen Bewegungen wahrzunehmen. Menschen aber fokussieren gerne, und so wurden die meisten nur denkbaren Ursachen des Ersten Weltkriegs irgendwann benannt. Bis hin zur Theorie des britischen Geschichtswissenschaftlers Alan John Percivale Taylor, dass das historische Schlachten schon alleine wegen der Zugfahrpläne nicht zu verhindern gewesen sei. Eine Mobilmachung war zu Beginn des 20. Jahrhunderts nur mit der unflexiblen Eisenbahn zu bewältigen. Auch, wenn einige der beteiligten Staaten das Anwerfen ihrer Militärmaschinerie zunächst nur als Drohgebärde verstanden hatten, mussten die Fahrpläne seinerzeit ein halbes Jahr im Voraus festgelegt werden. Dann aber, meint Taylor, seien sie kaum noch zu ändern gewesen[6].

Erst im Rückblick erscheinen uns viele Entwicklungen in der Geschichte (und in unserem Leben) derart deterministisch, als eine Folge von Stationen eines unabänderlichen Fahrplans – nächster Halt: 5.45 Uhr, Polen. »Nachher überschätzen die Leute durchweg, was vorher hätte vorausgesehen werden können«, schrieb der amerikanische Psychologe Baruch Fischhoff in einem berühmten Aufsatz mit dem Titel: »Für all jene, die dazu verdammt sind, die Vergangenheit zu studieren«[7]. Menschen, hatte Fischhoff herausgefunden, »tendieren nicht nur dazu, das, was geschehen ist, so zu sehen, als sei es unvermeidbar gewesen, sondern auch so, als sei es ›relativ unvermeidbar‹ erschienen, bevor es geschah. […] Sie erinnern sich sogar falsch an ihre eigenen Vorhersagen und übertreiben im Nachhinein, was sie im Voraus wussten.«

Bevor US-Präsident Richard Nixon 1972 seine historische Reise nach China antrat, befragte Fischhoff eine Gruppe von US-Bürgern zu den Chancen dieses diplomatischen Eiertanzes. Würden die verfeindeten Großmächte danach neue diplomatische Bande knüpfen? Würde Nixon vielleicht sogar Mao treffen? Würde er die Reise als Erfolg bewerten? Später sollte ein euphorisierter Nixon in seinem Besuch tatsächlich »eine Woche, die die Welt veränderte« sehen. Er hatte – unerwartet – Mao getroffen, ein deutlich besseres Klima war entstanden, die Reise ein diplomatischer Jahrhunderterfolg. Nun befragte Psychologe Fischoff seine Testkandidaten noch einmal. Fast alle meinten nun, die Dinge von vornherein positiver gesehen zu haben, als sie es tatsächlich getan hatten[8]. Dieses Einsickern der Fakten in unsere Erinnerung taufte er »kriechenden Determinismus«.

Hätten CIA und FBI den 11. September 2001 mit Hilfe des vorliegenden Materials, das im Nachhinein so überwältigend scheint, wirklich vorhersehen können? Hätten Zeitzeugen aus den Anfängen des Nationalsozialismus bereits eine unvermeidbare Entwicklung herauslesen können? Lässt sich die historische Bedeutung aktueller Geschehnisse abschätzen? (»Liebes Tagebuch, heute hat der Hundertjährige Krieg begonnen.«[9])

Viele Historiker haben eingesehen, dass eine ausgeprägte Vorher-nachher-Fehlsicht zu den professionellen Deformationen ihres Berufsstands gehört. »Die Tendenz zum Determinismus ist in der Methode der Rückschau selbst schon angelegt«, warnte als einer von vielen der Kirchenhistoriker Georges Florovsky von der Harvard University. »In der Rückschau scheinen wir die Logik der Ereignisse wahrzunehmen, wie sie sich in einer regelmäßigen, linearen Weise entfalten, mit einer vermeintlichen inneren Notwendigkeit. So, dass wir den Eindruck bekommen, es hätte nicht anders geschehen können.«[10]

Um beim Beispiel zu bleiben: Dem Ersten Weltkrieg war eine lange Periode des Friedens vorausgegangen, und so zwingend, wie die Entwicklung heute gerne dargestellt wird, war sie für Zeitgenossen keineswegs. »Alle Ausgeburten der Hölle wanderten willkürlich durch die Welt und machten aus ihr eine Schlachtbank«, schrieb später ein Geschichtsforscher unter dem Eindruck des Krieges. »Das schöne Gebäude der Historie, entworfen und errichtet von meinen Zeitgenossen, war auseinander gebrochen. Die Bedeutung, die wir Historiker in die Geschichte hineinlasen, war falsch, grausam falsch.«[11] All die Muster, die man gefunden zu haben meinte, waren plötzlich verschwunden.

So wiederholt sich vor allem ein Muster zuverlässig über die Jahrhunderte. Es ist unser Glaube, Muster in der Geschichte erkennen zu können. Selbst einige Nachkriegshistoriker verfielen wieder der Illusion, aus der Vergangenheit ließen sich verlässlich Gesetze für die Zukunft ableiten. Illustres Extrem: Der Brite Tim Mason, ein profunder Kenner des Nationalsozialismus (und überzeugter Marxist), sah in Margaret Thatcher eine Wiedergängerin des Reichskanzlers Franz von Papen, der Adolf Hitler den Steigbügel gehalten hatte. Alle Zeichen der beginnenden Nazi-Ära schienen sich in Thatchers Großbritannien zu wiederholen: Inflation, Rezession, das Wiedererstarken der politischen Rechten. In seinen letzten Lebensjahren soll Mason deshalb den etwas irritierten britischen Linken geraten haben, in den Untergrund abzutauchen, bevor sie verhaftet würden[12].

Oft wird solcherlei Fehlsicht der Geschichtsweisen durch den nächsten außerplanmäßigen Halt der Historie korrigiert. Nicht so im Falle des angesehenen US-Politologen Francis Fukuyama. Ihn lehrte selbst der Zusammenbruch des Ostblocks, den wieder einmal niemand vorhergesehen hatte, keine Demut, sondern er regte ihn zu einer neuen, ausgesucht kühnen Prognose an. Nun sei wirklich gut, erklärte Fukuyama, das »Ende der Geschichte« sei erreicht, die Welt strebe demokratischen und liberalen Regierungsformen und damit ihrem endgültigen Gleichgewicht zu. Kurz danach brach in Jugoslawien die Hölle los. Ihr Aufflammen war ebenso unerwartet wie das des 11. September 2001, das dem Globus einen weiteren, ganz neuen Dreh verlieh. Geschichte endet nie. Sie beginnt an jedem Tag neu. Morgen schon kann Hiob König sein.

»In vielerlei Hinsicht funktionieren die Erzählungen nicht mehr, mit denen wir die Ereignisse im früheren Teil des [vorigen] Jahrhunderts verwoben haben«, resümiert selbstkritisch der britische Historiker Richard Vinen[13]. Auch die meisten seiner Kollegen zeigen mittlerweile Zurückhaltung – »Das, was ich meinte, verstanden zu haben«, nannte die angesehene französische Kommunismus-Forscherin Annie Kriegel 1991 ihre Autobiographie. »Erst vor ein paar Jahren«, wettert der britische Geschichtswissenschaftler Niall Ferguson, »wurden Historiker der Tatsache gewahr, dass sich die Wissenschaft seit Newton und Laplace ein wenig weiterentwickelt hat. Jahre sind in Sackgassen vergeudet worden [...] bei der vergeblichen Suche nach ›Gesetzen der Geschichte‹, vergleichbar mit den Bewegungsgesetzen.«

Viele Großdenker hatten an solche Gesetze geglaubt. Schon Platon erklärte, die Herrschaftsformen in einem Staat durchliefen festgelegte Zyklen. Der Philosoph Georg Wilhelm Friedrich Hegel sah einen »Weltgeist« am Werk, einen »Plan der Vorsehung«. Karl Marx und Friedrich Engels erklärten den »Sieg des Proletariats« für »unvermeidbar«, der Geschichtsphilosoph Oswald Spengler den »Untergang des Abendlandes«.

Geschichte als Waldbrand oder Grippe?

Regierungen aber fallen nicht wie Newtons Apfel vom Baum, Politiker kreisen nicht umeinander wie Planeten. Geschichte ist eher wie die Erdkruste: Die meiste Zeit grummelt es hier und da ein wenig, und am anderen Tag stürzen plötzlich zwei Hochhäuser ein, Tausende Menschen sterben, ganze Länder werden erschüttert.

Es gibt Forscher, die in dieser Parallele mehr als eine Metapher sehen. Viele hundert Vorschläge, wie Größe und Zeitpunkt von Erdbeben vorauszusagen seien, wurden bisher publiziert. Keiner davon hat zuverlässig funktioniert[14]. Es gibt keine wirklich verlässlichen Zeichen, die einem Erdbeben vorausgehen. Es gibt keine typischen Zeitintervalle zwischen zwei Erdbeben einer bestimmten Größe. Es gibt nicht einmal eine typische Durchschnittsgröße für Erdbeben. Erdbeben gruppieren sich nicht um einen Mittelwert, wie die Körpergröße der Deutschen oder die Treffer auf einer Zielscheibe. (Sie gehorchen also nicht der gaußschen Normalverteilung aus Kapitel 5). Stattdessen gibt es sehr viele sehr kleine Erdbeben, die wir gar nicht wahrnehmen, und nur sehr wenige extrem große. Sortiert man sie nach ihrem Wert auf der bekannten Richter-Skala und zählt durch, so findet man das »Gutenberg-Richter-Gesetz«: Wenn eine Größenklasse von Erdbeben doppelt so viel Energie freisetzt wie eine andere, dann kommt sie ungefähr vier Mal so selten vor. Doppelte Energie – nur ein

Viertel so häufig. Wissenschaftler nennen so etwas ein »Potenzgesetz«.

Angenommen, die Fahrtzeiten der Deutschen Bahn würden so einem Potenzgesetz gehorchen. Dann gäbe es nicht eine typische Durchschnittsfahrtzeit München–Augsburg von einer Dreiviertelstunde. Ein Berufspendler, der morgens in München den Zug bestiege, könnte nicht sagen, ob er nach ein paar Minuten oder nach ein paar Tagen am Ziel wäre. (Nun freue ich mich auf Leserbriefe von Berufspendlern, die erklären, dass die Deutsche Bahn neuerdings exakt so funktioniert.)

In der Erdkruste gilt das Potenzgesetz vom kleinsten Knirschen bis zum Riesenbeben, das ganze Städte auslöscht. Daraus könnte man folgern, dass minimale Erdbewegungen genau so funktionieren wie große. Die Erde sieht im Großen so aus wie im Kleinen – zentimetergroße Gesteinsstücke ähneln kilometergroßen Felsen und verhalten sich auch gleich, wenn sie gegeneinander gepresst und aneinander vorbei geschoben werden. (Nur die Kräfte und die Energie, die im Spiel sind, unterscheiden sich dramatisch.)

So seltsam die daraus folgenden statistischen Verteilungen scheinen, so oft haben Forscher sie mittlerweile im Weltgeschehen ausgemacht. Bei Waldbränden in den USA. Bei Ladezeiten im Internet. Bei Börsencrashs oder Heuschreckenplagen. Bei Staus auf der Autobahn. In der Größe von Städten. In der Verteilung des Reichtums unter den Menschen. Bei der Größe von Epidemien. Bei den Einspielergebnissen von Kinofilmen. Im evolutionären Artensterben[15].

Und bei Lawinen in einem Haufen Reis[16]. Tatsächlich häuften norwegische Forscher in einem Experiment über

Jahre geduldig Korn auf Korn. Kam ein neues dazu, gab es oft winzige Umordnungen von ein paar anderen Körnchen, hin und wieder kleine Lawinen, und dazwischen – unerwartet – einen gigantischen Reisrutsch. Auch die Reislawinen gehorchten einem Potenzgesetz. Ein einziges Reiskorn, das zum Haufen dazukam, konnte gleichsam noch nicht wissen, was es anrichten würde. Vielleicht gar nichts. Vielleicht den Zusammenbruch des ganzen Haufens. Wenn ein Erdbeben, ein Börsencrash oder ein Waldbrand beginnen, ist ebenso unklar, wie groß sie einmal sein werden. Die eine, alles erklärende Katastrophenursache lässt sich nicht finden. Sie ist eingewoben in die komplexe Vergangenheit des gesamten Systems. Auch das ist eine schöne Metapher für die Natur der menschlichen Historie.

Längst gibt es eine ganze Theorie zum Verhalten von Reishaufen, Börsen und Erdbeben mit dem Namen »Selbst organisierte Kritikalität«. Der US-Physiker Per Bak und seine Kollegen Chao Tang and Kurt Wiesenfeld prägten den Begriff Ende der 80er Jahre. (Sie hatten das Anwachsen von Sandhaufen am Computer simuliert, dabei ein Potenzgesetz gefunden und erstmals den Zusammenhang zu Erdbeben hergestellt.) Die drei traten eine Lawine los, ihre Veröffentlichung von damals gehört heute zu den meistzitierten in der Physik. Die Selbst organisierte Kritikalität hat es im Fahrwasser der einst sehr modischen »Chaostheorie« sogar zum Status einer Art Pop-Wissenschaft gebracht: In den 90er Jahren ließ sich damit einfach alles erklären, doch nach zahlreichen Fehlschlägen haben sich viele Forscher wieder davon abgewandt. Dennoch bleiben die Grundannahmen richtig.

Mittlerweile gibt es sogar popwissenschaftliche Bücher, die den erratischen Lauf der Geschichte mit Potenzgesetzen zu erklären wissen.[17] Der theoretische Physiker Mark Buchanan hat für sein Werk über »die Wissenschaft der Geschichte« Studien ausgegraben, die auch in den Todeszahlen vergangener Kriege ein Potenzgesetz finden – ganz so, als wären die dramatischsten Ereignisse der Menschheitsgeschichte nichts anderes als historische Erdbeben. »Es scheint, dass unsere Welt auf vielen Ebenen am Rande einer plötzlichen, radikalen Veränderung steht«, glaubt Buchanan, »und dass diese unvermeidbar und nicht vorhersehbar sind, sogar Momente, bevor sie geschehen.« Für die klassische Geschichtsschreibung mit ihren monokausalen Erklärungen hat Buchanan nur Spott übrig. Er karikiert sie mit der Beschreibung eines Sandhaufen-Historikers, der nach nicht vorhandenen Gründen für eine gigantische Lawine sucht:

Die Probleme begannen vor einer Woche im fernen Westen, als am frühen Abend ein einzelnes Sandkorn auf einen Teil unseres Sandhaufens fiel, der bereits sehr abschüssig war. Das führte zu einer kleinen Lawine, als einige Sandkörner gen Osten kullerten. Unglücklicherweise war der Haufen im Westen nicht gut gemanagt worden, und diese wenigen Körner trafen auf eine Region, die auch schon sehr abschüssig war. Bald begannen noch mehr Sandkörner zu kullern, und über Nacht wurde die Lawine größer ...

Auch wenn viele Wissenschaftler es ablehnen, Erkenntnisse aus der Physik auf komplexe gesellschaftliche Phänomene zu übertragen, so lehrt die Selbst organisierte Kritikalität zumindest eines: Die Schicksalsmaschine Welt kann mit einfachsten Mitteln Ereignisfolgen produzieren, die sich nicht vorausberechnen lassen. Wir können nicht einmal die nächste Lawine in einem Sandhaufen vorhersagen, geschweige denn einen Börsencrash, die Größe des nächsten Waldbrandes, das nächste große Erdbeben, den Erfolg des nächsten Kinofilms. Mag sein, dass der Historie ähnliche Mechanismen zugrunde liegen.

»Die Fragen nach einer hypothetischen Historie oder historischen Wahrscheinlichkeiten sind oft nicht zu beantworten«, resümiert der bekannte belgische Chaosforscher David Ruelle, »zumindest heute. Und doch sind diese Fragen nicht bedeutungslos. Vielleicht können wir eines Tages in manchen Wahrscheinlichkeiten, die im Zusammenhang mit der Historie des Lebens auf der Erde oder in anderen Bereichen auftreten, einen Sinn erkennen.«[18]

Was wäre, wenn?

Ergibt die Geschichte einen Sinn? Moderne Geschichtsforschung jedenfalls habe nicht mehr den Anspruch, vergangene Entwicklungen zu »erklären« oder unseren Weg in die Zukunft vorauszuberechnen, meint der Oxforder Geschichtsprofessor Niall Ferguson. Geschichte sei lediglich die Interpretation vergangener Gedanken: »Wir studieren nicht die Gründe für Kriege, sondern, was die Menschen der Zeit dachten, dass die Gründe seien.«[19]

Um sich diese Demut zu erhalten, betreibt Ferguson den für viele seiner Kollegen immer noch anrüchigen Denksport des Was-wäre-wenn. Vor allem angelsächsische Wissenschaftler haben ihn mittlerweile zur Kunstform erhoben. Ferguson hat ein ganzes Buch über »Virtuelle Geschichte« herausgegeben, das darüber nachdenkt, welchen Weg die Welt hätte einschlagen können[20]. Der Kollaps der Weimarer Republik und die »Machtergreifung« Hitlers, heißt es darin etwa, seien keinesfalls unvermeidbar gewesen. Seine Gedankenexperimente dienen Ferguson dazu, »die chaotische Natur der Erfahrung wieder einzufangen und zu sehen, dass es keine sicheren Ergebnisse gibt«[21].

Wenn einzelne Menschen Hand anlegen, wird es nun einmal unberechenbar (Kapitel 6). Besonders für Militärhistoriker ist das Studium alternativer Geschichte deshalb nützlich, betont der britische Experte John Keegan, denn dort spielt die Entscheidung weniger Schlachtenlenker oft eine große Rolle. »1941 kontrollierte Hitler die größte Panzerflotte der Welt und eine der größten Luftflotten«, sagt Keegan. »Und wenn er sich entschieden hätte, sie anders einzusetzen, hätte es ihm weit mehr genutzt. Er hätte gewinnen können. Es ist wichtig, das zu wissen.« Geht es noch folgenreicher? Zum Beispiel so: Wenn die deutlich überlegene persische Flotte im Jahr 480 vor Christus in Salamis die griechische wirklich besiegt hätte, erklärt ein Kollege Keegans, dann hätte es Tragödiendichter wie Aischylos, Sophokles und Euripides oder den Geschichtsschreiber Herodot nicht gegeben, und damit nicht die Ideen von Privateigentum, freier Wirtschaft und Wissenschaft, Trennung von Staat und Kirche, Rationalismus und Empirismus. (»Aber dafür eine Menge prima Teppiche«, witzelte die »New York Times«[22].)

Was erst wäre geschehen, wenn ein etwas angejahrter Infanterist namens Sokrates wie tausend seiner Kameraden in einem Waffengang Athens gegen Theben bei Delium im vorchristlichen Jahr 424 umgekommen wäre? (Sokrates überlebte unter anderem, weil er zufällig den richtigen von drei Fluchtwegen wählte.) Die gesamte abendländische Philosophie und Politik mitsamt dem von Sokrates nachhaltig beeinflussten Christentum wären dann »nahezu beendet« gewesen, glaubt der angesehene US-Historiker Victor Davis Hanson[23].

Bestimmt existiert eine parallele Quantenrealität (Kapitel 10!), in der ein thebanischer Reiter oder die teppichbewehrte persische Armee tatsächlich den Untergang des Abendlandes herbeigeführt haben, noch bevor es entstand. Oft entscheiden winzige Details über den Ausgang einer Schlacht. Der Kriegsberichterstatter Erik Durschmied hat viele davon zusammengetragen und ein Buch über den von Militärs so genannten »Hinge Factor« geschrieben, den kleinen »Dreh- und Angelpunkt« im Kampf[24]. Ein einziges Fass Schnaps, erfahren wir da, um das die österreichisch-ungarische Vielvölkerarmee in ein Gerangel geriet, warf sie im Kampf gegen die Türken um Jahre zurück. Der nächtliche Streit wurde durch eine Serie unglücklicher Umstände als Angriff der Türken missdeutet, eine panikartige Massenflucht setzte ein, und als die türkische Armee im September 1788 tatsächlich am damaligen Schauplatz Karansebes eintraf, fand sie dort nur noch zehntausend tote und verwundete Österreicher.

Oder nehmen wir Waterloo. Napoleon war nicht nur von einem trivialen Bandscheibenvorfall und von chronischem Durchfall geschwächt und deshalb in wichtigen Momenten der Schlacht im Bett. Den »Hinge-Faktor« sieht Durschmied in einer Hand voll Nägel, die im entscheidenden Moment nicht zur Hand war. Eine Gruppe von Napoleons Reitern hatte die gefürchteten Geschütze des Gegners Wellington bereits erobert. Mit ein paar Eisennägeln hätten sie, wie damals üblich, die Zündlöcher blockieren können. Doch ausgerechnet all jene Reiter, die diese Standardausrüstung bei sich führten, waren gefallen.

Wellington eroberte seine intakten Geschütze wieder zurück. Der Rest ist Geschichte.

156 Nägel entschieden über die Schlacht von Waterloo. Drei Zigarren verlängerten den amerikanischen Bürgerkrieg um drei Jahre. Die klare Sicht über einer Stadt namens Hiroshima am 6. August 1945 führte dazu, dass ihr ein Bomberpilot vor Kokura und Niigata den Vorzug gab; Städte, die heute niemand kennt.

Kein Wunder, dass das schillernde Was-wäre-wenn längst Volkssport war, bevor es zum Denksport der Profis avancierte. Stets haben die kleinen Dreh- und Angelpunkte in Leben und Historie Stammtischbrüder, Romanciers und Regisseure inspiriert. »Lola rennt« bei Tom Tykwer durch drei Alternativentwürfe ihres einen Lebens. Auch in Krzysztof Kieslowski Film »Der Zufall, möglicherweise« rennt jemand, nämlich der Medizinstudent Witek hinter einem Zug her, und Kieslowski hat wiederum drei alternative Enden parat. (Je nachdem, ob Witek den Zug erwischt oder nicht oder beim Aufspringen ertappt und verhaftet wird. Am liebsten mag ich die Variante, in der Witek den Zug verpasst, auf dem Bahnhof ein nettes Mädchen kennen lernt, aber später in einem explodierenden Flugzeug umkommt.)

In Robert Harris' Bestseller »Vaterland« haben die Nazis den Krieg gewonnen und in Stephen Frys »Geschichte machen« verhindern ein Historiker und ein Physiker mit Hilfe einer Zeitmaschine (und etwas Verhütungsmittel) die Geburt Adolf Hitlers. (Danach wird zwar alles anders, aber natürlich nicht wirklich besser.) Über 600 lieferbare Bücher mit alternativer Historie verzeichnet die Fachseite uchronia.net, und im Internet-Diskussionsforum soc.history.what-if stehen bereits 400 000 Beiträge von Nutzern, die sich gegenseitig fragen, wie die Welt aussähe, wenn Jesus nie gelebt hätte, Pearl Harbour nie angegriffen oder der Bericht des Club of Rome nie gedruckt worden wäre.

1973 noch erlaubte sich der Journalist Joachim Fest im Vorwort seiner berühmten, mehr als 1 000 Seiten starken Hitler-Biographie gerade zehn Zeilen Was-wäre-wenn: »Wenn Hitler 1938 einem Attentat zum Opfer gefallen wäre«, heißt es da, »würden nur wenige zögern, ihn einen der größten Staatsmänner der Deutschen, vielleicht den Vollender ihrer Geschichte zu nennen. Die aggressiven Reden und ›Mein Kampf‹, der Antisemitismus und das Weltherrschaftskonzept wären vermutlich als Phantasiewerk früher Jahre in die Vergessenheit geraten und nur gelegentlich einer ungehaltenen Nation von ihren Kritikern zum Bewusstsein gebracht worden.«[25]

Heute lässt Fests volkstümliches Pendant, der »ZDF-Historiker« Guido Knopp, gleich eine »historische Simulation« senden, in der als Alternative zum Mauerfall ein »Dritter Weltkrieg« ausbricht[26]. Das mag Fachleuten immer noch frivol vorkommen. Der marxistische Historiker Edward Thompson sah in alternativer Geschichtsschreibung bloß »Geschichtswissenschlopff, unhistorical shit«. Immerhin aber lässt uns diese Wissenschlopff den Charakter historischer Abläufe erahnen.

Warum die Ostsee immer noch nicht mit Infrarotstrahlen beheizt wird

In einer um 1900 erschienenen Artikelsammlung mit dem Titel »Die Welt in 100 Jahren« schreibt ein gewisser Robert Sloss[27] über »Das drahtlose Jahrhundert«:

Die Bürger jener Zeit werden überall mit ihrem draht-

losen Empfänger herumgehen, der irgendwo, im Hut oder
anderswo, angebracht und auf Myriaden von Vibrationen
eingestellt sein wird, mit denen er gerade Verbindung sucht.
Einerlei, wo er auch sein wird, er wird bloß den Stimm-Zei-
ger auf die betreffende Nummer einzustellen brauchen, die
er zu sprechen wünscht.

Die frühe Skizze des von Sloss so genannten »Westenta-
schen-Telefons«, vulgo: Handy, kommt dem Kommuni-
kationsfetisch des beginnenden 21. Jahrhunderts ziemlich
nahe. Mit einer Einschränkung: Der drahtlose Empfänger
werde so einfach sein, glaubte Sloss, »dass auch der
gewöhnlich Sterbliche sich seiner wird bedienen können«.
Bis heute habe ich die Wahlwiederholungstaste auf meinem
»Blackberry 7230« nicht gefunden.

Noch ein paar Prognosen gefällig? Laptops! Video-
telefone! Raumstationen! Geostationäre Satelliten! Kunststück? Sie stammen von Arthur C. Clarke, dem berühm-
testen aller Science-Fiction-Autoren, auf dessen Kurz-
geschichte der Film »2001« basiert, der 1968 in die Kinos
kam. Clarke, studierter Physiker und Mathematiker, rechnete bereits 1945 vor, wie wir mit Hilfe von Satelliten, die
sich synchron mit der Erde drehen, kommunizieren werden – 12 Jahre vor dem Sputnik-Schock und 35 Jahre vor
dem Satelliten-Sender CNN. Mehr als 60 Bücher hat Clarke verfasst, in denen es von Gadgets nur so wimmelt, die
es später einmal geben sollte oder auf die wir, wie im Fall
des intelligenten Computers HAL9000, vielleicht nur noch
ein ganz klein wenig länger warten müssen als bis 2001.
(»Dave ... my mind is going ... I can feel it ... I can feel it.«)
Was die Zukunft betreffe, erklärte Clarke bündig, sei »jede
politische oder soziologische Vorhersage unmöglich. Das
einzige Gebiet, in dem es eine Möglichkeit für Erfolg gibt,

ist die technische Zukunft.« Vielleicht lässt sich also wenigstens die zielgerichtete Entwicklung von Forschung und Technik vorhersehen?

Schauen wir mal. 1970 fragte die »Junge Welt«, Zentralorgan der Freien Deutschen Jugend, die Bürger der DDR: »Was tust du am Donnerstag, dem 6. Januar 2000?« – »In Sellin herrscht auch im Winter Hochsommerklima«, schrieb hoffnungsfroh ein Rentner aus Jena, »und die Ostsee wird mit Infrarotstrahlen beheizt.« Die »erste Ernte in der Sahara hat alle Erwartungen übertroffen« (Schüler, 15), die störenden Insekten »sind seit 1992 ausgerottet« (Schülerin, 14), es gibt Infrarottoaster (Schüler, 17), atombetriebene Flugzeuge (Schülerin, 18), morgens sanftes Weckgas (Hauer, 23) und mariniertes Plankton zu Mittag (Schülerin, 14). Ach ja, und: »Das Denken ist auch im Jahre 2000 nicht abgeschafft« (Schüler, 17).[28]

Offensichtlich braucht es nicht vom Sozialismus verblendete Ostschüler, sondern klarsichtige Westexperten mit der Lizenz zum Denken, um die Geschichte fortzuschreiben. Leute also wie Thomas Watson, Präsident von IBM, der sich 1943 mit der folgenden Sentenz seinen Platz in der Technikhistorie sicherte: »Ich glaube, es gibt einen Weltmarkt für vielleicht fünf Computer.« Der Autor dieses Buches schätzt sich glücklich, eines dieser raren Geräte ergattert zu haben, für das er den Boden seines 200-Quadratmeter-Arbeitszimmers nur wenig verstärken lassen musste, denn Gott sei Dank »dürften Computer in der Zukunft nicht mehr als 1,5 Tonnen wiegen«. (»Popular Mechanics« Magazin, 1949) Schon tippe ich in die Konsole meiner wassergekühlten Datenmanipulationsanlage die nächste Prognose von Leuten, die sich echt auskennen: »Menschen, Gefährte, Güter – sogar einige Gehsteige –

bewegen sich«, wussten die Experten der Weltfirma General Motors in den 60er Jahren von heute zu berichten. Mit unseren turbinengetriebenen Wagen eilen wir auf automatischen Highways überschallschnell ins Unterwasser-Hotel. Fortschrittliche Zeitgenossen wählen Atom-Automobile (»Motor Trend Magazine«, 1951). Räder? Abgeschafft! Wir gleiten auf Luftkissen. (»Popular Science«, 1961). »Straßen? Wo wir hinfahren, brauchen wir keine Straßen«, sagt Doktor Emmet Brown am Ende des 80er-Jahre-Filmklassikers »Zurück in die Zukunft«, bevor sein Auto vom Boden abhebt, die Räder einklappt und ins Jahr 2015 entschwindet. Schauen wir mal.

Nicht jeder Experte und Komödienregisseur ist womöglich zu stimmigen Prognosen fähig. Vertrauen wir lieber Nobelpreisträgern wie Herbert Simon. Der Computerwissenschaftler erklärte 1965 bündig, dass bereits in 20 Jahren »Maschinen jede Arbeit verrichten können, die ein Mensch tun kann«. Entspannt lehne ich mich zurück und überlasse meinem intelligenten Wortprozessor die Vollendung dieses bescheidenen Buches. Es wird nie erscheinen, denn bereits seit der Jahrhundertwende leben wir in einer »papierlosen Gesellschaft« (General-Motors-Chef Roger Smith, 1986). Warum diese Gesellschaft um Klone, Stammzellen und Gentherapie streitet, habe ich noch nicht so ganz verstanden, denn der 1985 verstorbene Immunologe und Nobelpreisträger Frank McFarlane wusste bereits, dass »es so gut wie nichts in der Molekularbiologie gibt, was von irgendeinem Wert für das menschliche Leben sein kann.«[29]

Fast ist es verwunderlich, dass Prognosen dann und wann tatsächlich eintreffen. Ein Grund dafür ist sicher das Horoskop-Prinzip: Bei der Vielzahl von Vorhersagen, die verzweifelte Journalisten den Experten alljährlich zu Neujahr abringen, dürften immer mal wieder ein paar vage Treffer dabei sein. Je vager, desto Treffer. (Der deutsche »Trendpapst Matthias Horx« sieht folgende »Megatrends im 21. Jahrhundert«: »Gesundheit«, »Konsum«, »Tourismus« und – jetzt kommt mein liebster – »Frauen«[30]. Ich habe noch zwei Vorschläge: Essen und Schlafen.)

Eine weitere Erklärung ist das Prinzip der selbst erfüllenden Prophezeiung: Wenn Science-Fiction-Autoren die grundlegenden Rechnungen für geostationäre Satelliten schon gleich mitliefern, mögen sich NASA-Techniker gedacht haben, warum dann nicht mal einen ins All schießen? (Genau so war es angeblich auch.) Und kaum hatte William Gibson 1984 seinen Roman »Neuromancer« veröffentlicht, einen Science-Fiction, der »Cyberspace« und »Matrix«, »Virtuelle Realität«, »Software-Agenten« und Gehirnimplantate zur Kommunikation mit Maschinen beschreibt, machten sich inspirierte Wissenschaftler daran, seine Fortschreibung der Realität weiter fortzuschreiben. (Gibson ist, gemeinsam mit Bruce Sterling, auch Autor eines Romans mit alternativem historischen Hintergrund. »Die Differenzmaschine« spielt im viktorianischen London, das ein Jahrhundert früher als in unserer Realität den Computer erfunden hat. Er ist selbstredend dampfbetrieben.)

Als Erklärung reichen Horoskop-Prinzip und selbst erfüllende Prophezeiung nicht aus. Es bleibt erstaunlich, dass Intel-Mitbegründer Robert Noyce in der zweiten Hälfte der 70er Jahre präzise voraussah, dass wir heute auf unseren seinerzeit erst so halbwegs erfundenen Personal Computern komponieren und von zu Hause aus Zugang zu Bibliotheken haben werden. Und wie konnte John Bremer vom Technik-Konzern Honeywell damals ahnen, dass die futuristischen Flüssigkristall- und Plasmabildschirme im Jahr 2001 Massenprodukte sein werden?[31]

Die Theorie des 1996 verstorbenen US-Wissenschaftshistorikers Thomas Kuhn bietet vielleicht eine Erklärung dafür. Kuhn meinte, Muster in der Geschichte gefunden zu haben. (Also Vorsicht!) In seinem Buch »Die Struktur wissenschaftlicher Revolutionen« skizziert er das Fortschreiten unserer Erkenntnis nicht nur als langen, ruhigen Fluss. Das Dahinplätschern der Wissenschaft, erklärte Kuhn, werde immer wieder von intellektuellen Erdbeben unterbrochen, die den Fluss aus seinem Bett zwingen und seinen Lauf für immer verändern. Kuhn glaubte auch nicht, dass Wissenschaftler tolle Freigeister seien, die abwechselnd irgendwem die Zunge herausstrecken und einen Jahrhunderteinfall haben. Forschung sei vielmehr der »eifrige und hingebungsvolle Versuch, die Natur in die konzeptuellen Kästchen zu zwängen, die professionelle Ausbildung bietet«. Wissenschaftler, wie sie Kuhn beschreibt, freuen sich, wenn alles so bleibt, wie es ist. Sie hängen an ihren »Paradigmen«. Neue Erkenntnisse, die nicht dazu passen, ignorieren sie, so lange es geht, und schwenken dann um. (An dieser Stelle fällt gewöhnlich das Wort »Paradigmenwechsel«, das wir Thomas Kuhn verdanken.) Wann und wo die Erdbeben der Erkenntnis ausbrechen, ist nicht vorhersagbar – schließlich spielt bei vielen der hübscheren wissenschaftlichen Entdeckungen der Zufall eine Rolle. Sei es, dass der Schweizer Chemiker Albert Hoffmann auf der Suche nach einem Migränemittel versehentlich mit einer der neu synthetisierten Substanzen in Berührung kommt und sich auf einem Drogentrip wiederfindet. (Er hat LSD entdeckt.) Sei es, dass sich in einem Gastank der Chemifirma Du Pont eine Art Pulver gebildet hat, das später als Teflon in die Geschichte eingeht. Röntgenstrahlen, die Vulkanisierung von Kautschuk, Penicillin, Photographie – alles Kinder des Zufalls. Längst haben Wissenschaftler die Kraft des Herumprobierens erkannt und spielen – etwa bei der Suche nach neuen Wirkstoffen – systematisch herum, in der Hoffnung auf das nächste Wundermittel.

Wenn an Kuhns ebenso einflussreicher wie umstrittener Theorie etwas dran ist, könnte das die Präzision mancher Prognosen erklären. Ist der Mikrochip erst einmal erfunden, können Experten womöglich ganz gut voraussahnen, was sich in ein, zwei oder drei Jahrzehnten damit anstellen lässt – wenn alles ohne Paradigmenwechsel weiterläuft, wie bisher. Bekanntester Ausfluss dieser Denkart ist das »Mooresche Gesetz« der Halbleiterindustrie, 1965 formuliert vom späteren Intel-Mitbegründer Gordon Moore. Es besagt, dass sich die Zahl der Transistoren auf einem Chip jedes Jahr verdopple. 1975 revidierte Moore sein »Gesetz« und nannte nun einen Zeitraum von zwei Jahren. (Heute gibt es ein ganzes Bündel von Gesetzen mit unterschiedlichen Zyklen und Kennzahlen, die unter diesem Namen laufen.) Über weite Strecken blieb Moores Gesetz ungefähr richtig, und Intel gibt viel Forschungsgeld aus, um es zu einer selbst erfüllenden Prophezeiung zu machen. Wenn auch das nicht klappt, wird das »Gesetz« vielleicht wieder ein wenig umformuliert.

»Integrierte Schaltkreise werden zu solchen Wundern wie Heimcomputern führen«, schrieb Moore in seinem legendären Aufsatz von 1965, »oder wenigstens zu Terminals, die mit einem Zentralcomputer verbunden sind, zu automatischen Bedienelementen für Autos und zu persönlicher, tragbarer Kommunikationsausrüstung.« Vulgo: Handy.

Hätte der selige Robert Sloss, der um 1900 ebenfalls das Handy voraussah, auch das Atomkraftwerk erahnen können? Wohl kaum, denn zwischen damals und heute liegt ein notwendiger Paradigmenwechsel: das Aufkommen der Quantenphysik, ohne die es kein Atomkraftwerk gäbe. Solch einem nur schwer vorhersehbaren Umschwung fiel auch die höchst wissenschaftliche Prognose eines Bürgers im viktorianischen London zum Opfer. Er soll die steigende Anzahl von Pferden auf der Straße analysiert und den Trend in die Zukunft verlängert haben. Bald, so rechnete er vor, würden seine Zeitgenossen knietief in Pferdeäpfeln waten. Dann kam das Automobil.

Eigentlich hat der Erkenntnistheoretiker Karl Popper, dessen Gedanken sich als roter Faden durch dieses Buch ziehen, in seinem Werk »Das Elend des Historizismus«[32], schon alles gesagt. Popper meinte, dass »die Lehre von der geschichtlichen Notwendigkeit der reinste Aberglaube ist und bleibt«. Und lieferte dafür auch gleich einen »Beweis«. Er geht so.

Erstens: Der Lauf der Geschichte wird durch das Anwachsen unseres Wissens stark beeinflusst. Zweitens: Wir können nicht vorhersehen, wie unser Wissen in Zukunft wachsen wird (sonst wüssten wir ja schon, was wir erst wissen werden). Drittens: Also kennen wir den Lauf der Geschichte nicht. Was zu beweisen war. Aus der Vergangenheit können wir nur wenig über die Zukunft lernen. Was lernen wir daraus?

Soll Meister Popper sagen:

Wenn wir die Welt nicht wieder ins Unglück stürzen wollen, müssen wir unsere Träume der Weltenbeglückung auf-

geben. Dennoch können und sollen wir Weltverbesserer bleiben – aber bescheidene Weltverbesserer. Wir müssen uns mit der nie endenden Aufgabe begnügen, Leiden zu lindern, vermeidbare Übel zu bekämpfen, Missstände abzustellen; immer eingedenk der unvermeidbaren ungewollten Folgen unseres Eingreifens, die wir nie ganz voraussehen können und die nur allzu oft die Bilanz unserer Verbesserungen zu einer Passivbilanz machen.

Denn sogar in unserem unmittelbaren Umgang mit Menschen machen wir, beim besten Willen, immer wieder Fehler; und wenn wir wirklich guten Willens sind, so werden wir dauernd versuchen, die Folgen unserer Handlungen zu überwachen, um unsere Handlungen beizeiten zu korrigieren.

Passen Sie gut auf uns auf.

Nachwort
Die drei Prinzen von Serendip

> *Die Welt des Menschen ist wie eine Komödie*
> *ohne Lacher: Bevölkerungen, Interessen,*
> *Regierungen, Geschichte – alles Spielfiguren*
> *in einem Spielzeughaus.*
> Ralph Waldo Emerson, »*Schicksal*«

Der Titel dieses Buches verspricht eine Betriebsanleitung für das Schicksal. Es atmet also den Geist von Broschüren wie jener, die unserer Mikrowelle »Sharp R671« beiliegt. Das Heftchen erklärt mit ein paar einfachen Worten, wie alles funktioniert. Darin enthalten ist außerdem eine kleine Tabelle, die angibt, welche Knöpfe ich in welcher Reihenfolge drücken muss, um eine 450-Gramm-Pizza zu erhitzen (AP-1, dann Drehknopf 0.45), und wie drei Pfund Kalbsbraten aufzutauen sind (Ad-2, dann 1.5).

Wäre ich der Schöpfer der Welt, welche Handreichungen würde ich ihr beilegen, bevor ich sie an die Menschheit übergäbe? Die Antwort auf diese Frage ist das vorliegende Buch. Es stellt die Funktionsweise des beschriebenen Produktes Vertrauen erweckend einfach dar und soll Lust darauf machen, es zu benutzen. Viele wichtige Details sind deshalb nur knapp ausgeführt oder ganz weggelassen, dafür kann man die Anleitung hoffentlich an einem regnerischen Sonntagnachmittag entspannt durchlesen. Wer ganz genau wissen will, was Mikrowellen sind, muss schließlich auch zusätzliche Literatur konsultieren. So mag, wer mehr über Risiko, Genetik oder Quantenphysik erfahren möchte, in die Quellen im gleich folgenden Anhang schauen. Sollten Sie sich dazu angeregt fühlen, wäre das wunderbar.

Nur die kleine Tabelle für die Steuerknöpfe des Schicksals fehlt. Das liegt daran, dass es unüberschaubar viele Knöpfe gibt. Dass sie bei jedem Menschen wieder ganz woanders sitzen. Und dass ich an meinem Schicksal trotz der vielen Knöpfe gar nicht so viel drehen kann, wie allerlei Glücksbücher, Ratgeber und Heilsfibeln behaupten.

Wenn Schicksal das ist, was uns laut Duden »ohne menschliches Zutun« widerfährt, dann ist fast alles Schicksal. Es kommt in zwei grundlegenden Geschmacksrichtungen, Zufall und Notwendigkeit. Beide sind selten in Reinform zu haben, fast überall gibt es sie nur als abgepackte Mischung. Viele Konsumenten können sie deshalb kaum auseinander halten. Oft schmecken wir viel Notwendigkeit, wo mehr Zufall drin ist, und umgekehrt. Immerhin: In den vergangenen Jahrhunderten haben wir unseren erkenntnistheoretischen Gaumen mit Hilfe der Wissenschaft deutlich verfeinert und einen herrlich duftenden Gewürzladen entdeckt. Bis heute aber können wir dem kosmischen Gewürzhändler nur hie und da zur Hand gehen, um unserem Leben eine völlig neue, eigene Würze zu geben, unser »Schicksal selbst in die Hand zu nehmen«.

Wie also leben? »Schicksal« riecht nach Götterdämmerung, Planerfüllung und hat auch eine leichte Schweißnote – es ist ein deutsches Wort, kaum übersetzbar. Zwei andere Wörter beschreiben am besten, wie man ihm begegnet. Für sie gibt es im Deutschen keine Entsprechung: »Serendipity« und »Ataraxia«.

Mit »Ataraxia« meinte der griechische Philosoph Epikur so etwas wie Seelenruhe, Gleichmut und Unverwirrbarkeit angesichts des Weltgeschehens, zu erreichen durch Erkenntnis. Wer erkennt, dass es Schicksal gibt und wie es funktioniert, muss nicht so sehr damit hadern, und vor allem nicht mit sich selbst. Hoffentlich hat dieses Buch dazu beigetragen. Eine badische Epikur-Expertin erklärte mir mal, Ataraxia sei »so a gewisse Wurschtigkeit«. Mit dieser Wurschtigkeit sollten wir allem entgegentreten, was wir zwar genau verstehen und voraussehen, aber nicht ändern können.

Serendipity hingegen hilft auch bei den unvorhersehbaren Wendungen des Zufalls. Serendipity ist, wenn jemand einen völlig neuen Toaster konstruieren will und dabei versehentlich eine Lösung für das Weltenergieproblem findet. Serendipity ist, wenn ich verzweifelt einen Job suche, mich dabei in eine Personalchefin verliebe, heirate und Hausmann werde. (Serendipity ist auch, wenn ich im Internet spaßeshalber nach dem eingedeutschten »Serendipität« suche und dabei zufällig auf Kolumne eines Kollegen stoße, die am Rande erwähnt, dass dem Science-Fiction-Schriftsteller Arthur C. Clarke nicht die Ehre gebührt, geostationäre Satelliten als Erster erfunden zu haben. Raumfahrtpionier Hermann Oberth war früher dran.)

Das Wort »Serendipity« leitet sich von einem persischen Märchen aus dem 13. Jahrhundert ab. Es trägt den Titel »Die drei Prinzen von Serendip«. Serendip ist die alte Bezeichnung für Ceylon, das heutige Sri Lanka. Im Märchen schickt der König von Serendip seine Söhne aus, um das Kostbarste zu finden, was es auf der Welt gibt. Bei ihren ausschweifenden Reisen gewinnen die drei scharfsinnigen Prinzen ganz zufällig allerlei Erkenntnisse, nach denen sie gar nicht gesucht haben. Natürlich ändern sie ständig ihre Meinung, was das Wertvollste sei.

Mit Serendipity meinen die Engländer auch, dass unsere unstete Lebensreise zwar keine Sicherheit kennt, aber eigentlich trotzdem ganz nett ist. »Sie mögen ganz schön besorgt sein über Ihren Mangel an langfristiger Jobsicherheit«, stand mal in einer britischen Wirtschaftskolumne zum Thema Serendipity, »oder ein Sinken der Pensionen um sechs Prozent innerhalb von dreißig Jahren. Aber – hey, was soll's. Wenn Sie diese Kolumne hier lesen, atmen Sie noch.«[1]

Schön, dass Sie noch da sind.

Anmerkungen

1 Ralph Waldo Emersons historischer Essay »Fate« umspannt nahezu alle in diesem Buch behandelten Aspekte – vom freien Willen über Naturkatastrophen bis zur Vererbung. In einem »poetischen Versuch, diesen Berg des Schicksals zu heben«, nähert sich Emerson den Forschungserkenntnissen seiner Zeit und ist dabei sehr klarsichtig und modern; an manchen Stellen bleibt er zwangsläufig den wissenschaftlichen Irrtümern und politischen Irrungen des 19. Jahrhunderts verhaftet. »Fate« ist enthalten in der Essaysammlung »The Conduct of Life« von 1860. Deutsche Übersetzungen werden derzeit nicht verlegt. Ein kleiner antiquarischer Schatz ist »Die Lebensführung«, Otto Hendel Verlag, Halle a. S., ca. 1900. Viele Zitate in diesem Buch sind neu übersetzt.

Vorwort

1 Nach einer Umfrage des Meinungsforschungsinstituts Allensbach im Jahr 2000 glaubt ein Sechstel aller Deutschen, die Sonne drehe sich um die Erde.
2 Richard van Dülmen, »Die Entdeckung des Individuums«, Fischer, 1997.
3 Ebenda.
4 Michael Gelven, »Why me? – A philosophical Inquiry into Fate«, Northern Illinois University Press, 1991.

5 Immanuel Kant schreibt zum »Schicksal« in seiner »Kritik
   der reinen Vernunft« ([A85, B117], zitiert nach der Studien-
   ausgabe, Reclam, 1966, 2002): »Es gibt indessen auch usur-
   pierte Begriffe, wie etwa Glück, Schicksal, die zwar mit fast
   allgemeiner Nachsicht herumlaufen, aber doch bisweilen
   durch die Frage: quid iuris in Anspruch genommen werden,
   da man alsdenn wegen der Deduktion derselben in nicht geringe Verlegenheit gerät, indem man keinen deutlichen
   Rechtsgrund weder aus der Erfahrung noch der Vernunft an-
   führen kann, dadurch die Befugnis ihres Gebrauchs deutlich
   würde.«

Kapitel 1

1 Über die beiden finnischen Zwillinge wurde vielfach berichtet. Die hier verwendeten Zitate und Schilderungen stammen
   zum Teil aus dem Artikel von Lisa Belkin, »The Odds of
   that«, The New York Times Magazine, 11. 8. 2002.
2 Die Medienberichte über Felix Sanchez, der bei der Invest-
   mentbank Merrill Lynch angestellt war und mit Flug 587
   ums Leben kam, waren offensichtlich zum großen Teil
   falsch. Direkt nach dem Unglück hatten mehrere Tageszeitungen übereinstimmend berichtet, Sanchez habe seine An-
   stellung gekündigt und deswegen seinen Schreibtisch im
   World Trade Center am Vorabend des 11. September ge-
   räumt. Andere berichteten, Sanchez sei in letzter Sekunde geflohen. Später hieß es, das Büro sei Wochen vorher verlegt
   worden. Inzwischen gibt es auch Darstellungen, die anzwei-
   feln, dass Sanchez je im World Trade Center gearbeitet hat –
   Merrill Lynch hat dort kein offizielles Büro unterhalten.
3 »Lethal 587 a winner«, The Ottawa Sun, 14. November 2001.

4 Alleine in den USA fanden sich 13 Tageszeitungen, die im Zusammenhang mit dem 12. November 2001 von einem »twist of fate« schrieben.

5 Jochen Wegner, Martin Kunz, Beatrice Lugger, Gaby Miketta, Astrid Viciano-Gofferje, Jürgen Schönstein, »Die Muster des Zufalls«, Focus, 19. 11. 2001.

6 »Ein herzzerreißendes Werk von umwerfender Genialität. Eine wahre Geschichte«, Dave Eggers, Droemer Weltbild, 2001.

7 »Freezing mountaineer saved by telemarketer«, cnn.com, 29. 6. 2002.

8 Jochen Wegner, Martin Kunz, Beatrice Lugger, Gaby Miketta, Astrid Viciano-Gofferje, Jürgen Schönstein, »Die Muster des Zufalls«, Focus, 19.11.2001.

9 Der hier mehrfach zitierte Statistik-Professor Walter Krämer hat viele Bücher geschrieben. Zu den besten zählt »Denkste! Trugschlüsse aus der Welt des Zufalls und der Zahlen«, Campus, 1995.

10 Die Geschichte mit dem doppelt belichteten Film erzählt Wilhelm von Scholz in seinem Buch »Zufall« von 1924; zitiert nach C. G. Jung, »Synchronizität als ein Prinzip akausaler Zusammenhänge«, 1952; abgedruckt in »Synchronizität, Akausalität, Okkultismus«, dtv, 2001.

11 Die Plumpudding-Geschichte wurde offensichtlich mehrfach kolportiert, die Originalquelle habe ich nicht gefunden. Bekannt gemacht hat sie wiederum C. G. Jung, der sie dem Band des Schriftstellers Wilhelm von Scholz (s. o.) entnommen hat.

Kapitel 2

1 Das Zitat von Gottfried Wilhelm Leibniz ist dem Band »Zufall« von Harald Scheid entnommen. (BI-Taschenbuchverlag, 1996.)

2 Die erwähnte, frühe wahrscheinlichkeitstheoretische Abhandlung ist »Liber de Ludo Alea«, das »Buch über das Würfelspiel«, von Geronimo Cardano (1501–1576).

3 Wie wahrscheinlich ist es, dass eine Frau ihre fünf Kinder alle am selben Datum bekommt? Das erstgeborene setzt das Datum fest, das die vier anderen Kinder einhalten müssen. Das zweite Kind wird mit der Wahrscheinlichkeit von 1/365 wieder am selben Tag geboren, ebenso die drei anderen. Da die Geburtstermine einigermaßen unabhängig sind, dürfen wir die Wahrscheinlichkeiten multiplizieren. Natürlich ist das nur eine grobe Schätzung. Denn die Geburtstermine sind sicher nicht völlig unabhängig. Wenn sich die Geburten an bestimmten Tagen besonders zusammenballen, erhöht sich die Wahrscheinlichkeit zugunsten der Geburtenserien mit identischem Datum. Schaltjahre mit 366 Tagen sind ebenfalls nicht berücksichtigt.

4 Der Name »Gesetz der großen Zahlen« stammt eigentlich vom Mathematiker Siméon-Denis Poisson, der es 1873 veröffentlichte. Es enthält als Spezialfall das heute so genannte »schwache« Gesetz der großen Zahlen des Schweizer Mathematikers Jakob Bernoulli, auf das sich die meisten beziehen, wenn sie davon reden.

5 Natürlich ist der Vergleich nicht so ganz zulässig, denn schließlich müssten alle Münchner meinen Weg zur Arbeit haben und nach 30 Metern an eine Ampel kommen. Die Wahrscheinlichkeit, dass bei 50 gleichwahrscheinlichen Ereignissen die Ampel kein einziges Mal Grün zeigt, ist übri-

gens sehr gering – und sehr einfach zu berechnen. Sie ist das 50fache Produkt von 1/2. Das ergibt eine Wahrscheinlichkeit von rund eins zu einer Billiarde (eine Eins mit 15 Nullen).

6 Lisa Belkin, »The Odds of that«, The New York Times Magazine, 11. 8. 2002.

Kapitel 3

1 Christine Claussen, »Vorsicht, Freitag der 13.«, Stern, 12. 6. 1997.

2 John Allen Paulos, »Innumeracy – Mathematical Illiteracy and it's Consequences«, Hill and Wang, 2001.

3 Lisa Belkin, »The Odds of that«, The New York Times Magazine, 11. 8. 2002.

4 »Judgement under uncertainty: heuristics and biases«, Cambridge University Press, 1982. Dieser Band ist inzwischen ein Klassiker, aber nur besonders Interessierten zu empfehlen. Er wurde herausgegeben vom (heutigen) Nobelpreisträger Daniel Kahneman sowie vom Risiko-Papst Paul Slovic und dem mittlerweile verstorbenen Psychologen Amos Tversky, einem »Giganten« (New York Times) seiner Zunft.

5 Lisa Belkin, »The Odds of that«, The New York Times Magazine, 11. 8. 2002.

6 Ob nun AAZAZZZA oder AAAAAAAA: Beide Folgen besitzen eine Wahrscheinlichkeit von $0,5 \times 0,5 \times 0,5 \times 0,5 \times 0,5 \times 0,5 \times 0,5 \times 0,5$ oder rund 0,004.

7 Der eingeführte englische Begriff für das von mir so genannte Googlekegeln ist »Googlewhacking«, vielleicht am ehesten mit »Googleschütteln« zu übersetzen. Die wirklich treffende Übersetzung ist meines Erachtens nicht jugendfrei.

8 Weitere Kegelergebnisse: »Wattwanderung« und »Bunsen-
brenner« macht $3\,320 \times 3\,400 = 11\,288\,000$; »Gottesfurcht«
und »Hosenträger« macht stattliche $6\,930 \times 12\,500 =$
$86\,625\,000$. Eine Sammlung (englischer) Googlekegel-Er-
gebnisse findet sich bei www.googlewhack.com.

9 J. M. Henslin, »Craps and magic«, American Journal of So-
ciology, 73, 1967.

10 Rosa Bersabé und Rosaria Martinez Aria, »Superstition in
Gambling«, Psychology in Spain, Vol. 4. No 1, 28–34, 2000.

11 Science, 2. 4. 1999.

12 Malcolm Gladwell, »Blowing up«, The New Yorker,
22. 4. 2002.

13 Ebenda.

14 Ebenda.

15 Nassim Nicholas Taleb, »Fooled by Randomness«, Texere,
2001.

16 Der US-Mediziner David M. Eddy berichtet in seinem
Aufsatz »Probabilistic reasoning in clinical medicine: Problems and opportunities« von seiner »informellen« Umfrage
unter Kollegen zum Brustkrebsrisiko. Seine Originalzahlen
habe ich der Anschaulichkeit halber leicht gerundet – das
Ergebnis bleibt, wie spätere Experimente zeigten, so ziemlich das gleiche. Eddys Beitrag ist erschienen im bereits erwähnten Buch »Judgment under uncertainty: heuristics an
biases«.

17 Einen sehr schönen Überblick über Wahrscheinlichkeits-
denken bietet der Aufsatz »Ecological Intelligence – An
Adaption for Frequencies« von Gerd Gigerenzer, Direktor
des Max-Planck-Instituts für Bildungsforschung. Er ist erschienen in »The Evolution of Mind« von Colin Allen und
Denise Dellarosa Cummins (Hrsg.), Oxford University
Press, 1998. Einige Leser haben sicher bemerkt, dass ich mich

im gesamten Kapitel um die berühmte Formel von Bayes zu bedingten Wahrscheinlichkeiten herumgemogelt habe.

18 Das Zitat von Deborah J. Bennet stammt wie einige andere Anregungen aus ihrem Buch »Randomness«, dem vielleicht besten zum Thema »Zufall« (Harvard University Press, 1998).

19 Die Rechnung zum Taxi-Problem: Von 100 Taxis, die durch die Stadt fahren, sind 15 blau. Wüssten wir lediglich, dass irgendein Taxi an dem Unfall beteiligt war, müssten wir schätzen, dass es nur in 15 von 100 Fällen blau war. Nun kommt aber eine zweite Wahrscheinlichkeitsbedingung ins Spiel: Ein Zeuge, der zu 80 Prozent richtig liegt, hat das Taxi als blau identifiziert. Die Wahrscheinlichkeit, dass das Taxi blau ist, entspricht also dem Verhältnis von »echten« blauen Taxis zu »gesehenen« blauen Taxis. »Echt« sind nur jene blauen Taxis, die der Zeuge auch als blau identifiziert, also 80 Prozent von 15, das sind 12. Blau »gesehen« hat der Zeuge neben den 12 »echten« fälschlicherweise auch noch 20 Prozent der grünen, das sind weitere 17. (Hier liegt die Wurzel des gefühlten Widerspruchs: Wegen der ungleichen Verteilung der Taxis in der Stadt sieht der Zeuge im Schnitt mehr grüne Taxis fälschlicherweise als blau, als er blaue Taxis tatsächlich richtig erkennt.) Das Verhältnis von »echten« blauen zu »gesehenen« blauen ist folglich nur 12/(12 + 17) = 41 Prozent.

20 Zum Regenproblem: Wenn Sie 100 Mal zum Shopping gehen, fällt wegen der geringen Basisrate 90 Mal kein Regen. Von den verbleibenden zehn Mal Regen sagen die Meteorologen acht korrekt voraus – weil sie aber eine restliche Fehlerquote von 20 Prozent haben, sagen sie auch bei 18 der 90 trockenen Ausflüge fälschlicherweise Regen voraus. Dummerweise ist also das Verhältnis von Regenwarnungen – ins-

gesamt 26 – zu tatsächlichem Regen nur 8/26 = 30 Prozent. Die Idee zu diesem Beispiel stammt von Robert Matthews, der dazu zwei Beiträge veröffentlicht hat: »Base-rate errors and rain forecasts«, Nature, Volume 382, 29. 8. 1996, und »Why is weather forecasting still under a cloud?«, Mathematics Today, Volume 32, 12/1996.

21 Zitiert nach Gigerenzer.

22 Professor Goods nur scheinbar komplizierte Argumentation im Fall O. J. Simpson lässt sich sehr einfach in konkrete Zahlen fassen, wie Gerd Gigerenzer in seinem Aufsatz zu bedingten Wahrscheinlichkeiten (s. o.) zeigt: »Denken Sie an 10 000 verheiratete Frauen, die geschlagen werden. Innerhalb eines Jahres wird wenigstens eine von ihnen von ihrem Mann ermordet. [Dies ist eine Schätzung Goods auf Basis von Dershowitz' Aussage, 1 Promille aller Männer, die ihre Frauen schlagen, würden diese ermorden. Good schloss daraus, dass die Wahrscheinlichkeit in einem konkreten Jahr ein zehntel Promille sein könnte; d. Verf.] Von den übrigen 9999, die nicht von ihrem Mann umgebracht werden, wird eine von jemand anders ermordet. [Auch diese Zahl hat Good auf Basis der vorliegenden Daten geschätzt; d. Verf.] Somit erwarten wir, dass mindestens zwei geschlagene Frauen ermordet werden, eine von ihrem Mann, eine von jemand anders. Also beträgt die Wahrscheinlichkeit, dass eine ermordete, geschlagene Frau von ihrem Mann ermordet wurde, mindestens 1/2.«

Kapitel 4

1 Semmelweis' Tagebucheinträge und die PISA-Frage sind zitiert nach »PISA 2000 – Didaktische Kommentierung«

von Volkmar Dietrich, www.plib.brandenburg.de/faecher/naturwissenschaften/extdoc/nawi-pisa.pdf.

2 Zu Jan-Hendrik Schön haben viele Medien immer wieder berichtet. Eine gute Auswahl im Internet kostenlos zugänglicher Artikel befindet sich etwa auf der privaten Homepage von Bernhard Hiller: home.t-online.de/home/Bernhard.Hiller/betr-27.htm.

3 Zur Reproduzierbarkeit per Gesetz siehe etwa Nature 416, 249–250, 2002.

4 Karl Popper, »Logik der Forschung«, Erstausgabe 1934; zitiert nach der 10. Auflage, Mohr Siebeck, Tübingen, 2002.

5 Ebenda.

6 Ebenda.

7 Der ehemalige »stern«-Redakteur Thomas Walde schrieb über seine Sicht auf die »Hitler-Tagebücher« 20 Jahre nach dem Skandal, am 11. 4. 2003 im »SZ-Magazin«.

8 Siehe hierzu Karl Poppers »Logik der Forschung«, der sich zum Prinzip der Einfachheit in einem eigenen Kapitel ausführlich äußert. Er lehnt es als subjektiv ab und schlägt vor, es durch ein Prinzip der Falsifizierbarkeit zu ersetzen: Je einfacher eine Theorie widerlegt werden kann, desto besser.

9 Das »Wörterbuch des Skeptikers«, das auch als Buch erscheinen soll, gibt es im Internet unter skepdic.com.

10 Vgl. den Aufsatz über »Occams Razor« ebenda: skepdic.com/occam.html.

11 Feynmans Anmerkungen zu »Cargo Cult Science« sind zitiert nach www.physics.brocku.ca/etc/cargo_cult_science.html.

12 Kenner werden bemerken, dass Semmelweis die folkloristisch-logische Figur der Abduktion benutzte, die vielen Entdeckungen zugrunde liegt: »Ein Arzt starb, nachdem er sich bei der Obduktion an einer Frau angesteckt hat. Also star-

ben die Frauen, nachdem sie sich bei obduzierenden Ärzten angesteckt hatten.« Formallogisch ist das nicht korrekt, denn aus »Wenn A, dann B« folgt noch lange nicht »Wenn B, dann A«.

Kapitel 5

1 Quelle: Statistisches Bundesamt.

2 Jochen Wegner, Martin Kunz, Beatrice Lugger, Gaby Miketta, Astrid Viciano-Gofferje, Jürgen Schönstein, »Die Muster des Zufalls«, Focus, 19. 11. 2001.

3 Wolf Schneider, »Vor der Sorge das Vergnügen«, Süddeutsche Zeitung – Magazin, 6. 12. 2002.

4 Ulrich Beck, »Risikogesellschaft«, Suhrkamp, 1986.

5 Josef Nussbaumer, »Tragödien«, Sandkorn Science, Grünbach, 1999.

6 Es gibt viele Darstellungen der Anfänge der Wahrscheinlichkeitstheorie. Besonders zu empfehlen ist die vergnügliche Lektüre von Peter L. Berstein, »Wider die Götter«, Gerling Akademie Verlag, 1997, aus dem ich einige Informationen der nächsten Abschnitte entnehme. Ebenso aus Deborah J. Bennetts Buch »Randomness«, Harvard, 1998.

7 Die Darstellung ist nur fast richtig: Ein anonymes Manuskript aus der Zeit um 1400 enthielt offensichtlich bereits eine korrekte Lösung für manche Fälle. Sie scheint den späteren Autoren, die das Problem erneut anpackten, nicht bekannt gewesen zu sein. Jedenfalls tauchten in den folgenden Jahrhunderten mehrere falsche Vorschläge auf, bis Pascal und Fermat das Problem ein für alle Mal umfassend lösten.

8 Diese Wahrscheinlichkeit lässt sich mit den Grundkenntnissen aus Kapitel 2 berechnen. Man bedient sich dafür am bes-

ten eines kleinen Tricks und kalkuliert zunächst die Wahrscheinlichkeit, bei vier Würfen *keine* Sechs zu erhalten. Sie beträgt 5/6 × 5/6 × 5/6 × 5/6, das ergibt rund 0,4822. Dann muss die Wahrscheinlichkeit, bei vier Würfen mindestens eine Sechs zu erhalten, logischerweise die Differenz zwischen 1 und dieser Zahl sein, nämlich grob 0,517.

9 Zitiert nach Bernstein.

10 Ian Hacking, »The emergence of probability«, London, 1975.

11 Jacob Bernoulli, »Ars Conjectandi«, 1713 ; zitiert nach Bernstein sowie nach der deutschen Übersetzung von R. Haussner, »Wahrscheinlichkeitsrechnung«, Leipzig, 1899.

12 Florence Nightingale David, »Games, Gods and Gambling«, New York, 1962; zitiert nach Bernstein.

13 In der Wahrscheinlichkeitsrechnung sind Urnen skurrilerweise weit verbreitet, Krüge und Vasen jedoch nicht. Das Wort findet sich so bereits in der Bernoulli-Übersetzung von R. Haussner.

14 John Graunt, »Natural and Political Observations made upon the Bills of Mortality«, 1662.

15 Eine wunderbar ausführliche Darstellung findet sich wiederum bei Bernstein sowie bei Hacking.

16 Zitiert nach Bernstein.

17 Zitiert nach Bernstein.

18 Der Wissenschaftler, der nicht nur die Bierqualität, sondern auch die Fingerlänge von Kriminellen untersuchte, ist William Sealy Gosset (1876–1937), Chemiker bei der Arthur Guinness Son and Company Ltd., Dublin.

19 Zitiert nach Bernstein.

20 Dieses Beispiel verdanke ich Walter Krämer, »Denkste! Trugschlüsse aus der Welt des Zufalls und der Zahlen«, Campus, 1995.

21 Nature, 30. 5. 2002.

22 D. Gembris, J. G. Taylor, D. Suter, »Trends and random fluctuations in athletics«, Nature, 30. 5. 2002.

23 Siehe etwa pavlov.psyc.queensu.ca/~flanagan/PSYC100/ lecture2/lecture2.html.

24 Ronald Aylmer Fisher, »The Design of Experiments«, 1935.

25 Walter Krämer, »Denkste! Trugschlüsse aus der Welt der Zahlen«, Campus, 1995.

26 Die Anregung für dieses Beispiel stammt aus: Martin Linder, »Forschung für den Papierkorb«, FAS, 27. 10. 2002.

27 David Bakan, »The test of significance in psychological research«, Psychological Bulletin, 66, 1966.

28 Ebenda.

29 Michael Hayden und andere, »Aspirin for the Primary Prevention of Cardiovascular Events«, Annals of Internal Medicine, 15. 1. 2002.

30 Zitiert nach Martin Linder, »Forschung für den Papierkorb«, Frankfurter Allgemeine Sonntagszeitung, 27. 10. 2002.

31 David Salsburg, »The Lady Tasting Tea«, WH Freeman & Co., 2001.

32 Die GPS-Versicherung ist etwa beschrieben in www. computerweekly.com/Article120270.htm.

33 International Organization for Standardization (ISO), »Guide to the expression of uncertainty in measurement«, Geneva, Switzerland, 1993.

34 Zum bayesschen Theorem und subjektiven Wahrscheinlichkeiten gibt es sehr schöne, allgemein verständliche Literatur. Einmal mehr sei »Das Ziegenproblem« von Gero von Randow empfohlen. Hinter dem bayeschen Theorem steckt übrigens das Kalkül der bedingten Wahrscheinlichkeiten, das bereits in Kapitel 3 zum Einsatz kam. Zum Beispiel beim Taxiproblem: Wir kennen die Verteilung von grünen und

blauen Taxis in der Stadt. Wenn ein Taxi Fahrerflucht begeht, können wir also die Wahrscheinlichkeit abschätzen, welche Farbe es hatte. Nun gibt es aber plötzlich einen Zeugen, der – mit einer gewissen Zuverlässigkeit – die Farbe des Unfallwagens gesehen hat. Dank der Bayes-Formel können wir unsere alte Schätzung der neuen Lage anpassen. Bayes' Grundidee ist es, die »neue« Wahrscheinlichkeit für eine Hypothese $P_{\text{Hypothese, neu}}$ folgendermaßen zu berechnen: $P_{\text{Hypothese, neu}} = P_{\text{Ereignis, wenn Hypothese richtig}} \times P_{\text{Hypothese, alt}} / P_{\text{Ereignis, alt}}$. Kurz noch zum Tassenproblem: Wie sich dabei $P_{\text{Hypothese, neu}}$ errechnet, nachdem nur ein Tag vergangen und *keine* (oder *eine*) Tasse kaputtgegangen ist, ist nicht ganz selbstverständlich. Die Herleitung führt über das hinaus, was in diesem Buch behandelt werden kann. Mein Ergebnis nach Nachmittagen des Nachdenkens ist für beide Ereignisse (kaputt/nicht kaputt): $P_{\text{Hypothese, neu}} = P_{\text{Ereignis, wenn Hypothese richtig}}$. Dies gilt nur unter der (vereinfachenden) Voraussetzung, dass $P_{\text{Hypothese, alt}}$ eine konstante Zahl ist. Was bedeutet das nun? Nach einem einzigen Ereignis ist die Wahrscheinlichkeit, dass meine Hypothese zutrifft, gerade gleich der Wahrscheinlichkeit, dass das beobachtete Ereignis nach meiner Hypothese eintritt. Wenn Sie mir eine E-Mail schicken, sende ich Ihnen gerne meinen (womöglich falschen) Lösungsweg zu. Bitte schreiben Sie an jw@jonet.org.

35 www.paulgraham.com/spam.html.

36 »Wie sicher ist sicher genug?«, Süddeutsche Zeitung, 21. 9. 1999.

Kapitel 6

1 Charles Perrow, »Normale Katastrophen – Die unvermeidbaren Risiken der Großtechnik«, Campus, 1987.

2 Jochen Wegner, »Ganz normale Katastrophen«, Focus, 18. 8. 2003.

3 »Lotse bricht sein Schweigen«, Focus, 15.7.2003.

4 »Lotse von defektem Telefon abgelenkt«, Focus, 30. 6. 2003

5 Die Darstellung der Stromausfälle des Jahres 2003 ist dem Beitrag »An Fehlerquellen herrscht kein Mangel« von Georg Küffner, Frankfurter Allgemeine Zeitung vom 7. 10. 2003, entnommen.

6 Leider konnte ich die Existenz einer Lloyd's-Versicherung gegen fliegende Schildkröten bis heute nicht verifizieren. Sie ist zu schön, um nicht existent zu sein.

7 Quelle: insure.com.

8 Kenneth A. Froot (Hrsg.), »The Financing of Catastrophe Risk«, The University of Chicago Press, 1999.

9 Christian Hipp, »Risikobewertung in Banken und Versicherungen«, Spektrum der Wissenschaft, 2/98.

10 Quelle: Münchener Rück, 2002.

11 Siehe etwa Clark Chapman und David Morrison, »Cosmic Catastrophes«, 1989.

12 Rainer Klingholz, »Der Mensch, das unbedachte Wesen«, GEO, 2. 3. 1992.

13 »In Risk Assessment, one has to admit Ignorance«, Nature 416, 123, 2002.

14 Andrew Rathmell, RAND, »Vulnerabilities of a modern Society«, Briefing für das »House of Commons Defense Select Committee«, 9. Januar 2002.

15 Jean-Louis Marsaud, Comité Européen des Assurances, »Cover for Terrorist Acts in Europe after 11 September«,

in: Patrick M. Liedtke und Christophe Courbage (Hrsg.), »Insurance and September 11 one year after«, International Association for the Study of Insurance Economics, 2002.

16 »Guardian Special Report September 11«, Guardian, 10. 9. 2002.

17 »Munich Re in favor of German terror pool«, Alexander Forbes Group; Privatarchiv.

18 Symon Ross, »Catastrophe Model to estimate terrorism losses is launched«, Insurance Day, 4. 9. 2002.

19 John A. Major, »Advanced Techniques for Modelling Terrorism Risk«, Vortrag auf der National Bureau of Economic Research Insurance Group Conference, 1. Februar 2002.

20 »Pentagon Scraps Online Terror Futures Market«, 30. 7. 2003, Reuters.

21 Fortune, 30.7.2003.

22 Ulrich Beck, »… und wie halten wir es nun mit dem Rindfleisch?«, Neue Zürcher Zeitung, 16. 1. 1999.

23 »Tagesthemen«, 2. 12. 2002.

24 Niklas Luhmann, »Soziologie des Risikos«, de Gruyter, 1991.

25 »Wie sicher ist sicher genug?«, Süddeutsche Zeitung, 21. 9. 1999.

26 Andreas Klinke und Ortwin Renn, »Von Damokles bis Medusa«, Neue Zürcher Zeitung, 23. 11. 1999.

Kapitel 7

1 Siehe Peter L. Berstein, »Wider die Götter«, Gerling Akademie Verlag, 1997.

2 Gina Kollata, »Experts strive to put diseases in proper perspective«, The New York Times, 2. 7. 2002.

3 Paul Slovic, Baruch Fischhoff, Sarah Lichtenstein, »Facts versus fears: Understanding perceived risks«, in: Daniel Kahneman, Paul Slovic, Amos Tversky, »Judgement under uncertainty: heuristics and biases«, Cambridge University Press, 1982.

4 Zitiert nach Bernstein (s. o.).

5 »BSE: Entwicklung des Anteils der Besorgten«, Produkt + Markt, ZMP/CMA, 2002.

6 Pia Heinemann, »Rationalität? Logik? Weniger ist mehr«, in: »Risiko«, McK Wissen 02.

7 Pressemitteilung des Max-Planck-Instituts für Bildungsforschung, 3. 9. 2003.

8 Meine Freundin und ich saßen am 11. September 2001 zufällig in einer Maschine nach New York, die dann in Neufundland strandete. Aufgrund der Informationen, die uns in den ersten Tagen nach der Katastrophe zur Verfügung standen, wären auch wir am liebsten mit dem Schlauchboot nach Europa zurückgepaddelt. Niemand konnte seinerzeit beurteilen, wie viele Terroristen an Bord irgendwelcher Maschinen waren. Über unsere Reise haben wir einen Artikel veröffentlicht, im Internet nachzulesen unter jochen.jonet. org/modules.php?name|=|News&file|=|article&sid|=|26.

9 Ortwin Renn in »Forschung und Lehre«, 2/2002.

10 Ralph Nader, »Unsafe at any speed – the designed-in dangers of the American automobile«, 1965.

11 Steven E. Landsburg, »The Armchair Economist: Economics and Everyday Life«, New York, The Free Press, 1993.

12 Sam Peltzman, »The effects of automobile safety regulation«, Journal of Political Economy, 1975; 83: 677–725.

13 D. T. Levy, T. Miller, »Review: risk compensation literature, the theory and evidence«, Journal of Crash Prevention and Injury Control, 1999.

14 G. C. Blomquist, »The regulation of motor vehicle and traffic safety«, Klewer Academic Publishers, 1988.

15 Gerald J. S. Wilde, »Target Risk«, PDE Publications, 1994.

16 D. H. Taylor, »Drivers' galvanic skin response and the risk of accident«, Ergonomics, 7, 1964.

17 Mark Johnson, Nancy Jurik, Terry Rose, »The Wheels of Misfortune: A Time Series Analysis of Bicycle Accidents on a College Campus«, Evaluation Quarterly 2(4): 608–619, 1978.

18 K. Aschenbrenner, B. Biehl, G. Wurm, »Mehr Verkehrssicherheit durch bessere Technik? Felduntersuchungen zur Risikokompensation am Beispiel des Antiblockiersystems«, in: Bericht zum Forschungsprojekt 8323; Bundesanstalt für Straßenwesen, Bergisch Gladbach, 1992.

19 Zitiert nach: »Mythos Unverwundbarkeit«, Rolf Sterback, Spektrum der Wissenschaft, Mai 2002.

20 Gerald J. S. Wilde, »Does risk homeostasis theory have implications for road safety?«, British Medical Journal, 11. 5. 2002.

21 John Adams, »Risk and freedom: the record of road safety regulation«, in: Transport Publishing Projects, 1985.

22 Aus einem Vortrag von Richard Dawkins vor »The Environment Foundation« in Oxford, 14. 11. 2001.

23 Malcom Gladwell, »Blowing up«, The New Yorker, 22. 4. 2002.

24 Quelle: siehe 25.

25 Mit »Totschlag« sei hier aus stilistischen Gründen der Mord mit gemeint. Die Zahl trifft auf die aktuellen deutschen Verhältnisse so oder so nur grob zu, wie auch alle anderen, in diesem Absatz zitierten Risiken. Sie stammen aus einer US-Forschungsarbeit der siebziger Jahre: S. Lichtenstein, P. Slovic, B. Fischhoff, M. Layman, B. Combsyr, »Judged frequency of lethal events«. Neuere Studien legen übrigens nahe, dass das vermeintliche systematische Über- und Unterschät-

zen zum Teil auf einem statistischen Interpretationsfehler beruht.

26 Zur verzerrten Risiko-Berichterstattung in den Medien siehe etwa: Barbara Combs und Paul Slovic, »Newspaper Coverage of Causes of Death«, in: Public Opinion Quarterly, 56, 4, 1979. Oder: »Künstliche Horizonte. Folgen, Darstellung und Akzeptanz von Technik in der Bundesrepublik«, Hans-Mathias Kepplinger, Frankfurt/M.,1989.

27 Eleanor Singer und Phyllis Endreny, »Reporting on Risk. How the Mass Media Portray Accidents, Diseases, Disasters, and Other Hazards«, New York, 1993.

28 »Wie wissenschaftlich ist der Wissenschaftsjournalismus«, Michael Haller, Publizistik, 32, 1987.

29 Allan Bell, »Hot Air: Media, Miscommunication and the Climate Change Issue«, in: Nikolas Coupland, Howard Giles, John M. Wiemann (Hrsg.), »Miscommunication and Problematic Talk«, Newbury Park, 1991.

30 Die hier zitierten Faktoide stammen zum Teil aus dem unterhaltsamen Online-Angebot »Dr. Longlife« der »Medical Tribune«, www.medical-tribune.de/GMS/drlonglife/.

31 Peter Sloterdijk, »Kritik der zynischen Vernunft«, Suhrkamp, 1983.

32 Paul Slovic, Baruch Fischhoff, Sarah Lichtenstein, »Facts versus Fears: Understanding perceived risks«, in: »Judgement under uncertainty: heuristics and biases«, Daniel Kahneman, Paul Slovic, Amos Tversky; Cambridge University Press, 1982.

33 Gina Kollata, »Experts strive to put diseases in proper perspective«, The New York Times, 2. 7. 2002.

34 B. Fischhoff, D. McGregor, »Judged lethality«, in: »Decision Research«, 1980.

35 Paul Slovic, Baruch Fischhoff, Sarah Lichtenstein, »Accident

Probabilities and seat belt usage: A psychological perspective«, in: Accident Analysis and Prevention, 1978.

36 Je nach erhebender Institution findet man dazu leicht unterschiedliche Zahlen. Diese stammen vom European Transport
Safety Council in Belgien (www.etsc.be).

37 Die Daten stammen aus: Andre Weir, »Flight into danger«,
New Scientist, 7. August 1999.

38 Gina Kollata, »Experts strive to put diseases in proper perspective«, The New York Times, 2. 7. 2002.

39 Ebenda.

40 Ebenda.

41 Steven Woloshin, Lisa M. Schwartz, H. Gilbert Welch, Journal of the National Cancer Institute.

42 Statistisches Bundesamt, 1998.

43 Es sei an das Basisraten-Problem aus Kapitel 3 erinnert:
Frauen, die mit Brustkrebsverdacht zum Arzt kommen, um
sich untersuchen zu lassen, haben eine andere Ausgangs-
wahrscheinlichkeit, tatsächlich Brustkrebs zu haben, als jene,
die ohne Verdacht untersucht werden. Dies wirkt sich auf die
Wahrscheinlichkeit aus, dass eine Frau bei positivem Mammogramm tatsächlich Brustkrebs hat.

44 Die Tabelle basiert auf den holländischen Daten. Sie sind,
ebenso wie die weiteren im Text genannten Zahlen, dem sehr
empfehlenswerten Buch »Mythos Krebsvorsorge« von
Christian Weymayr und Klaus Koch entnommen (Eichborn,
2003). Die Idee für die Tabelle stammt aus Gerd Gigerenzers
ebenso lesenswertem Buch »Das Einmaleins der Skepsis«,
Berlin Verlag, 2002.

45 Zitiert aus: »Das Einmaleins der Skepsis« (s. o.).

46 In einer Studie untersuchte man die Einschätzung überdurch-
schnittlich gebildeter Amerikanerinnen um die 40, die keinen
Brustkrebs hatten, aber trotz ihres Alters bereits an einem

Screening teilgenommen hatten. Sie schienen davon auszugehen, dass unter 1 000 Frauen ihrer Gruppe 60 durch das Screening gerettet würden. Leider ist der Nutzen der Vorsorge in dieser Altersgruppe jedoch bisher nicht gut belegt.

47 Die Zahlen stammen aus randomisierten Studien und sind Aufstellungen des Center for Evidence Based Medicine der University of Toronto (www.cebm.utoronto.ca) sowie des Bandolier Journal of Evidence-Based Medicine (www.jr2.ox.ac.uk/Bandolier) entnommen.

48 Positionspapier des Bundesamtes für Strahlenschutz, 25. 5. 2003.

49 Christian Weymayr und Klaus Koch, »Mythos Krebsvorsorge«, Eichborn, 2003.

50 Klaus Koch und Christian Weymayr, »Vom Segen des Nichtwissens«, Die Zeit, 18. 6. 2003.

51 Richard Wilson, »The Daily Risks of Life«, Technology Review, März 1979.

52 Paul Slovic, Baruch Fischhoff, Sarah Lichtenstein, »Facts versus Fears: Understanding perceived risk«, in: Daniel Kahneman, Paul Slovic, Amos Tversky, »Judgement under uncertainty: heuristics and biases«, Cambridge University Press, 1982.

53 Diese Rechnung bezieht sich auf die Annahme einer 25-prozentigen relativen Risikoreduktion. Sie stammt aus J. G. Schmidt, »Wie groß ist der Nutzen, wie groß der Schaden der Brustkrebs-Früherkennung?«, in: J. G. Schmidt, R. E. Steele, »Kritik der medizinischen Vernunft: Schritte zu einer zeitgemäßen Praxis – ein Lesebuch«, Verlag Kirchheim, 1994; zitiert nach: Gerd Gigerenzer, »Das Einmaleins der Skepsis«, Berlin Verlag, 2002.

54 Gina Kollata, »Experts strive to put diseases in proper perspective«, The New York Times, 2. 7. 2002.

55 David Ropeik und George Gray, »Risk! A practical Guide for Deciding What's Really Safe and What's Really Dangerous in the World Around You«, Houghton Mifflin Company, 2002.

56 Statistisches Bundesamt, »Gesundheitsbericht für Deutschland«, 1998.

57 Gro Harlem Brundtland, »Sweet and sour«, New Scientist, 3. 5. 2003.

58 »Überaus letal«, Der Spiegel, 27. 12. 1993.

59 Die geschilderten, in der Regel gut dokumentierten Fälle stammen von der Website des »Darwin Award« (www. darwinaward.com). Er wird alljährlich an die Überreste von Menschen verliehen, die ihre Gene auf besonders dumme Weise aus dem Genpool entfernt haben.

60 Sieht man von verschiedenen Überlieferungen ab, nach denen einige Menschen bereits lebend ins Jenseits eingetreten sind, so liegt die Quote nur deswegen nicht bei 100 Prozent, weil einige Milliarden Menschen noch am Leben sind. Wer kann sagen, ob sie alle sterben?

61 Walter Krämer und Gerald Mackenthun, »Die Panikmacher«, Piper, 2001.

62 Lewis Jones, »Risk Factor«, Sceptical Briefs, CSICOP, 3/1995.

63 Pressemitteilung des Max-Dellbrück-Zentrums für molekulare Medizin, 25. 10. 2003.

Kapitel 8

1 »Synchronizität als ein Prinzip akausaler Zusammenhänge«, in: C. G. Jung, »Synchronizität, Akausalität und Okkultismus«, dtv, 2001.

2 Elisabeth Mardorf, »Das kann doch kein Zufall sein!«, Kösel, 1997.

3 Ursula Nuber, »Gottes Werk oder Zufalls Beitrag?«, Psychologie Heute, 1. 6. 2001.

4 Sylvie Marie Kollin, »Alles Zufall oder was?« - Erlebnisse einer Kartenlegerin«, MatrixMedia Verlag, 2001.

5 Penny McLean, »Numerologie und Schicksal - Ihr Leben ist berechenbar«, Heinrich Hugendubel Verlag, 2001.

6 Hermann Meyer, »Die Gesetze des Schicksals – Die Befreiung von unbewussten Zwängen«, Goldmann, 1992.

7 Süddeutsche Zeitung, 29. 09. 2000.

8 www.meinberlin.de/tmh/mondkalender.

9 Zitiert nach Peter L. Berstein, »Wider die Götter«, Gerling Akademie Verlag, 1997.

10 »Blame it on the moonlight«, New Scientist, 30. 6. 2001.

11 »The effect of the semilunar phase on an increase in traffic accidents«, Cas Lek Cesk, 10. Oktober 1994.

12 »Lunar rhythms in the course of the epileptic process«, Zh Nevropatol Psikhiatr Im S S Korsakova, Dezember 1976.

13 »Lunar influences on the reproductive cycle in women«, Human Biology, Dezember 1987.

14 www.ping.be/jvwit/testingastrology.html.

15 »Blame it on the moonlight«, New Scientist, 30. 6. 2001.

16 Ebenda.

17 Paul Quincey, »Warum die Gezeitenkräfte die Ozeane, nicht aber uns Menschen bewegen«, in: Gero von Randow (Hrsg.), »Der Fremdling im Glas und weitere Anlässe zur Skepsis, entdeckt im ›Sceptical Inquirer‹«, Rowohlt, 1996.

18 Geophysical Research Letters 22: 3199–3201, 1995.

19 Siehe etwa »The moon and madness reconsidered«, Journal of Affective Disorders, 53 (1), 1999.

20 »Premature rupture of the fetal membranes, the phases of the

moon and barometer readings«, Gynecol Obstet Invest 1989;28(1).

21 »Labor ward workload waxes and wanes with the lunar cycle, myth or reality?«, Prim. Care Update Ob Gyns, Juli 1998.

22 Zitiert nach: Gero von Randow, »Der gute Mond«, in: Gero von Randow (Hrsg.), »Der Fremdling im Glas und weitere Anlässe zur Skepsis, entdeckt im ›Sceptical Inquirer‹«, Rowohlt, 1996.

23 »The lunar cycle and the number of deliveries in Austria between 1970 and 1999«, Gynecol Obstet Invest 1989; 28(1)

24 Eine kommentierte Zusammenstellung vieler Mondstudien hat Edgar Wunder verfasst. Sie ist im Internet einzusehen unter www.anomalistik.de/mond.pdf.

25 I. W. Kelly, James rottan, Roger Culver, »The moon was full and nothing happened«, in: J. Nieckel, B. Carr, T. Genoni, (Hrsg.), »The outer edge«, Amherst, 1996.

26 C. Benski und M. Gerin, »A pedagogical project of paranormal research in an engineering school«, in: Proceedings of the Third EuroSkeptics Congress, Amsterdam, 1991. Zitiert nach »Mondphasen und Ereignishäufigkeiten: Astronomische Bemerkungen zu einem Scheinphänomen«, Skeptiker 13, 2000.

27 Bertram R. Forer, »The fallacy of personal validation: A classroom demonstration of gullibility«, Journal of Abnormal and Social Psychology, 44, 118–123, 1949.

28 Der Begriff »Barnum-Effekt« geht auf den Psychologen Paul Meehl zurück, der ihn nach dem Psychologen P. T. Barnum benannte. Erste Experimente, die das Verifikationsphänomen erkundeten, wurden bereits in den 20er und 30er Jahren angestellt.

29 Martin Kunz, »Schau mir in die Aura«, Focus, 4. 11. 2002.

30 www.quarks.de/astro/03.htm.

31 Der Spiegel, 8. 5. 1995.

32 Die Sache mit den zwölf Sternzeichen ist sogar noch etwas komplizierter: Jedes Sternzeichen ist einem Himmelsbereich von 30 Grad zugeordnet, den die Sonne überstreicht. Die tatsächlichen Sternzeichen sind natürlich längst nicht so gleichförmig und decken ganz unterschiedliche Bereiche ab. Namen wie »Sagittarius« (»Schütze«) oder Pisces« (Fische) sind am Ende nicht mehr als Aufkleber für Himmelsabschnitte, die wir auch »Ottokar«, »Gabi« oder »Nummer 7« nennen könnten.

33 »Alles Blödsinn«, Der Spiegel, 23. 1. 1995.

34 Correlation, 1996/97, 15(2).

35 Edgar Wunder betont, dass die karge Trefferquote der Jahresprognosen von vier Prozent nichts darüber aussagt, ob die Astrologen tatsächlich nur »so gut wie der Zufall« waren – schließlich könnten alle Prognosen theoretisch mit winzigen Eintrittswahrscheinlichkeiten behaftet sein, die vier Prozent wären dann ganz erstaunlich.

36 Die Zeit, 9. 6. 1995.

37 Beide zitiert nach »Astrologie: Mythos und Macht der Sterne«, GEO 05/01.

38 Herbert Basler, »Sternzeichen und menschliches Verhalten: die Auskunft der Statistik«, Spektrum der Wissenschaft, 8/99.

39 Skeptical Inquirer, 21(6), November/Dezember 1997.

40 Geoffrey Dean in: Astrology under Scrutiny, Volume 13, 2000.

41 Suitbert Ertel, »Critique of Social Effects in Gauquelin data«, zitiert nach www.astrology-and-science.com.

42 Bild der Wissenschaft, 6/94.

Kapitel 9

1 »The Simpsons«, »Treehous of Horror XIII« (Segment: »Send in the Clones«), Erstausstrahlung 3. 11. 2002.

2 Gerade Kulturschaffende scheinen fasziniert vom Motiv des Klons, der als Abziehbild seines Originals daherkommt, sei es im »Angriff der Klonkrieger«, einer »Star Wars«-Folge, in der eine gleichförmige Klonarmee aus dem Erbgut eines Verbrechers erschaffen wird, im deutschen Film »Blueprint« mit Franka Potente, oder sei es auf einem beliebigen Zeitschriften-Titelbild der vergangenen Jahre zum Thema Klonen, auf dem grundsätzlich Menschen zu sehen sind, die einander aufs Haar gleichen.

3 Katharine Mieszkowski, »Fun with pig clones«, salon.com, 9. 1. 2003.

4 G.S. Archer, T.H. Friend, J. Piedrahita, C.H. Nevill, S. Walker, »Behavioral variation among cloned pigs«, Applied Animal Behaviour Science, 6/2003.

5 Ebenda.

6 Ebenda.

7 Marco Evers, »Klonen für die Katz«, Der Spiegel, 4. 10. 2003.

8 Taeyoung Shin, Duane Kraemer, Jane Pryor, Ling Liu, James Rugila, Lisa Howe, Sandra Buck, Keith Murphy, Leslie Lyons, Mark Westhusin, »Cell biology: A cat cloned by nuclear transplantation«, Nature, 21. 2. 2002.

9 Caleb E. Finch, Thomas B. L. Kirkwood, »Chance, Development and Aging«, Oxford University Press, 2000.

10 Michael D. Lemonick, »Gene Mapper«, Time, 17. 12. 2000.

11 Diese Sequenz stammt aus dem ersten menschlichen Chromosom, beginnend mit Basenpaar 48612780, nachgeschlagen in der Gen-Datenbank von www.ensembl.org.

12 In der Literatur finden sich Schätzungen von 10 bis 100 Billionen Zellen.

13 Michael D. Lemonick, »Gene Mapper«, Time, 17. 12. 2000.

14 Die genannten Gene finden sich in Victor McKusick, »Mendelian Inheritance in Men«, im Internet einsehbar unter www.ncbi.nlm.nih.gov/omim.

15 Richard Dawkins, »Und es entsprang ein Fluß in Eden«, Bertelsmann, 1995.

16 Nach Victor McKusicks »Mendelian Inheritance in Men« beruht die Fähigkeit des Ohrwackelns auf einem dominanten Gen.

17 Steven Pinker, »Bessere Babies«, Süddeutsche Zeitung, 15. 7. 2003.

18 Die Schätzungen liegen zwischen 20 000 und 45 000 menschlichen Genen – zum Teil rührt der ungenaue Wert wohl daher, dass nicht immer Konsens herrscht, was als Gen gezählt wird und was nicht.

19 Jean-Michel Claverie , »What If There Are Only 30,000 Human Genes?«, Science, 16. 2. 2001.

20 Michael D. Lemonick, »Gene Mapper«, Time, 17. 12. 2000.

21 Wie viele Zahlen in der Genetik ist auch diese umstritten. Andere Forscher sprechen davon, dass je nach Zählweise nur 95 Prozent der Gene von Mensch und Schimpanse identisch seien.

22 Craig Venter, Rede an der Georgetown University, 17. 5. 2002.

23 Zugegeben, inzwischen schreiben das auch Journalisten – so wie Natalie Angier am 25. 2. 2003 in der New York Times: »DNA, on its own, does nothing. It can't make eyes blue, livers bilious or brains bulging.« (»Not Just Genes: Moving Beyond Nature vs. Nurture«).

24 RNA unter dem Mikroskop zu betrachten, sagte einmal ein

Wissenschaftler, sei »like snapshots of a ballerina. They won't tell you about the ballet« – so berichtet Irving E. Gottesman in seinem Beitrag »Twins: En Route to QTLs for cognition« in Science, 276, 1522–1523.

25 Beatrice Lugger, »Werkzeuge des Lebens«, Focus, 9. 2. 2002

26 Ebenda.

27 Ebenda.

28 Zitiert nach www.dhgp.de/media/dna50/Seite-8.pdf .

29 Beatrice Lugger, »Werkzeuge des Lebens«, Focus, 9. 2. 2002.

30 Siehe Robert F. Service, »Exploring the Systems of Life«, Science, 2. 4. 1999.

31 Ebenda.

32 W. Wayt Gibbs, »The Unseen Genome: Gems among the Junk«, Scientific American, 11/2003.

33 Dennis Normile, »Gene expression differs in human and chimp brains«, Science, 6. 4. 2001.

34 Ebenda.

35 G. Kaati, L.O. Bygren, S. Edvinsson, »Cardiovascular and diabetes mortality determined by nutrition during parents' and grandparents' slow growth period«, European Journal of Human Genetics, 2002.

36 »Gene sind nur Marionetten«, Der Spiegel, 45/2002.

37 Harro Albrecht, »Großvaters Erblast«, Die Zeit, 4. 9. 2003.

38 Robert A. Waterland, Randy L. Jirtle, »Transposable Elements: Targets for Early Nutritional Effects on Epigenetic Gene Regulation«, Molecular and Cellular Biology, 1. 8. 2003.

39 Richard Dawkins, »Und es entsprang ein Fluß in Eden«, Bertelsmann, 1995.

40 Einen bebilderten Überblick über die grotesken Klon-Ergebnisse boten Volker Stollorz und Guido Speiser in ihrem Beitrag »Mißratene Kopien: Fast immer geht das Klonen schief«, Frankfurter Allgemeine Sonntagszeitung, 4. 5. 2003.

41 C. Simerly et al., »Molecular Correlates of Primate Nuclear Transfer Failures«, Science, 300, 297, 2003.

42 Jennifer Ackerman, »Chance in the House of Fate«, Bloomsbury, 2001.

43 Die Darstellung des Falls folgt jener im Buch »Twins« von Lawrence Wright (Weidenfeld & Nicolson, 1997).

44 Ebenda.

45 Ebenda.

46 Auch die Details zu den James-Zwillingen sind Lawrence Wrights Buch entnommen.

47 Die Zwillings-Koinzidenzen stammen ebenfalls aus Lawrence Wrights Buch sowie aus William Wright, »Born That Way«, Routledge, 1999.

48 Zitiert nach Lawrence Wright, »Twins«, Weidenfeld & Nicolson, 1997.

49 Dorrett Boomsma, Andreas Busjahn, Leena Peltonen, »Classical Twin Studies And Beyond«, Nature Reviews Genetics, November 2002.

50 Ebenda.

51 Ebenda.

52 Zitiert nach Lawrence Wright, »Twins«, Weidenfeld & Nicolson, 1997.

53 Die Angaben zur Erblichkeit in den beiden vorangehenden Absätzen finden sich in Kristin Ohlsons Beitrag »It takes two«, New Scientist, 5. 10. 2002 sowie in Dorrett Boomsma, Andreas Busjahn, Leena Peltonen, »Classical Twin Studies And Beyond«, Nature Reviews Genetics, November 2002.

54 Ich folge wiederum Lawrence Wright, »Twins«, Weidenfeld & Nicolson, 1997.

55 Siehe etwa: Anil Ananthaswamy, »Under the Skin«, New Scientist, 20. 4. 2002.

56 M. W. Feldman, S. W. Otto, »Twin Studies, Heritability, and Intelligence«, Brief an Science, 21. 11. 1997.

57 Dorret Boomsma, Andreas Busjahn, Leena Peltonen, »Classical Twin Studies And Beyond«, Nature Reviews Genetics, November 2002.

58 Kristin Ohlsons, »It takes two«, New Scientist, 5. 10. 2002.

59 Ebenda.

60 William Dickens, James Flynn, »Great Leap Forward«, New Scientist, 21. 4. 2001.

61 Aus einem Interview von Werner Siefer, Focus, 2.11.1994.

62 BBC online, 3. 10. 2002.

63 Siehe etwa Kate Bendall, »Genes, the Genome and Diseases«, New Scientist, 17. 2. 2001 oder Olaf Schmidt, »In den Genen lesen«, Dossier: Gene, Klone, Fortpflanzung, Spektrum der Wissenschaft, April 2002.

64 Richtlinien und Stellungnahmen des Berufsverbandes Medizinische Genetik e.V. und der Deutschen Gesellschaft für Humangenetik e.V., 2001.

65 David Ewing Duncan, »DNA as destiny«, Wired, 11/2002.

66 Dean Hamer, »Das Wunschkind aus dem Genbaukasten«, Dossier: Gene, Klone, Fortpflanzung, Spektrum der Wissenschaft, April 2002.

67 Steven Pinker, »Bessere Babies«, Süddeutsche Zeitung, 15. 7. 2003.

68 Die Zitate in den folgenden Absätzen stammen aus Christian Weber, Jochen Wegner, »Ich will nicht so bleiben, wie ich bin«, Focus, 2003.

Kapitel 10

1 Einige Zitate in diesem Text und einige Absätze stammen aus: Jochen Wegner, »Die Welt ist verrückt«, Bild der Wissenschaft, 1996.

2 Ebenda.

3 Ebenda.

4 John Archibald Wheeler und Max Tegmark, »100 Jahre Quantentheorie«, in: »Vom Quant zum Kosmos«, Spektrum der Wissenschaft Dossier, 1/2003.

5 Erwin Schrödinger, »Die gegenwärtige Situation der Quantenmechanik«, Naturwissenschaften 23, 1935.

6 H. Dieter Zeh, »Ist das Problem des quantenmechanischen Messprozesses nun endlich gelöst«, in: »Vom Quant zum Kosmos«, Spektrum der Wissenschaft Dossier, 1/2003.

7 Der Name »Großer Grüner Arkelanfall« ist, wie Kenner bemerkt haben, dem Buch »Das Restaurant am Ende des Universums« von Douglas Adams entnommen, dessen wunderbare Romane in irgendeiner Welt ganz bestimmt Wirklichkeit sind.

8 Max Tegmark, »Paralleluniversen«, Spektrum der Wissenschaft, 8/2003.

9 Wenn hier in Ihrer Realität kein Punkt steht, sollte Ihnen das zu Denken geben!

Kapitel 11

1 Paul Webster, »Size did matter to Marie-Antoinette«, The Observer, 4. 8. 2002.

2 Ebenda.

3 Ebenda.

4 Die Schilderung folgt jener im Buch von Mark Buchanan, »Ubiquity«, Weidenfeld & Nicholson, 2000.

5 Die Schilderung folgt jener in William H. Honan, »Historians Warming To Games of ›What if?‹«, New York Times, 7. 1. 1998.

6 Alan John Percivale Taylor, »Origins of the Second World War«, 1961.

7 Baruch Fischhoff, »For those condemned to study the past: Heuristics and biases in hindsight«, in: Daniel Kahneman, Paul Slovic, Amos Tversky, »Judgement under uncertainty: heuristics and biases«, Cambridge University Press, 1982.

8 Malcom Gladwell, »Connecting the dots«, The New Yorker, 10. 3. 2003.

9 Das Tagebuch-Beispiel stammt aus D. H. Fischer, »Historian's Fallacies«, Harper & Row, 1970.

10 Baruch Fischhoff, »For those condemned to study the past: Heuristics and biases in hindsight«, in: Daniel Kahneman, Paul Slovic, Amos Tversky, »Judgement under uncertainty: heuristics and biases«, Cambridge University Press, 1982.

11 Das schrieb der Historiker Clarence Alvord, zitiert nach Mark Buchanan, »Ubiquity«, Weidenfeld & Nicholson, 2000.

12 Richard Vinen, »What I thought I understood«, History Today, Januar 2001.

13 Ebenda.

14 Das ist eine allzu knappe Zusammenfassung der Debatte führender Experten auf Anregung der Zeitschrift Nature, im Internet einzusehen unter www.nature.com/nature/debates/earthquake.

15 Besonders schön sind die Phänomene Selbst organisierter Kritikalität beschrieben in: Mark Buchanan, »Ubiquity«, Weidenfeld & Nicholson, 2000.

16 V. Frette, K. Christensen, A. Malthe-Sørenssen, J. Feder, T. Jøssang, P. Meakin, »Avalanche dynamics in a pile of rice«, Nature, 379, 1996.

17 Mark Buchanan, »Ubiquity«, Weidenfeld & Nicholson, 2000.

18 David Ruelle, »Here be no dragons«, Nature, 411, 27, 2001.

19 Niall Ferguson, »A powerful leap from chaos«, Nature, 408, 21–22 (2000).

20 Niall Ferguson (Hrsg.), »Virtual History«, Macmillan, 1998.

21 William H. Honan, »Historians Warming To Games of ›What if?‹«, New York Times, 7. 1. 1998.

22 Ebenda – auch die Aufstellung der in diesem Absatz genannten Geschichtsoptionen stammt aus der New York Times, die wiederum ein Buch zur »Counterfactual History« zitiert.

23 Victor Davis Hanson, »Socrates dies at Delium 424 B.C.«, in: Robert Cowley (Hrsg.), »More what if?«, Macmillan, 2001.

24 Erik Durschmied, »Der Hinge Faktor«, Böhlau, 1998.

25 Joachim Fest, »Hitler – eine Biographie«, Ullstein, 1973.

26 ZDF online, 2. 7. 2003.

27 Zitiert nach www.hyperdis.de/hyperfiction/gvoon/odys seen_material-2.html - dort findet sich die folgende Literaturangabe: Robert Sloss, »Das drahtlose Jahrhundert«, in: A. Brehmer (Hrsg.), »Die Welt in 100 Jahren«, Berlin um 1900, zitiert nach: Museum für Kommunikation (Hrsg.), »Wunschwelten.Geschichten und Bilder zu Kommunikation und Technik«, Bern, 2000, S. 71.

28 Zitiert nach »Wir hatten einen Traum«, Die Zeit, 31. 12. 2003.

29 Die Sammlung nicht eingetroffener Prognosen entstammt zahlreichen Online-Dokumentationen. Besonders schön: www.phrenicea.com/oops.html.

30 www.zukunftsinstitut.de.

31 Sander Olson, »Computer predicitons, circa 1976«, geek.com, 31. 10. 2003.

32 Karl Popper, »The poverty of historicism«, Routledge & Kegan Paul, 1960.

Nachwort

1 »McCabes Week/Serendip«, Wirtschaftswoche, 29. 5. 2003.

Literatur zum Weiterlesen

Deborah J. Bennet, »Randomness«, Hardvard University Press, 1998 – mein Lieblingsbuch zum Thema »Zufall«, von einer Mathematikerin.

Peter L. Berstein, »Wider die Götter«, Gerling Akademie Verlag, 1997 – erzählt die Geschichte des Risikos. Das schönste Buch, das mir während der Recherche unterkam.

Stephen Fry, »Geschichte machen«, Rowohlt, 1999 – Roman: Was wäre, wenn Adolf Hitler nie gelebt hätte?

Gerd Gigerenzer, »Das Einmaleins der Skepsis«, Berlin Verlag, 2002 – kurzweiliges Werk über die Fallstricke des (statistischen) Denkens, von dem führenden Wissenschaftler.

Robert Harris, »Vaterland«, Heyne, 1994 – Roman: Was wäre, wenn die Nazis den Krieg gewonnen hätten?

Walter Krämer, »Denkste! Trugschlüsse aus der Welt des Zufalls und der Zahlen«, Campus, 1995 – das vielleicht beste Buch des bekannten Statistik-Professors.

Walter Krämer, Gerald Mackenthun, »Die Panikmacher«, Piper, 2001 – prima Therapie für Risiko-Hypochonder.

Literatur zum Weiterlesen

John Allen Paulos, »Innumeracy – Mathematical Illiteracy and its Consequences«, Hill and Wang, 2001 – ein US-Bestseller zur »Zahlenblindheit«.

Gero von Randow (Hg.), »Der Fremdling im Glas und weitere Anlässe zur Skepsis, entdeckt im ›Sceptical Inquirer‹«, Rowohlt, 1996 – Einführung in skeptisches Denken.

David Ropeik, George Gray, »Risk! A Practical Guide for Deciding What's Really Safe and What's Really Dangerous in the World Around You«, Houghton Mifflin Company, 2002 -sehr witziges, aber stockseriös gemeintes Nachschlagewerk zu Alltagsrisiken.

Nassim Nicholas Taleb, »Fooled by Randomness«, Texere, 2001 – prima Lehrgang für alle Börsenidioten.

Christian Weymayr und Klaus Koch, »Mythos Krebsvorsorge«, Eichborn, 2003 – ein kritisches Standardwerk.

»Twins« von Lawrence Wright, Weidenfeld & Nicolson, 1997 – sehr gut geschriebenes Buch über Zwillingsforschung.

William Wright, »Born That Way«, Routledge, 1999 – lesenswertes Buch über Genetik.

Mark Buchanan, »Ubiquity«, Weidenfeld & Nicholson, 2000 – spekulatives Pop-Wissenschaftsbuch, das den Lauf der Geschichte mit Elementen der »Chaostheorie« erklären will. Sehr kenntnisreich und gut geschrieben.

Warum immer ich?

Erik Durschmied, »Der Hinge Faktor«, Böhlau, 1998 –
Bestseller über Kleinigkeiten, die Schlachten entschieden,
nicht nur für Militaristen.

Robert Cowley (Hg.), »More what if?«, Macmillan, 2001 –
bekannte Historiker spekulieren darüber, »was wäre,
wenn«.

Mein besonderer Dank gilt Beatrice Lugger. Herzlich danke ich auch Dr. Peter Brugger, Dr. Andreas Busjahn, Dr. Florian Buchner, Christoph Boerdlein, Eva Dahme, Dr. Giesbert Damaschke, Prof. Suitbert Eitel, William Gates, Prof. Gerd Gigerenzer, Claudia Gottschling, Claudia Glück, Dr. Ursula Goehlich, Michael Hainz, Prof. Harald Immel, Markus Klein, Dr. Jan Kneissler, Dr. Stefan Krauss, Holger Kuntze, Dr. Klaus Lehnertz, Volker Lange, Dr. Lorenz Lorenz-Meyer, Thomas Loster, Nicolas Lugger, Michael Meller, Gaby Miketta, Michael Odenwald, Margit Pratschko, Prof. Ortwin Renn, Prof. Bernhard Rüger, Werner Siefer, Nassim Nicholas Taleb, Christian Weber, Edgar Wunder, Frank Zimmer

Für die Fehler in diesem Buch sind die Genannten natürlich nicht verantwortlich.